FRAUENPERSPEKTIVEN

FREIBURG
SÜDSCHWARZWALD

FRAUENPERSPEKTIVEN

FREIBURG
SÜDSCHWARZWALD

Texte und Interviews
MIRA PREUSSE

Gastbeiträge
IRIS WOLFF, SUSANNE FRITZ,
SUSANNE BADER, ELISABETH JOCKERS,
OLIWIA HÄLTERLEIN, MARIE LEMOR

Fotografien
MiNZ&KUNST

PANIMA

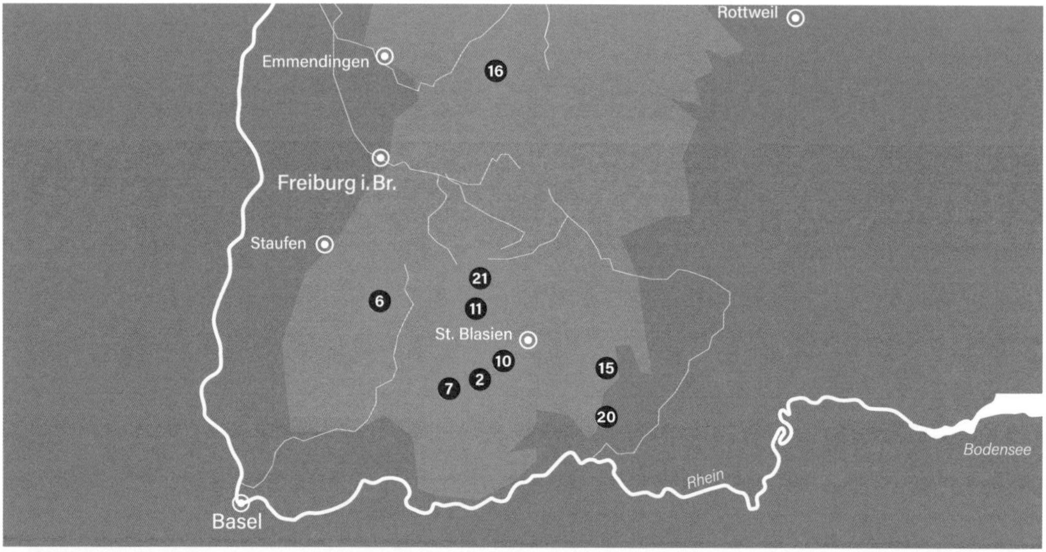

Rottweil
Emmendingen
16
Freiburg i.Br.
Staufen
21
6
11
St. Blasien
10
15
2
7
20
Bodensee
Rhein
Basel

9
18
22
5
24
8
23
4
13
3
17
12
14
1
19

INHALT

VORWORT

»Ich stehe in der Sonne und fühle, wie mir Flügel wachsen«.

Als sich die gebürtige Straßburgerin Elisabeth Eleonore Anna Justine Knapp (1881–1952), von der dieses Zitat stammt und die besser bekannt ist unter dem Vornamen Elly und ihrem späteren Nachnamen Heuss-Knapp, 1905 für das Sommersemester an der Universität Freiburg im Fach Nationalökonomie einschrieb, hatte das zuständige Ministerium in Karlsruhe erst fünf Jahre zuvor Frauen ermöglicht, sich an badischen Universitäten ordentlich zu immatrikulieren. Im Winter desselben Jahres zog sie nach Berlin, wo sie für zwei Semester Gasthörerin an der Humboldt-Universität war. In Preußen durften sich Frauen erst ab 1908 immatrikulieren. In Berlin lernte sie den Journalisten und späteren ersten Bundespräsidenten der Bundesrepublik Deutschland Theodor Heuss kennen.

Elly Knapp fühlte sich privilegiert, studieren zu dürfen, »so bevorzugt«, wie sie schrieb. Im Lauf ihres Lebens setzte sie sich immer auch für Frauen ein, gründete 1950 mit Antonie Nopitsch das ›Müttergenesungswerk‹. »Ich wollte etwas verändern, soziale Ungerechtigkeit beseitigen. Kurz, das Frauenbild verbessern«, war ihr Credo.

Wenn man durch dieses Buch blättert und liest, was die 25 Frauen über sich und ihre besonderen Orte erzählen, dann hat man das Gefühl, dass auch sie ›in der Sonne‹ stehen und ihnen allen in Freiburg und im Südschwarzwald aus unterschiedlichen Gründen Flügel gewachsen sind.

»Wenn ich an diese Freiburger Zeit zurückdenke, so scheint es mir, daß nie schlechtes Wetter war. Jedenfalls streifte man täglich im Wald herum und stieg mindestens einmal in der Woche auf den Schauinsland«, schrieb Elly Heuss-Knapp 1934 in ihren Erinnerungen ›Ausblick vom Münsterturm‹, womit der Turm des Münsters ihrer Heimatstadt Straßburg gemeint war.

Auf den Spuren der hier porträtierten Frauen lässt es sich ebenfalls wunderbar durch die Stadt und den Südschwarzwald streifen, auch wenn die Sonne mal nicht scheint. Tatsächlich scheint sie jedoch sehr oft in Freiburg, der südlichsten und wärmsten Stadt Deutschlands, die eigentlich nicht im

Schwarzwald, sondern – wie der Namenszusatz schon sagt – im Breisgau liegt, das wiederum zur Oberrheinischen Tiefebene gehört, die im Westen an den Schwarzwald grenzt. Dennoch gehören Freiburg und der südliche Teil des Schwarzwalds zusammen. Der Schauinsland, Freiburgs Hausberg, auf den Elly Knapp einmal pro Woche stieg, liegt zwar auf städtischer Gemarkung und nur zehn Kilometer von der Stadtmitte entfernt, gehört aber bereits zum Südschwarzwald. Wegen seiner stattlichen Höhe von über 1.200 Metern darf sich Freiburg auch als höchstgelegene Großstadt Deutschlands bezeichnen.

Die Grenze zwischen Stadt und Region ist fließend. Auch wenn man auf dem vom Freiburger Münster nur wenige Minuten entfernten Schlossberg steht, befindet man sich bereits im Schwarzwald. Und auch beim Brombeerkopf, an dessen Nordseite der Sternwald liegt, handelt es sich um eine über achthundert Meter hohe Erhebung des Schwarzwalds.

Freiburg – das ›Tor zum Südschwarzwald‹. Wie hätte man daher auch in diesem Buch Stadt und Region trennen können? Allein zwei Orte, die von in Freiburg lebenden Frauen vorgestellt werden, liegen bereits im Schwarzwald: der Zähringer Wald, der sich im Nordosten von Freiburgs ältestem Stadtteil Zähringen erstreckt, und der Sternwald, am südlichen Ende des Stadtteils Wiehre gelegen. Von dort ist es nicht weit zum Lorettodamenbad, das sich in der Unter-Wiehre befindet und dessen Name auf den italienischen Wallfahrtsort Loreto in der Region Marken zurückgeht, dem zweitwichtigsten italienischen Wallfahrtsort nach dem Petersdom in Rom. Viele Orte rund um das Bad tragen diesen Namen: die Lorettokapelle, der Lorettoberg, das Loretto-Krankenhaus, die Loretto-Grundschule, auch eine Straße trägt ihn. Das altitalienische Wort ›Loreto‹ bedeutet Lorbeerhain. Warum man es in Freiburg so oft findet, hat vielleicht etwas mit der Jungfrau Maria zu tun, der Patronin der Erzdiözese Freiburg. Der Legende nach wurde ihr Haus im 13. Jahrhundert auf wundersame Weise von Engeln aus Nazareth nach Loreto getragen.

Das Lorettobad ist nicht nur das ältestes Freibad der Stadt, sondern gilt als das älteste Freibad Deutschlands und liegt direkt am Fuße des Lorettobergs. Nur etwa zehn Minuten Fußweg entfernt liegt eine kleine und besondere Oase inmitten von gesichtslosen Bürohäusern: ein Atelier in der Freiau, Freiburgs zweiter größerer Arbeitersiedlung.

Nach diesem kurzen Abstecher führt unser Streifzug zurück durch die Wiehre vorbei am Atelier von ›Schwarzwald Couture‹, auf Höhe der Uhlandstraße hinüber über die Dreisam, wo man auf den Kunstverein stößt, der sich in der ehemals großen Schwimmhalle des 1902 im Jugendstil erbauten Marienbads befindet und an dessen Rückseite sich sowohl das Theater im Marienbad, in dem sich das kleinere Becken des Schwimmbads befand, als auch der Garten des Tibet-Kailash-Hauses anschließen. Nach einer kurzen Ruhepause in dieser verwunschenen und ebenfalls besonderen Oase geht es weiter zur Salzstraße in der Altstadt. Sie ist Teil der historischen Ost-West-Route, die aus dem Schwarzwald durch Freiburg und Breisach hinüber ins nahe gelegene Elsass führte. Diese wichtige Handelsstraße kreuzte sich in der Freiburger Altstadt mit der Nord-Süd-Route vom Nordschwarzwald nach Italien, was im 11. Jahrhundert zur Gründung der Stadt an eben diesem Achsenkreuz führte. Die Salzstraße hat denselben Straßenverlauf wie vor neunhundert Jahren und ist in der gleichen Art und Weise gepflastert wie damals, nur wurden die Steine erneuert und finden sich heute verschiedenste Mosaiken in der Pflasterung, die von Freiburgs Geschichte erzählen.

Durch eine kleine Seitengasse gelangt man unweit der *Buchhandlung zum Wetzstein* zum Münsterplatz und schaut bewundernd entlang seiner reich verzierten Fassade hinauf zum Turm des Freiburger Münsters. Vorbei an der Stadtbibliothek zurück zur Salzstraße und weiter durch deren Verlängerung, die Bertoldstraße, an der die Alte Universität und das Literaturhaus liegen, gelangt man zum Platz der Alten Synagoge, einem Ort des Gedenkens und Erinnerns an ein düsteres Kapitel der Geschichte. Gleich gegenüber liegt das Stadttheater mit seiner eindrucksvollen Jugendstilfassade.

Bevor es über die Wiwilíbrücke hinüber zum Stühlinger Kirchplatz und zur Herz-Jesu-Kirche geht, noch ein kurzer Abstecher zum Alten Friedhof, einem parkartigen stillgelegten Friedhof im Stadtteil Neuburg unweit der Altstadt. Wieder zurück im Stadtteil Stühlinger lohnt sich ein Abstecher nach Weingarten, das durch seine vielen Hochhäuser und seinen hohen Ausländeranteil geprägt ist.

Von der Stadt geht es nun hinaus in den dunklen Wald, den ›silva nigra‹, wie die Römer den Schwarzwald nannten. Damals war er noch eine schier undurchdringliche einzige große zusammenhängende Waldfläche, ein

Urwald ohne Wiesen und Weideflächen, der Angst einflößte und den man tunlichst mied.

Vom Südschwarzwald und seiner Geschichte erzählen ehemalige Klosteranlagen wie das Kloster Riedern am Wald und der bei Horbach gelegene Klosterweiher. Ebenso die historischen Schwarzwaldhäuser wie man sie in Bernau und im Freilichtmuseum Klausenhof findet.

Zu seinen Naturschätzen gehören der Belchen oder der Krai-Woog-Gumpen, zu seinem Kulturgut die Fasnacht mit der Guggenmusik, wie sie in dem kleinen Dorf Detzeln im Steinatal gefeiert wird. Auf den Spuren von im Südschwarzwald geborenen Künstlern kann man im Le Petit Salon Menzenschwand wandeln. Schwarzwälder Tradition und Moderne verbinden sich auf dem Simonswälder Wisidishof. Alte Familientraditionen wie die der Sympathiedoktoren vereinen sich dort mit zeitgenössischer Kunst.

Von alldem und vielem mehr erzählen die Orte der porträtierten Frauen. Ihre persönlichen Geschichten entfalten ein vielschichtiges Panorama der Stadt Freiburg und der Region Südschwarzwald. Über jede Frau verfasste Mira Preusse neben den Interviews ein Kurzporträt sowie erzählerisch kunstvoll aufbereitete Fakten und Anekdoten zu den jeweiligen Orten.

Eröffnet wird das Buch mit einem Aufsatz von Mira Preusse, in dem sie den Spuren bedeutender weiblicher Persönlichkeiten der Geschichte Freiburgs und des Südschwarzwalds bis ins Jahr 662 folgt.

Gastbeiträge der Schriftstellerinnen Iris Wolff und Susanne Fritz, der Inhaberin der *Buchhandlung zum Wetzstein* Susanne Bader, der Journalistin Elisabeth Jockers, der Kulturwissenschaftlerin Oliwia Hälterlein und der Poetry-Slammerin Marie Lemor verwandeln das Buch in eine faszinierende literarische Kartographie.

Die mit viel Liebe fürs Detail aufgenommenen Bilder von Yasemin Aus dem Kahmen alias MiNZ&KUNST ergänzen die Texte auf nuancierte Weise und machen die Frauen an ihren Orten unmittelbar und authentisch erlebbar.

Ab Herbst 1904 lebte die russische Schriftstellerin Marina Zwetajewa (1892–1941) für kurze Zeit im Dorf Langackern am Fuße des Schauinsland. Ihre an Tuberkulose erkrankte Mutter, eine gebürtige Russin mit deutschen

Wurzeln, suchte Erholung und Genesung in den Höhen des Schwarzwalds. Am Rand der Freiburger Altstadt, in der Wallstraße 10, direkt neben dem Tibet Kailash Haus, besuchte Marina Zwetajewa mit ihrer Schwester ein Internat. Zeit ihres Lebens verehrte Marina Zwetajewa Deutschland – »Meine Leidenschaft, meine Heimat, Wiege meiner Seele!« –, seine Literaten – Johann Wolfgang von Goethe, Heinrich Heine, Friedrich Hölderin, Rainer Maria Rilke und viele mehr –, seine Landschaften – den Rhein und vor allem den Schwarzwald: »Wie habe ich mit Sehnsucht!bis zum Wahnsinn! – den Schwarzwald geliebt. Die goldfarbenen Täler, die widerhallenden, bedrohlich-behaglichen Wälder – gar nicht erst zu reden von den Dörfern mit ihren Aufschriften auf den Wirtshausschildern: ›Zum Adler‹, ›Zum Löwen‹. (Wenn ich ein Wirtshaus hätte, dann hieße es: ›Zum Kuckuck‹.)«, schreibt sie in ihrem Tagebuch aus dem Jahr 1919. Die Täler, die Wälder, die Dörfer, sogar einige der Wirtshäuser. Noch immer kann man all das im Südschwarzwald finden, was Marina Zwetajewa so sehr geliebt hat.

25 Frauen aus dem kulturellen Leben der Stadt Freiburg und der Region Südschwarzwald – Künstlerinnen aus den Bereichen Literatur, Bildende Kunst, Bildhauerei, Fotografie, Tanz, Theater und Musik; Wissenschaftlerinnen aus den Bereichen Geschichte und Islamwissenschaften, Architektur und Baugeschichte, Literatur-, Theater-, Kunst- und Filmwissenschaften, der Theaterpädagogik, des Journalismus und der Soziologie; Frauen, die gestalten; Designerinnen aus den Bereichen Schmuck und Mode; Botschafterinnen des Schwarzwalds, die das Brauchtum pflegen und Lebenswelten näher bringen; Frauen, die es sich zur Aufgabe gemacht haben, die Natur und Kultur des Schwarzwalds zu schützen und zu vermitteln. Sie alle laden in diesem Buch dazu ein, mit ihnen durch Freiburg und den Südschwarzwald zu streifen und ganz nebenbei sie selbst und ihr Wirken kennenzulernen. Folgt man ihnen, lässt sich Marina Zwetajewas Liebe und Sehnsucht zu dieser besonderen Region sehr leicht nachvollziehen.

CHRISTIANE MÖSCHLE

FRAUEN IN FREIBURG UND IM SÜDSCHWARZWALD – EIN BLICK IN DIE VERGANGENHEIT

von Mira Preusse

Wer sich auf die Suche nach historisch bedeutenden Frauen in der Region macht, muss tief graben – durch Karten mit Straßen, Plätzen und Gebäuden, von denen einige die Namen männlicher (Kriegs-)Helden tragen, durch Ausstellungsverzeichnisse gefüllt von vielen Künstlern und wenig Künstlerinnen und durch die männlich geprägte Geschichte. Trotzdem wird man fündig, denn es hat sie gegeben. Bedeutende, interessante, vielseitige und zum Teil vergessene Leben kommen auf diese Weise ans Licht. Diese Leben und das Wirken dieser Frauen könnten jeweils viele Seiten füllen, an dieser Stelle kann nur auf einige aufmerksam gemacht werden, die ihre Spuren hinterließen, Herausragendes taten, die Region prägten und zum Teil bis heute prägen.

Blickt man weit in der Geschichte zurück, wäre da zum Beispiel die heilige Odilia, die um das Jahr 662 geboren wurde. Der Legende nach soll die Tochter des elsässischen Herzogs Etticho von Geburt an blind gewesen sein und im Kloster Palma, wo sie aufwuchs, durch die Taufe das Augenlicht erlangt haben. Ihre spätere Flucht vor dem Vater, der eine Heirat für sie beschlossen hatte, soll dort geendet haben, wo heute nahe des Schlossbergs die Wallfahrtskapelle St. Ottilien steht. Der Fels soll sich geöffnet und die Fliehende vor ihrem Verfolger verborgen haben; fortan entsprang dort eine Quelle, der heilende Kräfte – vor allem in Bezug auf Augenleiden – zugesprochen wird. St. Ottilien ist eine der ältesten Wallfahrtsstätten Deutschlands.

In Freiburgs Kloster Adelhausen war Anna von Munzingen während des beginnenden 14. Jahrhunderts Priorin. Ihre Lebensdaten sind nicht genau bestimmbar. Sie verfasste um 1318 eine Chronik, die bis heute in verschiedenen Abschriften erhalten ist. Das Werk stellt eine bedeutende Quelle für die Mystik in jener Zeit dar.

Eine wichtige Bewahrerin von Quellen findet sich auch im Bereich der Musik. Ohne Constanze Mozart (1762–1842) wäre das Werk ihres Mannes Wolfgang Amadeus in seiner jetzigen Form nicht erhalten. Sie machte es sich zur

Aufgabe, seinen Nachlass zu bewahren und zu vermitteln. Mit ihrem zweiten Mann Nicolaus von Nissen verfasste sie die erste dokumentarische Biografie Mozarts. Außerdem veranstaltete sie Konzerte in dessen Andenken. Sie selbst war als Sopranistin auch der Musik zugewandt. In Zell im Wiesental, ihrem Geburtsort, erzählen zwölf Steinplatten auf dem Constanze-Mozart-Boulevard von ihrem Leben.

In Berlin war Helene Siegfried (1867–1966) eine gefeierte Konzertsängerin, bekannte KünstlerInnen gingen in ihrer Wohnung ein und aus. Neben der Musik widmete sie sich der Literatur. In Rothaus-Grafenhausen, das im malerischen Hochschwarzwald liegt, ließ sich Helene Siegfried 1912 einen Sommersitz errichten, den sie ›Hüsli‹ nannte. Dort sammelte sie dörfliche Kunstgegenstände, Möbel und Elemente aus alten Schwarzwaldhäusern. In vorheriger Absprache mit ihr wurde das ›Hüsli‹ nach ihrem Tod als Schwarzwaldmuseum der Öffentlichkeit zugänglich gemacht.

Die letzten zehn Jahre ihres Lebens verbrachte die Opernsängerin Beatrice Sutter-Kottlar (1883–1935) auf Schloss Liel im Markgräflerland. Sie galt als ausdrucksstarke Sängerin und übernahm anspruchsvolle Partien in großen Opern etwa von Wagner, Mozart und Verdi.

Auf der ganzen Welt – von Japan bis Mexiko – hatte die Cembalistin, Pianistin und Organistin Edith Picht-Axenfeld (1914–2001) Auftritte, einige Jahrzehnte lebte sie in Hinterzarten. Zu Beginn ihrer Karriere belegte sie 1937 beim Internationalen Chopin-Wettbewerb den sechsten Platz. An der Hochschule für Musik Freiburg war sie von 1947 bis 1979 Professorin im Bereich Klavierdidaktik.

Die Musikerinnen und Künstlerinnen Maria Proelss (1890–1962) und Hanni Rocco (1896–1990) lernten sich in Stuttgart kennen, lebten später gemeinsam in Frankfurt am Main, wo besonders Maria Proelss als Pianistin sehr angesehen und gefragt war. In Berlin unterhielt sie einen Salon, der sich in der Kunstszene großer Beliebtheit erfreute. Ab 1953 lebten sie gemeinsam in Freiburg, wo sie wieder einen Salon ins Leben riefen und Vortragsabende veranstalteten – unter anderem ihr alter Freund Theodor W. Adorno war unter den Vortragenden. Seit etwa 1946 hatte Maria Proelss mit dem Malen begonnen und konnte mit Ausstellungen Erfolge feiern. In Teodor W. Adornos Nachruf auf sie, erschienen am 28.09.1962 in der FAZ, heißt es: »Der Arbeitsteilung der Kunstgattungen fügte sie sich nicht, eine jener Frauen von starker ästhetischer Begabung, die sich der Spielregel entziehen, man müsse für etwas Besonderes eindeutig begabt sein.« Hanni Rocco begann erst nach dem Tod ihrer Gefährtin, sich der bildenden Kunst zu widmen. Besonders für ihre Schaukästen aus Zigarillokistchen ist sie bekannt.

Die Opernsängerin Hildegard Behrens (1937–2009) war als bedeutende Wagner- und Straussinterpretin bekannt. In Freiburg studierte sie Rechtswissenschaften, nach dem Ersten Staatsexamen dann Gesang an der dortigen Hochschule für Musik. Sie sang weltweit in bedeutenden Opernhäusern.

Auch im Bereich der Bildenden Kunst, haben Frauen aus der Region vielseitig gewirkt. Heute weitgehend vergessen ist die Künstlerin Ida Maier (1821–1904), die ab 1843 in Freiburg lebte. In ihren Werken verewigte sie Landschaften vom Schwarzwald bis zum Bodensee.

Die Genre-, Interieur- und Stilllebenmalerin Auguste Schepp (1846– 1905) verbrachte ihren letzten Lebensabschnitt in Freiburg. Sie malte dort Motive aus dem Inneren des Freiburger Münsters und Alltagsszenen aus dem Schwarzwald.

In Karlsruhe, München und Rom erhielt Eva Eisenlohr (1891–1977) eine für die Zeit als Frau erstaunlich gute Ausbildung zur Malerin und Bildhauerin. Immer wieder kehrte sie während ihrer Laufbahn in ihre Geburtsstadt Freiburg zurück. Während der NS-Zeit war sie dort die einzige Frau, von der Bilder – als ›entartet‹ eingestuft – beschlagnahmt und verschleppt wurden. Nach Kriegsende beteiligte sie sich maßgeblich an der Neuorganisation der Anthroposophischen Gesellschaft und dem Aufbau der Freiburger Waldorfschule. Ihre sandsteinerne Eule im Stadtgarten, die wahrscheinlich bekannteste Skulptur Eva Eisenlohrs, ist als eines von mehreren Werken der Stadt erhalten geblieben und öffentlich zugänglich. Auf dem Hauptfriedhof ist eine ihrer Mutter gewidmete Skulptur, bestehend aus zwei Frauen, zu finden, die das Nachvornblicken verkörpert.

Die Flucht vor den Auswirkungen der Russischen Revolution und des Bürgerkriegs in Riga brachte Vera Krafft (1910–2003) mit ihrer Familie 1920 nach Freiburg, wohin sie 1942, nach ihrem Studium der angewandten und freien Kunst in München, zurückkehrte. Als Illustratorin verdiente sie sich ihren Lebensunterhalt, als Bildende Künstlerin war sie vielseitig, ihr Œuvre reicht von Abstraktion zu Landschaftsmalerei, von Aquarellen zu Collagen.

Priska von Martin (1912–1982) vermachte den künstlerischen Nachlass ihrer Geburtsstadt Freiburg. In den 1930er Jahren studierte sie an der Akademie der Künste in München Bildhauerei – damals noch eine klare Männerdomäne. Pferde und Rentiere waren ihre bevorzugten Motive. Ihre Tierplastiken genossen große Anerkennung und mit ihrer Freude am Experimentieren schlug sie neue Wege ein.

»Der dunkle Schwarzwald ist an Märchen so reich«, lautet ein Vers Marina Zwetajewas. Er ließe sich um diejenigen ergänzen, die Märchen und Geschichten in Zeilen und Versen, in schöner Sprache Menschen zugänglich machen. Der Südschwarzwald war und ist auch an Schriftstellerinnen reich.

In jungen Jahren arbeitete Wilhelmine von Hillern (1836–1916) als Großherzoglich Badische Hof- und Nationalschauspielerin in Mannheim. Nach Freiburg zog sie mit ihrer Familie, weil ihr Mann, ein Beamter, dorthin versetzt wurde. Sie begann Theaterstücke, Liebes- und Heimatromane zu schreiben. Mit ›Die Geier-Wally‹, einem in Tirol spielenden Heimatroman, in dem sich die Protagonistin konventioneller Weiblichkeit verweigert, gelang ihr ein Bestseller, der in elf Sprachen übersetzt wurde.

Zur Familie ihrer Tochter nach Freiburg – der Schwiegersohn arbeitete dort an der Universität – zog die Schriftstellerin, Philosophin und Historikerin Ricarda Huch (1864–1947) 1934 und verbrachte dort zwei Jahre. Damals arbeitete sie am zweiten Band ihrer ›Deutschen Geschichte‹. Die Zeit in der Stadt betrachtete sie als vorübergehendes Provisorium, auf das sie später dennoch gern zurückblickte. Bereits 1828 war Ricarda Huch durch den Süden Deutschlands gereist und schrieb in ›Lebensbilder deutscher Städte‹ über das Freiburger Münster: »Mitten aus der fröhlichen Geschäftigkeit des Alltags wächst das Ehrenhaus der Gottesmutter und der Stadt, vom blühenden Schimmer seiner Steine wie von einer Rosenhecke umsponnen.« Diese Städtebilder schrieb sie, so lässt es das Vorwort erkennen, »aus Liebe zur Vergangenheit«, die das gesamte Werk einer der ersten im Fach Geschichte promovierten Frauen im deutschsprachigen Raum prägt.

»Wie habe ich – mit Sehnsucht! bis zum Wahnsinn! – den Schwarzwald geliebt. Die goldfarbenen Täler, die wiederhallenden, bedrohlich-behaglichen Wälder«, schrieb 1919 die russische Dichterin und Schriftstellerin Marina Zwetajewa (1882–1941) in Erinnerung an Sommermonate im Schwarzwald – zu Beginn des 20. Jahrhunderts lebte sie mit ihrer Familie in Freiburg und im Südschwarzwald. Schwere politische und private Umbrüche prägten das Leben einer der größten russischen Dichterinnen des 20. Jahrhunderts, der Deutschland als geistige Heimat galt. Das ›Zwetajewa-Zentrum‹ an der Universität Freiburg fördert in ihrem Andenken heute den kulturellen Austausch zwischen osteuropäischen Räumen und Deutschland.

In Zeiten vor Google Maps erschloss sich die Lehrerin und Heimatdichterin Elisabeth Walter (1897–1956) den Schwarzwald auf dem Fahrrad und durch die Geschichten der Menschen. Lebendige und informationsreiche Beschreibungen der Region prägen Geschichten wie die des kleinen reisenden Hotzenwälder Schmiedledick.

Marie Luise Kaschnitz (1901–1974) gilt als eine der wichtigsten deutschsprachigen Schriftstellerinnen des 20. Jahrhunderts. Ins im Hexental gelegene Bollschweil zog sie als Sechzehnjährige mit ihrer Familie, weil die Lage in Berlin während des Ersten Weltkriegs zu unsicher wurde. Zeit ihres Lebens kehrte sie immer wieder dorthin zurück – in ihrem Tagebuch von 1945 schreibt sie: »Es schien mir oft, als würde ich nicht mehr derselbe Mensch sein, wenn ich nicht wenigstens einmal im Jahr unter dem Rinnen des Brunnens und dem Rauschen der Linden zur Ruhe gehen, nicht einmal vom Kamm des Rebbergs hinüberschauen könnte auf das Haus, das inmitten seiner dunklen Bäume wie ein trotziges Tier in der Talmulde liegt.« Bollschweil galt ihr als eigentliche Heimat, wo sie schließlich auch begraben wurde. Dem Ort setzte sie mit ihrem Prosaband ›Beschreibung eines Dorfes‹ ein Denkmal.

Die Journalistin und jüdische Emigrantin Käthe Vordtriede (1891–1964) lebte ab 1923 in Freiburg und gilt als erste Redakteurin in der Stadt – sie arbeitete bei der sozialdemokratischen ›Volkswacht‹, bis die Zeitung verboten und Käthe Vordtriede mehrfach wegen staatsfeindlicher Äußerungen verhaftet wurde – das Büro der Freiburger Gestapo nannte sie damals sarkastisch ihre ›zweite Heimat‹. Ihre postum veröffentlichten kritischen Briefe sind wichtige Zeugnisse jener Zeit.

Über das Leben als Jüdin in Deutschland schrieb die Autorin und Lyrikerin Lotte Paepcke (1910–2000). Ganz in der Nähe des Freiburger Münsters verbrachte die leider überwiegend in Vergessenheit geratene Schriftstellerin, die 1998 mit dem Johann-Peter-Hebel-Preis ausgezeichnet wurde, ihre Kindheit. Sie musste ihre juristische Ausbildung im Nationalsozialismus abbrechen und wurde 1942 zur Zwangsarbeit eingezogen. Nach der heimlichen Rückkehr mit ihrem Sohn nach Freiburg 1942 überlebten beide in unterschiedlichen Verstecken. Anschaulich und in dichter Sprache beschreibt sie in ›Ein kleiner Händler, der mein Vater war‹ das Schicksal ihres Vaters in Freiburg, der zweimal verhaftet und für einen Monat im KZ Dachau interniert wurde: »Wir kannten die Namen ihrer Straßen, Gassen, Plätze und alle ihre amtlichen Gebäude. Unser Leben war mit Arbeiten und Wachen und Schlafen ein Stück der Stadt. Wir hörten, sahen, rochen, merkten alles wie immer an ihr. Die Gasthausmusik und der Brotgeruch, Lauch und Äpfel und Münsterglockenschlag, alles blieb gleich. Wies aber mitteninne eine blinde Stelle auf, und hier war der Vater verschwunden.«

Zahlreiche Preise für ihr Werk, unter anderem jener der Leipziger Buchmesse 2007, wurden Swetlana Geier (1923–2010) zuteil, die Größen wie Tolstoi, Bulgakow und Dostojewkij ins Deutsche übersetzte. Auch ihr Lebensende verbrachte die hoch geschätzte Übersetzerin in Freiburg, wo sie Germanistik und Vergleichende Sprachwissenschaft studiert und seit 1944 gelebt hatte.

Es seien zwei Frauen erwähnt, die sich gegen das unter anderem in Werken Käthe Vordtriedes und Lotte Paepckes beschriebene Unrecht des Nationalsozialismus einsetzten. Die Freiburgerin Philomene Steiger (1896–195), Inhaberin eines Textilgeschäfts ging als überzeugte Katholikin offen in Distanz zum Nationalsozialismus. Zur Mitgliedschaft in der NS-Frauenschaft genötigt, lehnte sie beispielsweise deren Aufnahmeeid öffentlich ab. Gegen Kriegsende verschaffte sie sich Zutritt zum Kampfkommandanten und bat ihn eindringlich, sich gegen eine militärische Verteidigung Freiburgs zu entscheiden. Für ihren Einsatz würdigte die Stadt sie 1985 mit der Ehrenbürgerwürde.

Diese Würdigung wurde auch Gertrud Luckner (1900–1995) zuteil – für ihre Hilfe der während der nationalsozialistischen Gewaltherrschaft Ver-

folgten und Bedrohten. In die Stadt kam sie für ihr Studium der Caritaswissenschaften, promovierte 1938 und arbeitete für den Caritasverband. Etlichen Menschen kam ihre Hilfe zu Teil. Weit über ihren Auftrag hinausgehend und nicht zwischen den Konfessionen unterscheidend, müssen es Hunderte gewesen sein, denen sie half, denen sie das Leben rettete. Selbst als sie 1943 von der Gestapo aus einem Zug geholt und verhört wurde, verriet sie ihr Netzwerk nicht – und wurde daraufhin im Frauen-Konzentrationslager Ravensbrück interniert. Nach der Befreiung durch die Rote Armee kehrte sie nach Freiburg zurück und baute die Verfolgtenfürsorge im Caritasverband auf, die sie bis 1968 leitete. Außerdem setzte sie sich auf vielfältige Weise für die Verständigung zwischen Christentum und Judentum ein.

Weitere politisch und gesellschaftlich engagierte Frauen lässt der Blick in die Vergangenheit nicht missen. Gemeinsam mit ihrem Mann, dem Publizisten und Revolutionsführer Gustav Struve, beteiligte sich die gebürtige Mannheimerin Amalie Struve (1824–1862) an der Badischen Revolution. Nach dem scheiternden Septemberaufstand 1848 war sie für acht Monate in Gefangenschaft in Freiburg, wo sie Skizzen über die französische Revolutionsheldin Manon Roland verfasste. Sie zählte zu den ErfolgsautorInnen der zweiten Hälfte des 19. Jahrhunderts und engagierte sich in den USA, wo sie Zuflucht fand, für die Frauenrechtsbewegung.

Die in Freiburg geborene Politikerin, Redakteurin und Geschäftsfrau Marie Geck (1865–1927) unterhielt enge Freundschaften zu Clara Zetkin, Rosa Luxemburg und August Bebel. Sie schrieb für regionale und überregionale Zeitungen und engagierte sich unter anderem für das Frauenwahlrecht.

Harriet Straub (1872–1945) nutzte im Laufe ihres Lebens sieben Namen und reiste viel. Zum Beispiel verbrachte sie einige Zeit in der algerischen Wüste und beschäftigte sich mit den Lebensverhältnissen der dortigen Frauen. Freiburg war ein wiederkehrender Ort im Leben der als unkonventionell geltenden Feministin, Schriftstellerin und Ärztin.

Die erste Frau im Freiburger Stadtrat und die einzige während der Weimarer Republik, Mathilde Otto (1875–1933), setzte sich für eine Reform der städtischen Freiwilligen Sozialhilfe ein. Ob mit der gemeinschaftlichen Gründung der Schwesternschaft St. Elisabeth und eines Erholungshauses für Frauen nach der Entbindung oder im Dienst des Deutschen Caritasverbandes – sie engagierte sich vielseitig für notleidende und alleinstehende Frauen.

Als ›Grande Dame‹ der frühen Frauenbewegung gilt die in Freiburg geborene Johanna Kohlund (1878–1968). Ihr Schwerpunkt lag auf dem Einsatz für bessere Bildungschancen von Frauen. Sie gehörte zu den ersten Studentinnen an der Universität ihrer Geburtsstadt, beteiligte sich nach dem Zweiten Weltkrieg an der Gründung der Freiburger Akademikerinnen e.V. und initiierte die Gründung des Deutschen Frauenrings in Freiburg.

In der bürgerlichen Frauenbewegung war Grete Borgmann (1911–2001) aktiv – zeitweise sogar als Vizepräsidentin des Deutschen Frauenrings. Die Autorin, Publizistin und Dozentin engagierte sich weit über Freiburg hinaus für die Rechte von Frauen. Unter anderem mit dem Bundesverdienstkreuz wurde sie für ihren Einsatz geehrt.

Die Werke einer der bedeutendsten Matriarchatsforscherinnen Deutschlands, Gerda Weiler (1921–1994), entstanden alle im Hochschwarzwälder Ort Breitnau. In Freiburg gründete sie 1977 den ersten feministischen Bildungsverein Deutschlands.

Im Bereich der Medizin bewegten Frauen Wichtiges für ihre Mitmenschen. Mit großem finanziellem und persönlichem Engagement setzte sich die Bürgermeistertochter Katharina Egg (1734–1767) für die Sozialfürsorge ein. In der Gerberau stiftete sie das Armenspital, arbeitete selbst in der Krankenpflege mit und finanzierte im 19. Jahrhundert mit ihrem gesamten Erbe den Bau der ersten Uniklinik Freiburgs.

Die Freiburger Ärztin und Pädagogin Else Liefmann (1881–1970) engagierte sich in der Kommunalpolitik und im Bereich der Frauenbildung. Sie gilt als Pionierin in der sozialmedizinischen Vorsorge für Frauen und Kinder. Mit ihren Geschwistern wurde sie 1940 aufgrund der Nürnberger Rassengesetze ins südfranzösische Lager Gurs deportiert, das sie und ihre Schwester überlebten – der Bruder starb infolge der schrecklichen Bedingungen.

Auch allgemein geläufige, unvergessene Namen finden sich in der Geschichte der Region. Die bedeutende politische Denkerin und Publizistin Hannah Arendt (1906–1975) studierte zeitweise in Freiburg. Ein Semester verbrachte sie dort bei Edmund Husserl, bevor sie mit 22 Jahren in Heidelberg bei Karl Jaspers promovierte. Wegweisend für ihre Rezeption war ihr Werk über die Banalität des Bösen, ›Eichmann in Jerusalem‹.

Auch die Philosophin, Frauenrechtlerin und von der katholischen Kirche Heiliggesprochene Edith Stein (1891–1942) führte das Studium bei Edmund Husserl nach Freiburg. Sie promovierte bei ihm zum Einfühlungsproblem und arbeitete bis 1818 als dessen Assistentin – damit war sie die erste Hochschulassistentin der Philosophie in Deutschland. Ihre Gedenksteine in Freiburgs Goethestraße und Zasiusstraße enden mit dem Satz, der von ihrem schrecklichen Schicksal erzählt: »Ermordet 1942 in Auschwitz«.

Vor ihnen ebneten andere an der Universität Freiburg den Weg für Frauen. Die erste immatrikulierte Studentin Deutschlands war Johanna Kappes (1879–1933). Ihr Abitur machte sie am ersten deutschen Mädchengymnasium in Karlsruhe und wurde zunächst geduldete Hörerin an der Universität Freiburg im Bereich Medizin. Ermuntert von dem ›Verein Frauenbildung – Frauenstudium‹ verfasste sie eine Petition, die Erfolg hatte: Sie löste den Erlass vom 28. Februar 1900 aus, der die badischen Universitäten für Frauen öffnete. Rückwirkend wurden sie und vier weitere Frauen in Freiburg für das Wintersemester 1899/1900 immatrikuliert, die bisher erbrachten Leistungen anerkannt. Johanna Kappes promovierte 1904 und betrieb bis zu ihrem Tod mit ihrem Mann eine Gemeinschaftspraxis in Nürnberg.

Die erste Frau, die sich an der Universität Freiburg habilitierte, war die bedeutende Dermatologin Berta Ottenstein (1891–1956). Zwei Jahre nach ihrer Habilitation war sie 1933 aufgrund ihrer jüdischen Abstammung gezwungen, die Bildungsinstitution zu verlassen. Seit 2005 trägt der Frauenförderpreis der Universität Freiburg in Gedenken an Berta Ottenstein ihren Namen.

Außerdem sind wichtige naturwissenschaftliche Forscherinnen zu erinnern. Hilde Mangold (1898–1926) forschte von 1920 bis 1923 in Freiburg als Doktorandin von Hans Spemann. Sie gilt heute als Pionierin der Embryologie, die mit ihrer Zielstrebigkeit nachweisen konnte, dass es im Embryo bestimmte ›Organisator‹-Regionen gibt. Aufgrund ihres frühen Todes ist unklar, ob auch sie 1935 den Nobelpreis, gemeinsam mit Hans Spemann, erhalten hätte. Heute trägt ein Laborgebäude zur Signalforschung der Universität Freiburg ihren Namen, das Hilde-Mangold-Haus.

Die lettische Biologin und Botanikerin Magda Staudinger (1902–1997) forschte in Freiburg gemeinsam mit ihrem Mann zur Makromolekularchemie. Als letzterer 1953 den Nobelpreis überreicht bekam, missachtete er die Etikette und verbeugte sich zuerst vor seiner Frau, dann vor dem schwedischen König. Als Mitglied der deutschen UNESCO-Kommission ab 1961 und als deutsche Delegierte bei den UNESCO-Generalkonferenzen 1966 bis 1980 setzte sich Magda Staudinger aktiv für den Natur- und Umweltschutz ein. Etwa 300 Biosphärenreservate auf der ganzen Welt wurden 1970 auf einer solchen Konferenz ernannt.

Auch in anderen Bereichen waren Frauen Vorreiterinnen. Die ›Feldbergmutter‹, wie der Spitzname von Fanny Mayer (1851–1934) lautete, gilt als Pionierin des Schwarzwälder Tourismus. Ursprünglich kam sie auf den Feldberg, um ihren Bruder zu unterstützen, dessen Frau im Kindbett gestorben war – sie blieb über 50 Jahre. Weit über den Schwarzwald hinaus war die Mitbegründerin und langjährige Leiterin des Feldberger Hofs bekannt.

Über zwei Jahrzehnte ihres Lebens verbrachte die Luftfahrtpionierin Elly Beinhorn (1907–2007) in Freiburg. Sie machte gegen Widerstände und als eine von wenigen Frauen 1929 den Pilotenschein, brach Rekorde, erflog sich die Welt und überlebte einen Absturz über der Sahara. Sie arbeitete als Fotografin, Reporterin und Moderatorin, hielt Vorträge und schrieb einige Bücher.

In der Beschäftigung mit diesen herausragenden und leider zum Teil vergessenen Persönlichkeiten schließen sich Kreise bis in die Gegenwart hinein. Zum Beispiel zur Buchhändlerin Susanne Bader, die Lotte Paepckes Werke hochhält und mit dazu beiträgt, sie aus der Vergessenheit zu befreien. Hin zum Alten Friedhof, wo unter anderem Fanny Maier begraben liegt und heute die Poetry-Slammerin Marie Lemor ihren Gedanken über die Gleichzeitigkeit von Dingen nachgeht. Zur Katze der ›Raumgestalt‹-Gründerin Jutta Rothe, die als Hommage an Constanze Mozart deren Vornamen trägt. Oder auch zu der Rangerin Susanne Vorndran, die dafür sorgt, das Erbe des Biosphärengebiets, dessen Schutzabkommen Magda Staudinger mitgestaltet hat, zu erhalten. Die Frauen aus der Geschichte Freiburgs und des Südschwarzwalds hinterließen auf vielfältige Weise Spuren – unter anderem hoch hinaus fliegend, melancholische Verse schreibend, Landschaften auf Leinwänden festhaltend, Menschen mit ihrer musikalischen Leistung begeisternd und bahnbrechende Forschungen vorantreibend.

3
4
6
7
8

IRIS WOLFF

Schriftstellerin

LORETTODAMENBAD

*»Die Magie dieses Ortes
ist der weite Himmel über dem Bad,
die Architektur aus dem
19. Jahrhundert, und die Tatsache,
dass nur Frauen Zutritt haben.«*

Wolken überziehen den Himmel, lehnen sich träge gegen Baumkronen und Dächer. Ich packe mit wenigen Handgriffen meine Tasche und gehe schwimmen. Ganz gleich, ob es Sonnen- oder Wolkentage sind, während der Saison gibt es kaum etwas, das mich vom Lorettobad, Lollo genannt, abhält. Wenn ich Glück habe, treffe ich am Eingang auf die Freibadkatze. Sie ist zutraulich und lässt sich streicheln. Ob jemand weiß, wo sie wohnt, oder warum sie sich das Lollo als Lieblingsort ausgesucht hat? Der erste Blick geht zur Kreidetafel, an der täglich die Wassertemperatur notiert wird. Mir wird bange, wenn es nur 18 Grad sind, bei 22 Grad gehe ich beschwingt zur

Kleine Wellen voraus!

von Iris Wolff

Wiese. Heimlicher Wunsch ist immer, die erste im Becken zu sein, für einige Sekunden oder Minuten das spiegelglatte Blau für sich alleine zu haben. Das Wasser ist ruhig und weich, meine Bewegungen schicken kleine Wellen voraus, ein Zittern läuft über die Spiegelung der weißen Umkleidekabinen. Ich schwimme in die Mitte, damit ich alles sehen, in mich aufnehmen kann: die Architektur, die Liegewiese, die Bäume, die gereihten Bänke am Beckenrand, den Lorettoberg, den Sternwald.

Die Magie dieses Ortes ist der weite Himmel über dem Bad, die Architektur aus dem 19. Jahrhundert, und die Tatsache, dass nur Frauen Zutritt haben. Es ist das einzige Freibad in Deutschland mit angeschlossenem Damenbad. 1842 eröffnet, und aus dem vom Schauinsland kommenden Hölderlebach

mit Wasser gespeist, war es ursprünglich allein Männern vorbehalten; 1886 wurde ein separates Damenbad angebaut. Warum es nicht in jeder Stadt ein Damenbad gibt, ist mir ein Rätsel. Ich mag es, dass viele Frauen mit freiem Oberkörper schwimmen, was seit den 70er Jahren möglich ist. Die Berührung des Wassers ist anders, die Atmosphäre untereinander verwandelt sich; es hat viel mit Vertrauen zu tun. Operationen, Schwangerschaften, Jugend, Alter, Müdigkeit – der Körper jeder Frau erzählt eine Geschichte. Doch wenn wir im Wasser sind, ist das bedeutungslos. Man nickt einander zu, kennt sich flüchtig vom Sehen, steigt ins Wasser, schreit kurz auf, wenn es kalt ist, ruft dann: Herrlich! Überhaupt: diese kurzen wechselseitigen Vergewisserungen, das Lob des Wassers, der Temperatur, des Wetters. Und dann wieder jene

Versunkenheit, wenn jede ihre Bahnen zieht. Diese Verbundenheit stellt sich nicht immer ein. Es gibt Tage, da ist es mir zu kalt, zu laut, zu hektisch; das Bad wird zum Spiegel meiner Befindlichkeit. Und es gibt Tage, meist Sonnenscheintage in den Ferien oder am Wochenende, da ist mir zu viel los, dann verwandelt sich das kleine 25-Meter-Becken in ein Spaßbad, dann bleibe ich fern.

Ich feiere, dass es hier keine Rutsche gibt, keinen Sprungturm, keine Musik, außer wenn abendliche Konzerte stattfinden. Dieser Ort kommt ohne all jene Zutaten der Zerstreuung aus, er konzertiert sich aufs Wesentliche. Was nicht heißt, dass es hier spartanisch zugeht. Kaffee und Eis gibt es nebenan im Familienbad; Kinder spielen im knöcheltiefen Kinderbecken; Freundin-

nen sitzen am Beckenrand, halten die Beine ins Wasser und plaudern; Damen dürfen an einem ausgewiesenen Platz rauchen. Es gibt Liegestühle, die Umkleidekabinen kann man mieten, damit man nach der Arbeit gleich in den Badeanzug schlüpfen und schwimmen kann, ohne den Umweg nach Haus. Das Lollo wird ein Zuhause. Ein Sommerzuhause. Ein Augenblickszuhause. Egal wie ich mich fühle, ob ich schlecht geschlafen habe, was mich beschäftigt – das Wasser nimmt es fort. Schwimmen bringt mich in die Gegenwart, geradezu mühelos, genau in diesen einen Moment. Es gibt den Ort und seine Menschen, mich und den Augenblick. Und wenn es dann anfängt, zu regnen, feine Tropfen die glatte Oberfläche kräuseln, dann halte ich das Gesicht in den Regen. Ich bleibe noch ein wenig hier.

Wie kommen deine Romanfiguren zu ihren Namen?

Alle meine Bücher spielen in Südosteuropa und ich möchte Landschafen, geschichtliche Umstände möglichst genau beschreiben. Wie war die Zeit in der Diktatur, wie war es dann mit dem Fall der Eisernen Mauer, als viele Menschen sich die Frage stellten: Gehen oder Bleiben? Wie formen Sprache, Familie, Gesellschaft und Politik das einzelne Leben – hier ist die genaue Recherche wichtig. Was jedoch die Namen der Figuren anbelangt, habe ich eine andere Herangehensweise, spielerischer, intuitiver. Oftmals sind es keine Namen, die in dieser Region oder in jener Zeit verwendet wurden. Ich weiß einfach, dass die Figuren so heißen. Das hat viel mit dem Klang zu tun, mit einer bestimmten Energie. Ich sammle Namen. Sie begegnen mir zufällig. Manchmal finde ich sie in Zeitungsartikeln, in Büchern, bei Gesprächen, manchmal sogar beim Signieren.

Baust du eine Beziehung zu deinen literarischen Figuren auf?

Ich habe neulich darüber nachgedacht, dass die Hauptfiguren meistens Menschen sind, mit denen ich gerne ein paar Jahre zusammenlebe. Bei ›Lichtungen‹ waren es zweieinhalb Jahre, die ich mit Lev und Kato verbracht habe. Ich kann nie sagen, wie lange der Schreibprozess dauert, denn ich entwickle meine Figuren nicht am Reißbrett, ich gebe mir die Zeit, sie kennenzulernen. Was jedoch nicht heißt, dass ich alles über sie weiß. Sie haben, wie jeder Mensch, ein Geheimnis, und ich begegne ihnen mit einer respektvollen Distanz.

›Lichtungen‹ ist rückwärts erzählt. Wie hast du Lev und Kato kennengelernt?

Lev habe ich als kleinen Jungen kennengelernt, der seine Beine nicht mehr bewegen kann. Ich wusste nicht, was ihm passiert ist. Ich wusste nur, dass es eine Weile dauern wird, bis er wieder gesund ist. Kato ist dann auch ziemlich rasch ins Bild spaziert. Von dem Moment an habe ich die beiden in zwei Richtungen begleitet, in die Vergangenheit und in die Zukunft. Ich muss immer auf diesen Eingang in die Geschichte warten, das Schreiben ist dann eine Suchbewegung, ein Springen zwischen verschiedenen Szenen, ein stetiges Nachschärfen und Nachfassen, bis die erzählte Welt plausibel ist.

Personal

IrisW

ÜBER
IRIS WOLFF

Geboren wurde Iris Wolff 1977 im siebenbürgischen Hermannstadt. Sie wuchs als Tochter eines Pfarrers und einer Erzieherin in Siebenbürgen und im Banat auf. Rumänisch war die ›Sprache der Straße‹, wie die Autorin sie nennt, die sie dann in Teilen verlor, als sie 1985 mit ihren Eltern nach Deutschland emigrierte. In Marburg an der Lahn studierte sie Germanistik, Religionswissenschaft sowie Grafik und Malerei.

Ab 2003 arbeitete Iris Wolff knapp zehn Jahre lang im Deutschen Literaturarchiv Marbach. »Man hat jeden Tag Entdeckungen gemacht, was das Leben all der Autorinnen und Autoren der vergangenen Jahrhunderte angeht. Wie haben sie um ihre Texte gerungen? In welchem Umfeld haben sie geschrieben? Und: Was bleibt übrig von so einem Autorenleben?« Außerdem war sie als Dozentin für Kunstvermittlung tätig.

2012 veröffentlichte sie ihren Debütroman ›Halber Stein‹ im Otto Müller Verlag Salzburg. Sechs Jahre schrieb sie berufsbegleitend daran. Rückblickend meint sie: »Den ersten Roman schreibst du eher für dich. Du hast noch kein Publikum, niemanden, der etwas bestimmtes erwartet. Du bist noch nicht in der Öffentlichkeit. Das ist eine Unschuld, die sich nie wieder herstellen lässt.« Es folgten 2015 ›Leuchtende Schatten‹ und 2017 ›So tun, als ob es regnet‹. Mit ›Die Unschärfe der Welt‹, erschienen im Klett-Cotta Verlag, wurde sie nominiert für den Deutschen Buchpreis 2020, den Bayerischen Buchpreis in der Kategorie Belletristik 2020 sowie den Wilhelm Raabe-Literaturpreis 2020.

Iris Wolffs aktuellster Roman ›Lichtungen‹ ist die in zärtlicher Sprache rückwärts erzählte Geschichte einer Freundschaft. Für ihn wurde sie mit dem Uwe-Johnson-Preis und dem Literaturpreis der Konrad-Adenauer-Stiftung ausgezeichnet und er stand auf der Shortlist des Deutschen Buchpreises 2024.

Für ihr literarisches Schaffen wurde Iris Wolff mit zahlreichen Auszeichnungen geehrt, unter anderem mit dem Marieluise-Fleißer-

Preis, dem Marie Luise Kaschnitz-Preis und dem Solothurner Literaturpreis.

Trotz ihres großen Erfolgs gehören für Iris Wolff zum Schreibprozess immer auch Krisen: »Letztlich ist meine Erfahrung, dass es dazugehört und dass die Zweifel und die Ängste eine Instanz sind, die dafür sorgen, dass man den Text wirklich prüft. Immer wieder prüft, besser macht, sich nicht zufrieden gibt mit einfachen Lösungen.« Als Koordinatorin des Netzwerks Kulturelle Bildung in Freiburg 2013 bis 2018, als Jurorin des Schülerschreibwettbewerbs der Stiftung Kinderland Baden-Württemberg 2013 bis 2015, als Mentorin von Helene Bukowski im Rahmen des 900-jährigen Stadtjubiläums Freiburgs und als Beirat der Kunststiftung Baden-Württemberg setzt sie sich für die Vermittlung von Kunst und Literatur ein.

Iris Wolff hält Vorträge und gestaltet Schreibwerkstätten beispielsweise für den Österreichischen Büchereiverband und das Literaturhaus Freiburg. Ihre Philosophie: »Ich versuche zu verdeutlichen, dass es sich dabei um meine Art und Weise des Herangehens handelt. Und dass jeder Mensch seinen ganz eigenen Zugang zum Schreiben hat. Ich habe kein Rezept, das ich weitergebe, sondern kann nur zeigen, wie ich es mache.«

Unverzichtbar ist für die Autorin eine bestimmte Computertastatur, von der sie ein weiteres Exemplar auf Vorrat in ihrem Keller lagert. Begleitet von deren mechanischem Klicken, erweckt sie liebevoll gezeichnete Figuren zum Leben.

Freiburgs Damenbad

Das ›Lollo‹ ist Deutschlands einziges Damenbad. Ein Bad mit weit zurückreichender Geschichte, vielen Fans und komödienreifen Konflikten.

Die Wiehre ist Freiburgs größter und ältester Stadtteil – und, so locken touristische Beschreibungen, einer der schönsten obendrein. Grund dafür dürften unter anderem die vielen historischen Villen sein, die es hier zu bewundern gibt.

Türmchen strecken sich zum Himmel, kleine Erker wachsen in die Vorgärten, imposante Balkongeländer versprechen einen schönen Blick in die Ferne. Eingefasst werden sie vom Grün der Bäume, welche die Straßen säumen, und vom Bunt der Gärten, in die schmiedeeiserne Tore Einlass gebieten. Die prunkvollen Bauten, typisch für die Wiehre, halten im Inneren großzügige Räume, hohe Decken, knarzendes Holz und Stuck bereit.

Im endenden 19. Jahrhundert gestaltete die Stadt die bis dahin

als Arbeiter- und Industrieviertel geltende Wiehre systematisch in ein gehobenes Wohngebiet um. Die Mittelwiehre blieb von langgestreckten Mietshäusern, oft mit Handwerksbetrieben in den Höfen, geprägt, Doppel- und Einzelvillen entstanden in der südlichen und westlichen Unterwiehre. Systematisch wurde um wohlhabende NeubürgerInnen geworben. Architekten, Fabrikanten und Privatiers ließen sich dort nieder und Häuser im Stil des Historismus und des Jugendstils erbauen. Bewohnt wurden die herrschaftlichen Mietshäuser auch von Menschen aus dem Schul- und Universitätswesen, der Juristerei, aus Handwerk und Kultur. Weitgehend von den Bomben des Zweiten Weltkriegs verschont, prägen die überwiegend aus der Zeit zwischen 1880 und 1910 stammenden großzügigen Bauten mit ihren geschmückten Fassaden bis heute die Wiehre.

Auch die Anlage des Lorettobads ist historisch und seit 1999 denkmalgeschützt. Ein wenig scheint es, als sei die Zeit hier stehen geblieben. Schmiedeeiserne Gitter verschließen den Kassenbereich, der bald öffnen wird. Ein mit Ornamenten verzierter hölzerner Pavillon erstreckt sich über den Eingangsbereich. Das ›Lollo‹, wie es liebevoll genannt wird, hat seine Ursprünge in der Mitte des 19. Jahrhunderts.

Am Hölderlebach errichtete Johann Nepomuk Stadler 1841 bis 1842 ein Bad mit Schwimmschule. Es gilt als das erste Freibad Freiburgs. Die Anlage bestand aus Wohn- und Wirtshaus samt Schwimmbecken, Umkleidekabinen und Badezellen. Frauen war der Zutritt untersagt.

Der Schwiegersohn Stadlers, Oskar Heim, übernahm 1873 das Bad. Dass sich die Herren damals Badehosen mieten mussten, die abends gewaschen und hinters Haus gehängt wurden, inspirierte zu einem Abzählreim. Er ist dank der Urenkelin des damaligen Besitzers überliefert: »Hinters Herre Heime Haus hängen hundert Hosen raus, hundert Hosen hängen raus hinters Herre Heime Haus.«

Ab 1886 waren im Bad nicht allein mehr Hosen zu mieten. Oskar Heim richtete eine Damenabteilung ein, die Geschlechter schwammen streng getrennt. Damals konnten viele Frauen nicht schwimmen und darüber hinaus waren die schweren Badekostüme äußerst hinderlich.

Nachdem die Stadt 1903 das gesamte Anwesen kaufte, bewirtschafteten wechselnde Pächter das Gelände, führten im Sommer das Bad und gewannen im Winter Eisblöcke aus dem Vorwärmbecken.

Langsam setzte sich ab 1926 die Bezeichnung Lorettobad durch und die Stadt übernahm den Betrieb samt Renovierung selbst. Die räumliche Umstrukturierung und Erweiterung brachte Sonne und damit Licht ins ehemals dunkle und enge Damenbad.

Nach jahrzehntelangen Bemühungen und Forderungen wurde 1936 das Herren- in ein Familienbad umgewandelt. Das Damenbad blieb. Bis heute besteht diese Aufteilung. Diese Trennung ist deutschlandweit einmalig. Erfolglos wurde bereits dagegen geklagt.

Es ist persönlichem Einsatz und ehrenamtlichem Engagement zu verdanken, dass das Lorettobad heute noch erhalten ist. Bedroht war es in den 1960er Jahren durch Pläne des nahen Lorettokrankenhauses, dort einen Neubau zu errichten, um 1980 durch den geplanten Bau von Parkplätzen und in den 1990ern wegen veralteter Technik, Sanierungsbedarfs und leerer Kassen. Unterschriftenlisten, Leserbriefe, die Gründung des Fördervereins Freunde des Lorettobads e.V., Spendenaktionen, der Verkauf eines Grundstückteils und ehrenamtliche Mitarbeit bei der Sanierung retteten das Bad wiederholt.

Wasserplätschern ist zu hören, ein Rettungsring leuchtet nahe des Beckens. Kleine Wellen kräuseln die Wasseroberfläche. Das Weiß der Kabinen spiegelt sich darin. Geschuppte Dächlein bedecken die historischen Umkleidekabinen. Für die gut 60 Holzkabinen gibt es sogar Wartelisten. Über ihnen thronen die herrschaftlichen Dächer der Wiehre und die Baumwipfel des Sternwalds, die sich zu den Wolken recken.

Ein gelber Sonnenschirm wartet darauf, den Besucherinnen Schatten zu spenden. Im Laufe des Tages wird sich die Liegewiese mit wackeligen Kinderbeinen – bis zum dritten Lebensjahr dürfen auch Jungen ins Damenbad –, plaudernden Frauen und all jenen, die ihre Auszeit vom Alltag genießen, füllen. Die lange Reihe metallener Bügel wird bald mit bunter Kleidung versehen. Seit 1960 hängen sie schon hier, die Bügel mit ihren blauen Netzen. Geranien, bunt wie Sommer- und Badekleidung selbst, wachsen der Sonne entgegen.

Das Damenbad ist ein Ort, an dem Frauen auch oben ohne, durch Hecken, Mauern und der Kabinenflucht vor unerwünschten Blicken geschützt, verweilen können. Das war nicht immer der Fall, erst im Laufe der 1970er Jahre legten die Besucherinnen ihre Oberteile ab. Vorerst war das oben ohne Sein im Damenbad nur auf dem Bauch liegend erlaubt, heute ist es hier eine Selbstverständlichkeit. Das konnte 1927 eine Zeitungsleserin noch nicht wissen und beklagte sich unter dem Namen ›Eine für Viele‹ in der Freiburger Zeitung vom 14. Juli: »Männlein und Weiblein sind streng getrennt und in hoch eingeschlossenen Badeanstalten untergebracht (...). Damit wäre meiner Ansicht nach der Prüderie genügend Zugeständnisse gemacht. Aber das reicht der lieben Stadtverwaltung noch nicht. Es ist streng verboten, einen oder gar zwei Achselträger selbst beim Liegen zu öffnen, um sich gleichmäßig verbrennen zu lassen«.

Heute schätzen viele das Bad nicht nur wegen der Möglichkeit, Bräunungsstreifen am Oberkörper zu vermeiden. Es bietet Freizügigkeit und Schutz, es wird als Rückzugsort genutzt – unter anderem aufgrund von Herkunft, Religion, Körperbildern oder negativen Erfahrungen mit Männern.

In der Vergangenheit kam es zu Konflikten zwischen Besucherinnen und rund um die darauffolgende Anstellung eines Bademeisters. Von diesen Konflikten, die bis zu Handgreiflichkeiten reichten und einen Polizeieinsatz zur Folge hatten, ließ sich Doris Dörrie für ihre Komödie ›Freibad‹ inspirieren. Auf der Liegewiese ihrer Filmkulisse werden gesellschaftliche Fragen zugespitzt.

Eine Amsel hüpft über die noch leere Wiese des Lorettobads. Als es 2020 aufgrund der Pandemie geschlossen bleiben musste, siedelten sich Vögel, Insekten und Amphibien für kurze Zeit dort an. Das Wasser bleibt zum Schutz der Edelstahlbecken ganzjährig darin und wird bei Nichtbenutzung weder gechlort noch umgewälzt.

Aktuell finden diese Tiere keine Ruhe im Becken. Auf der Schiefertafel nahe am Wasser ersetzt ein Herz das Gradzeichen – Wohlfühltemperatur. Genießerisch werden hier bald Frauen ihre Bahnen ziehen oder die Seele baumeln lassen.
Ab 10 Uhr öffnet sich die weiß gestrichene Holztür mit der Aufschrift ›Damenbad‹, lässt Besucherinnen ein und wird nach dem Eintreten wieder vor unerwünschten Blicken verschlossen. Es ist Freibadsaison.

PAULINA VOGT

Künstlerin

KRAI-WOOG-GUMPEN

»In der Natur finde ich die Ruhe,
die mir Energie
und Kraft schenkt.«

Auf märchenhaften Pfaden, vorbei an moosbewachsenen Steinen und sonnengelben Sumpfdotterblumen folge ich Paulina Vogt. Mit wehendem Umhang, einen Holzkoffer in der Rechten, läuft sie über den weichen, erdigen Waldboden, über Wurzeln und Steine, bis die Bäume sich lichten und sich der Wasserfall rauschend und schäumend vor uns ergießt. Die Sonne sucht sich durch die Tannenspitzen ihren Weg zu uns und lässt Korridore aus Grün erstrahlen. Sorgsam breitet Paulina Vogt ihre Malwerkzeuge aus. Wassermassen aus Stoff und Farbe sprudeln über die Leinwand, wo sie ihre Malerei mit Elementen des Krai-Woog-Gumpen verbindet

Wir sitzen hier an einem deiner persönlichen Kraftorte im Südschwarzwald. Was bedeutet dir dieser Ort?

In der Natur finde ich die Ruhe, die mir Energie und Kraft schenkt. Einer meiner Kraftorte ist der Krai-Woog-Gumpen. Jedes Mal, wenn ich in Laufenburg bin, besuche ich ihn mindestens einmal pro Woche, um neue Kraft zu tanken. Die Stille hier ist beeindruckend, und die Kraft der Natur zeigt sich besonders im Fließen des Wassers. Oft setze ich mich einfach auf den Boden, lausche den Geräuschen des Waldes und atme tief die frische, erdige Luft ein. Nur wenige Kilometer vom Krai-Woog-Gumpen entfernt liegt der

»Magische Orte«

Mit und in ihrer Kunst verewigt Paulina Vogt *Kraftorte. Darunter den Krai-Woog-Gumpen, den sie mit allen Sinnen wahrnimmt.*

beeindruckende Solfelsen – ein riesiger Stein, der über die Jahre von Wind und Wetter geformt wurde. Er ruht auf kleineren Felsen, fast so, als würde er schweben, und strahlt eine stille, natürliche Kraft aus.

Du lebst auch in Italien. Wo findest du dort deine Kraftorte?

In der Nähe von Perugia, nur sieben Minuten von der Altstadt entfernt, liegt ein besonderer Ort, der mir seit über 20 Jahren vertraut ist: der Monte Malbe. Lange Zeit habe ich ihn nicht vollständig erkundet, da ich dachte, der Wald unten reiche mir zum Spazieren. Doch vor etwa einem Jahr entschloss ich mich, den Hügel hinaufzusteigen – und plötzlich öffnete sich eine ganz neue Welt. Oben erstrecken sich die schönsten Wiesen, die ich je gesehen habe, voller Blumen, die wie aus einem Märchen wirken. Von dort hat man eine atemberaubende Aussicht!

Während meiner Erkundungen lernte ich Paolo kennen, einen über 80 Jahre alten Herrn, der täglich vier Stunden auf dem Berg wandert. Er zeigte mir versteckte Pfade und erzählte mir die Geschichten des Berges – von der ›Villa‹, die 1936 von Robert Einstein erworben wurde, und von einer etruskischen Grotte, die unter einem Haus in den Fels gemeißelt ist.

Oben auf dem Gipfel habe ich zwei Herdenschutzhunde, Maremmanos, kennengelernt, die anfangs etwas scheu waren. Doch nachdem sie gemerkt hatten, dass ich gutes Futter dabeihatte, wurden sie nach und nach zutraulicher. Diese beeindruckenden Hunde leben dort oben bei einem alten Steinhaus, das einst eine Schule war, zusammen mit vielen anderen Tieren: Schafen, Pferden, Katzen und Hühnern. Ihre Aufgabe ist es, die Tiere vor den Wölfen zu beschützen, die in der Gegend umherstreifen. Es ist faszinierend, wie alle Tiere in völliger Harmonie miteinander leben – jeder respektiert den anderen, und die Hunde wachen über ihre Herde. Der Bauer kommt nur einmal am Tag, um sie zu versorgen. Ansonsten leben die Tiere vollkommen selbstständig und in Harmonie miteinander. Es scheint, als wache die Natur dort über alles, unberührt und im Einklang, frei von jeglichen Eingriffen des Menschen.

Es ist ein magischer Ort, besonders bei Sonnenaufgang, den ich oft mit den Tieren zusammen genieße. Wir drehen unsere Runde, und dabei fühlt es sich an, als sei die Zeit stehen geblieben. Nichts wird dort mit Chemikalien behandelt, und der Naturwein wird noch wie früher mit den Füßen gestampft. Ich plane, bald eine Serie mit getrocknetem Trester zu kreieren, den ich dort gesammelt habe – von diesem Ort sind bereits viele meiner Gemälde inspiriert.

Ein weiterer magischer Ort ist Venedig – eine Stadt, die für mich eine ganz besondere Bedeutung hat. Meine Großmutter mütterlicherseits wurde dort geboren, und unsere Familiengeschichte reicht in Venedig bis ins 16. Jahrhundert zurück. Unsere Vorfahren waren Glasbläser in dieser Stadt, die immer noch eine mystische Kraft ausstrahlt. In Venedig fühlt man sich in eine andere Zeit versetzt – es ist ein Ort, der voller Zauber steckt.

In deiner Kunst verewigst du materiell, gedanklich und visuell die Kraftorte von dir und deinen KundInnen. Wie kamst du auf die Idee?

Während des Lockdowns in Italien waren wir drei Monate lang praktisch eingesperrt. Wir durften nur einmal in der Woche einkaufen gehen und sonst das Haus nicht verlassen – nicht einmal für einen Spaziergang. Die Einschränkungen waren extrem, wir durften nicht in die Natur, und das wöchentliche Einkaufen war das einzige Ereignis, das etwas Abwechslung brachte. Es gab strenge Kontrollen, und die Freiheit fühlte sich meilenweit entfernt an.

Als der Lockdown endlich vorbei war, bin ich sofort nach Laufenburg zurückgekehrt. Hier war es ganz anders – man durfte sich in der Natur frei

bewegen. Mein erster Weg führte mich direkt zum Krai-Woog-Gumpen, um wieder aufzutanken. Die drei Monate fernab der Natur waren für mich eine große Herausforderung – fast war es, als ob ein Teil von mir fehlte. So begann ich, im Schwarzwald kleine Proben von Erde, Steinen, Holz und vielem mehr zu sammeln. Ich verarbeitete diese Materialien und machte daraus Kunstwerke, um die Natur und meine Kraftorte spürbar in meinen Alltag zu integrieren.

Gibt es in deiner Arbeit besondere Begegnungen?

Ja, es gibt viele besondere Begegnungen in meiner Arbeit.

Beispielsweise wollte eine Kundin ihrem Mann eine besondere Erinnerung an sein Elternhaus schenken. Sie brachte mir Erde, Asche, Steine und Wasser von diesem Ort, und ich habe daraus ein Kunstwerk gestaltet. Als ich das Werk überreichte, war der Moment von einer tiefen Emotionalität und Bedeutung erfüllt. Es war insgesamt ein sehr überwältigender Augenblick.

Vor etwa zehn Jahren traf ich Ingenieur Luciano Vagni, der mich in die Welt der etruskischen Grabungen unter der Altstadt von Perugia einführte, an denen er über 40 Jahre gearbeitet hat. Fasziniert von der Geschichte der Etrusker, kam mir die Idee, Kunstwerke zu diesem Thema zu schaffen. Luciano teilte bereitwillig sein Wissen und erlaubte mir, Erde aus einem etruskischen Tempel für meine Werke zu verwenden. Über sechs Monate hinweg trafen wir uns dreimal wöchentlich, und ich lernte viel über die etruskische Philosophie und Symbolik. Im Rahmen meiner Serie ›Etrusker‹ durfte ich auch an seinen Forschungen zu einem großen Bodenmosaik mit Orpheus und den 40 Tieren teilnehmen. Gemeinsam haben wir die Mosaiksteine vermessen, haben untersucht, wie sie bearbeitet wurden, und versuchten, die Symbolik der Tiere zu entschlüsseln. Obwohl das Mosaik als römisch gilt, ist Luciano überzeugt, dass es etruskischen Ursprungs ist, und schreibt gerade ein Buch darüber.

Jedes Kunstwerk, das in diesem Kontext entstand, reflektiert die etruskische Philosophie, die eine tiefe Harmonie zwischen Mensch, Natur, Tier und Sternen anstrebt. Diese Weisheit könnte uns heute helfen, ein Leben in Einklang und Gleichgewicht zu führen. So habe ich durch meine künstlerische Arbeit immer wieder außergewöhnliche Begegnungen.

ÜBER

PAULINA VOGT

Bereits in ihrer Kindheit fühlte sich Paulina Vogt der Natur sehr verbunden. Inmitten von Tieren, Wald und Wiesen wuchs sie auf – in dem Südschwarzwälder Dorf Rotzel, ihrem persönlichen Bullerbü. »Wir waren immer draußen«, erzählt die 1982 geborene Künstlerin lächelnd. Von Rotzel zog ihre Familie dann ins wenige Kilometer entfernte Laufenburg, wo sie zur Schule ging.

Ihre Mutter führte dort von 1995 bis 2024 die ›Buchhandlung am Andelsbach‹, ist bis heute kulturell engagiert und wurde für ihr Engagement ausgezeichnet. In dritter Generation führte Paulina Vogts Vater den Malerbetrieb ›Eichhorn & Vogt‹. Heute noch kann man zahlreiche Kirchen und historische Gebäude bewundern, die von ihrem Urgroßvater, Großvater und Vater gestrichen wurden. »Ich bin meinen Eltern sehr dankbar, dass sie mich immer unterstützt und an mich geglaubt haben«, erzählt Paulina Vogt.

Nach dem Abitur entschied sie, ihren Wurzeln zu folgen und im Andenken an die venezianische Großmutter Italienisch zu lernen. Drei Monate lang lebte sie in Perugia und besuchte dort einen Italienischkurs. Die Freundschaften von damals bestehen bis heute.

Eigentlich wollte Paulina Vogt nach diesen drei Monaten nach Deutschland zurückkehren und Architektur studieren, doch es kam anders. In Perugia lernte sie eine Modedesignerin kennen und durfte fünf Monate lang Einblicke in den Beruf bekommen – »Und dann habe ich entschieden, Modedesign in Mailand zu studieren. Einen Tag vor dem Diplom hatte ich schon eine Anfrage von einer Firma, die mich als Designerin wollte. Am nächsten Tag habe ich angefangen, bei ihnen zu arbeiten.« Sechs Jahre lang arbeitete sie in der Modeindustrie und designte vor allem Schuhe und Handtaschen, zum Teil auch Bekleidung. »Es war total interessant, ich habe viel gelernt. Aber Mailand war nicht mein Ort. Ich hatte weder Natur um mich noch Zeit.«

Ihr Körper streikte und sie kehrte zurück nach Perugia – in die Natur, zurück zu ihren FreundInnen. Dort machte sie sich als Künstlerin selbstständig und arbeitete daneben freiberuflich für Modefirmen. Damals schuf sie vor allem Skulpturen aus Kunstharz und Metallen.

Besonders die Geselligkeit genoss sie an ihrem Leben in Perugia. Viele Abende waren dort mit gemeinsamem Kochen, Essen, Lachen und Musizieren gefüllt. »Aus Deutschland kannte ich das so nicht. Das war wirklich schön.«

Während der Coronapandemie, als sie auf Geselligkeit und die Natur verzichten musste, bekam sie die Idee, Kraftorte in Kunstwerken zu verewigen. Vielen Menschen hat sie auf diese Weise Kraftorte ins Zuhause gebracht. Paulina Vogt wird von ihnen inspiriert und auch materiell sind sie in ihren Bildern verewigt. Kleine Proben, zum Beispiel von Steinen, Muscheln, Erde und Wasser sammelt sie vor Ort, um sie in ihrer Malerei gemeinsam mit den über hundert Jahre alten lichtechten, mineralischen Farbpigmenten ihres Großvaters zu verarbeiten. »Wertvolle Schätze«, nennt Paulina Vogt die Pigmente. Ihr Vater hat sie ihr überlassen und sein Wissen darüber weitergegeben.

Um ihren Kraftort Venedig zu verewigen, hat Paulina Vogt beispielsweise von dem Boot eines befreundeten Kabarettisten aus Wasserproben genommen und am Fischmarkt gekaufte Muscheln verarbeitet. Der Tanz des Wassers Venedigs, die facettenreichen Spiegelungen der Sonne und sein Nebel sind auf der zugehörigen Kunstwerk-Serie zu sehen.

Weitere Serien sind dem Solfelsen, dem Schwarzwald bei Nacht, dem Rosendorf Nöggenschwiel, dem Monte Malbe bei Perugia und den Etruskern gewidmet. Aktuell arbeitet sie an Gemälden zum Krai-Woog-Gumpen. Intensiv beschäftigt sich Paulina Vogt mit dem Zauber und der Geschichte der Orte, die sie in und mit ihrer Kunst verewigt.

»Ich sammle und verarbeite kleine Proben von Materialien an Kraftorten wie Erde, Stein, Holz und mache daraus Kunstwerke.«

Am Krai-Woog-Gumpen

Der Hotzenwald ist reich an eiszeitlichen Spuren. Natürliche Becken im Stein und die Moore, die seine Landschaft zeichnen, sind solche Spuren.

Es tost und braust und rauscht. Noch bevor ich den Krai-Woog-Gumpen sehe, höre ich ihn. Kein Wunder, dass sein Name mit dem alemannischen ›krai‹ beginnt, das als ›laut sein‹, ›schreien‹ übersetzt werden kann und auf die Tongewalt des Wasserfalls verweist. Wasser fällt hier nicht nur, es ergießt sich regelrecht über etwa vier Meter herab. ›Woog‹ bedeutet so viel wie ›Woge‹ oder ›Welle‹ und ›Gumpen‹ als Verb ›springen‹, ›hüpfen‹, als Substantiv ›Becken‹. Übersetzt wird der alemannische Name mit ›Laut rauschender Wasserfall, der in ein Becken springt‹.

Und obwohl dieser Wasserfall so laut ist, wurden er und die beiden ins Gestein gehöhlten Becken erst 1952 von dem Geologen Erwin Litzelmann in gemeinsamer

Forschungsarbeit mit seiner Frau entdeckt, freigelegt und dokumentiert. Der Krai-Woog-Gumpen ist heute längst ein beliebtes touristisches Ziel für Wander- und Naturfreudige geworden.

Besonders beeindruckend sind die beieinander liegenden steinernen Becken mit einem Durchmesser von etwa drei Metern. Wie sie genau entstanden sind, bleibt ein Rätsel. Drei Theorien existieren darüber, wie ich auf einer Informationstafel in der Nähe des Naturschauspiels lese. Eine führt zurück in die Eiszeit. Mit der Benennung als ›Gletschermühle‹ nahm schon Erwin Litzelmann an, dass ein Stein durch die Ausdehnung von Gletschereis und hinter Fels eingeklemmt in einer runden Kreisbewegung ein Loch in den Fels gemahlen hatte. Bis heute ist noch von der Gletschermühle die Rede. Die zweite Theorie setzt später an. So könnten große Mengen an Schmelzwasser nach der Eiszeit das Tal ausgefüllt haben und Richtung Rhein gestürzt sein. Auch so könnten Steine in Bewegung geraten sein und als mahlender Strudel das Loch ausgehöhlt haben. Die dritte Theorie liegt dazwischen. Möglicherweise lag das Ende der Eiswand oder eine Gletscherspalte beim heutigen Krai-Woog-Gumpen. Als der Gletscher sich zurückzog, könnte ein Schmelzwasserfall aus großer Höhe das Loch in die felsige Oberfläche gestrudelt haben. Unabhängig davon, welche Theorie zutrifft, denke ich mir, während ich in das große Gesteinsbecken blicke, ist es beeindruckend, welche Kraft die Natur entfalten kann.

Dass der Krai-Woog-Gumpen noch existiert, ist nicht selbstverständlich. Etwa 400 Meter weiter unten ragt der Eingang zu dem Schluchseewerkstollen wie ein überdimensionales Mäuseloch in den Stein. 1977 gebaut, diente er Untersuchungen zur Stabilität und Wasserführung des Gesteinsuntergrunds im Schwarzenbachtal. Ein Stausee sollte im Tal aufgestaut und dessen Mauer ungefähr beim Krai-Woog-Gumpen errichtet werden – zum Glück wurde dieser Plan nie Wirklichkeit. Noch heute wird der Stollen regelmäßig für geologische Forschungen genutzt. An seinem Ende stößt er auf einen alten silberhaltigen Erzgang, Hermann-Gang genannt.

Am Fuße des Wasserfalls rauscht das Schwarzenbächle, wieder entschleunigt nach dem hohen Fall beim Krai-Woog-Gumpen, gleichmäßig an mir vorbei. Es sprudelt zwischen großen moosbewachsenen Steinen. Brocken liegen im Bachbett wie Stufen, die es auf seinem Weg hinunter zu nehmen hat. Der Abschnitt unterhalb des Krai-Woog-Gumpen gilt als typisches Gebirgsbächle, lese ich später. Obwohl eine Straße durch das Schwarzenbachtal führt, wurde der Bachlauf nicht verändert. Damit ist das Schwarzenbächle einer der natürlichsten Bäche im ganzen Südschwarzwald.

Im achteinhalb Kilometer langen Schwarzenbachtal gibt es neben dem Krai-Woog-Gumpen noch andere eiszeitlichen Spuren, deutlich stiller als der Krai-Woog-Gumpen, zu entdecken. Besonders in den Höhenlagen des oberen

Hotzenwaldes befinden sich einige Moore, darunter Hochmoore. Deren Name bezieht sich, anders als er vermuten lässt, nicht auf die Höhenlage, auf der sie vorkommen, sondern darauf, dass sie oberhalb des Grundwasserspiegels liegen. Hochmoore zeichnen sich also in Abgrenzung zu anderen Moorarten dadurch aus, dass sie ihren Wasserbedarf allein aus Niederschlägen decken. Der Sieben-Moore-Weg verbindet die eiszeitlichen Spuren im Hotzenwald miteinander, indem er an Hochmooren vorbei und zum Krai-Woog-Gumpen führt. Angelegt wurde die Wanderroute im Rahmen zweier Naturschutzprojekte. Dass es die Moore trotz Dürreperioden und negativer menschlicher Eingriffe noch gibt, ist den Renaturierungsmaßnahmen zu verdanken. Um die empfindlichen Ökosysteme zu schützen, sind sie mit Ausnahme des Birkenmoors nicht begehbar. Die Moore gelten als urtümlichste Lebensräume des Hotzenwalds. Als natürliche Archive ermöglichen sie einen Blick zurück in vergangene Jahrtausende. Rund 100 Pflanzen- und Tierarten, die auf der Roten Liste als selten und in ihrem Bestand gefährdet eingestuft sind, leben rund um den Sieben-Moore-Weg. Nicht umsonst werden die Moore auf einer Informationstafel nahe des Wasserfalls als ›Feengarten‹ bezeichnet. »Jedenfalls wird jeder dafür empfängliche Wanderer von dem Eigenartigen, Geheimnisvollen, Zauberischen oder wie immer es in der Stille empfunden werden mag, aufs tiefste beeindruckt werden«, schreiben Erwin und Maria Litzelmann 1967 in einem Beitrag über die Moore des Hotzenwalds. Sattes, buschiges Grün überdeckt den Boden, von dunklen Tannen umsäumt. Wie Fühler ragen einzelne kleine Blüten an langen Stielen aus den Torfmoosen. Was hier in den Mooren lebt, trägt zum Teil märchenhafte Namen. Rauschebeere, Sumpf-Herzblatt und Siebenstern. Oder Zweigestreifte Quelljungfer, eine Libellenart.

Die Schönheit der Landschaft »bittet um Antwort auf die Fragen nach dem Zustandekommen ihrer Phänomene, um das Staunen, das ›Sichwundern‹ und auch ganz gewiss um die ehrfürchtige Dankbarkeit für ihr Dasein überhaupt!«, schreiben Maria und Erwin Litzelmann 1967. Ehrfürchtig und dankbar verlasse auch ich diesen märchenhaften Ort.

SUSANNE BADER

Inhaberin der Buchhandlung zum Wetzstein

FREIBURGS PFLASTERMOSAIKEN

»Von Leben und Tod, von Freud und Leid, von Vergangenheit, Gegenwart, Zukunft: davon zeugen die Pflastermosaiken.«

Z'Fryburg in der Stadt

Z'Fryburg in der Stadt
suufer isch's un glatt;
riichi Heere, Geld un Guet,
Jumpfere wie Milch un Bluet,
z'Fryburg in der Stadt.

Johann Peter Hebel (1760–1826)

Das in alemannischer Sprache verfasste Gedicht *Der Schwarzwälder im Breisgau* von Johann Peter Hebel wurde zuerst 1807 in dem allgemeinen *Freiburger Intelligenz- und Wochenblatt*, damals unter der Überschrift *Der verliebte Hauensteiner* abgedruckt und begann mit diesem Freiburger Vers. In anderen Veröffentlichungen, so in Buchform als Bestandteil der Werke von Johann Peter Hebel, änderten sich sowohl Titel wie die Reihenfolge der einzelnen Verse und die Schreibweise des Städtenamens. Sei's drum. Der Inhalt blieb.

Suufer isch's un glatt?

Steine erzählen

von Susanne Bader

Glatt – was alles kann dieses Wort bedeuten, zumal im Alemannischen! Glitschig, nicht zu fassen, ebenmäßig – und auch komisch. Gelten kann ‚glatt' für Menschen wie für Orte.

Die Pflastersteine in der Freiburger Altstadt auf den Gehwegen, in den Gassen und Straßen können, zumal bei Regen und Schnee, recht glitschig sein. Und plan, also von gleichmäßig glatter Oberfläche sind Straßen und Gehsteige durch die Struktur und Beschaffenheit der Steine beileibe nicht. Obwohl deren Oberfläche behauen wird und die Steine mit der unbehauenen Seite in Sand oder auch Mörtel verlegt werden.

Aber: Schön sind sie, diese Pflastersteine. Aus unterschiedlichen Materialien finden dabei auf den Gehsteigen die kleinen, zierlichen Kiesel, meist in elliptischer Form, zueinander. Ihre Farben changieren von schwarz über grau, zu einem hellen Braun bis hin zu fast weiß. Die Steine mancher Gassen und Straßen wiederum sind annähernd quadratisch, meist im dunklen Rotton gehalten. Bei Regen und in der Dämmerung mischen sich die unterschiedlichen Farbtöne, bedingt durch die Materialien wie roter Porphyr, Rheinkiesel, weißer Marmor. Sie gleichen sich einander an. Die einzelnen Mosaike heben sich dann von dieser Melange umso mehr ab, fallen ins Auge, bringen Abwechslung ins Bild. Manche Einheimische, manche Besucher*innen der Stadt halten inne und betrachten die Steinformationen. Was bedeuten sie? Mal sind es Ornamente, mal Symbole für Berufe und Geschäfte, mal für das Handwerk. Andere wieder zeigen Inschriften oder lediglich Jahreszahlen.

Sie alle erzählen Geschichten: von Menschen, von Gewerben, von Geschäften, vom Werden und Vergehen, von Freud, von Leid. Sie erzählen vom Wandel der Stadt in den letzten Jahrzehnten, Jahrhunderten, nicht immer hin zum Besseren. Sie zeigen aber auch anhand ihrer Geschichte, dass zum Glück Dummheit und Beschränktheit sich nicht immer durchsetzen konnten, sondern mutige Entscheidungen mutiger Menschen sinnvolle Entwicklungen auf den Weg brachten.

Von seinen Lehr- und Wanderjahren behielt der Pflasterermeister Alois Krems, der 1858 in der Freiburger Konviktstraße wohnte, die Flusskieselpflasterungen in Südfrankreich im Sinn und brachte sie als Anregung nach Freiburg mit. Gegen Ende des 19. Jahrhunderts wurden die Straßen in der Stadt erneuert. Die Bächle, eine weitere, schöne Besonderheit von Freiburg, legte man in diesem Zuge von der Mitte der Fahrbahn an deren Rand. Straßen, Gassen und Gehwege boten nun ausreichend Raum für die Gestaltung mit Pflastersteinen und für die Mosaike. Um 1900 herum herrschte reges Treiben bei den Pflasterern. Stadtteile wie Neuburg, Herdern, die Wiehre bekamen ein neues Gesicht, wenn man den Blick nach unten richtete. Ebenso die Altststadt und der Rathausplatz.

Dann kam der von den Deutschen entfachte Zweite Weltkrieg. Millionen Tote, die Shoa, grenzenlose Verwüstung. Unsagbares Leid. Der Bombenangriff am 27. November 1944 auf Freiburg setzte vielem in der Stadt ein Ende, zerstörte Menschenleben, zerstörte Häuser und fast 40 Kilometer Straßen und Gehwege.

In den 70er Jahren wurde nach Jahren des Wiederaufbaus in Freiburg – inklusive vieler Bausünden – die Altstadt zur Fußgängerzone umgewandelt. Was für erbitterte Auseinandersetzungen gab es damals aus diesem Grund! Schlussendlich setzte sich das Kluge, Vorausdenkende durch, dem Menschen wurde ein höherer Wert zugemessen als dem Auto. Die Welt ging nicht, wie von vielen prophezeit, unter, die Geschäfte mussten nicht schließen, die Bürger*innen und Besucher*innen besannen sich wieder auf ihre Beine, bewegten sich wieder selbst und nicht nur die vier Räder ihres Autos. Und: Die Pflasterer hatten viel zu tun mit dem Wiederbeleben einer schönen Tradition, derjenigen der Pflastermosaike.

Kurz nach der Gründung der *Buchhandlung zum Wetzstein* im Jahr 1978 im Haus zum Wetzstein war es eine Herzensangelegenheit und willkommene Verpflichtung für Thomas Bader und mich, die gerade wieder aufgelebte Tradition der Pflastermosaike in Freiburg aufzunehmen. Auf dem Gehsteig am Eingang der Buchhandlung in der Salzstraße 31 ziert seither ein von zwei Händen gehaltenes, aufgeschlagenes Buch den Boden. Man betritt über diese aufgeschlagenen Seiten gehend ein Haus, in dem sich Menschen und Bücher begegnen. Viele der Gewerbetreibenden in den mittelalterlichen Häusern der Altstadt von Freiburg mögen bei der Wiederbelebung dieser Tradition aus dem 19. Jahrhundert ebenso gedacht haben und setzten ein Zeichen in Form des Pflastermosaiks in den Gehweg vor dem Haus.

Das Buch am Eingang der Buchandlung hat seinen Sinn und seine Bedeutung nicht verloren. Seit mehr als 100 Jahren befindet sich hier im Erdgeschoss eines der ältesten Häuser der Stadt schon eine Buchhandlung. Seit 1978 die *Buchhandlung zum Wetzstein.*

Andere Mosaike vor Häusern in der Altstadt zeugen nur noch von der Vergangenheit, nicht mehr der Gegenwart. Die Bäckerei in der Augustinergasse ist längst nicht mehr da, aber die Brezel als Mosaik hat überdauert. Der Schuster in der Herrenstraße hat bereits vor vielen Jahren sein Geschäft aufgegeben; wahrscheinlich lebt er nicht mehr. Das Nähmaschinengeschäft in der Salzstraße war lange schon an einen anderen Ort gezogen und noch bis 2022 im Industriegebiet zu finden.

Doch am Rand der Gehwege fließt das Wasser in den dafür vorgesehenen Bächle wie eh und je. Schon im Mittelalter waren diese Bächle da (urkundlich erstmals im Jahr 1220 erwähnt) und sind es immer noch – damals bereits angelegt als ein äußerst kluges Bewässerungssystem. Wahrscheinlich gab es sie sogar schon 100 Jahre früher, zur Zeit der Stadtgründung. Nie waren die Bächle Abwasserkanäle, wie oft vermutet. »Ärgernis erregende Stoffe« durften, um das Stadtbild am Tage nicht zu trüben, im 14. Jahrhundert erst in der Dunkelheit mittels des Wassers entsorgt werden. In den Ratsverordnungen aus dem 16. Jahrhundert wurde dies gänzlich untersagt. Heute sind die Bächle eine liebenswerte Besonderheit der Stadt; immer noch werden sie vom Wasser der Dreisam gespeist.

Auf dem Weg von der Salzstraße durch die Augustinergasse in die Schuster-, dann die Herrenstraße nach Oberlinden, zum Schwabentor und wieder zurück in die Salzstraße, immer geleitet von den Bächle, blitzen sie auf, die Pflastermosaike und erzählen ihre Geschichten. Von den Handwerkern, die in dem Haus ihrem Beruf nachgingen, von den Händlern, die ihre Waren verkauften. Ein Mädchen in einem kleinen Mosaik in der Augustinergasse ist übriggebliebenes Zeichen des schönen Ladens mit Kinderbekleidung, der hier einmal war. Die Apotheke am Schwabentor gibt es noch, und vor dem Eingang in der Salzstraße zum Augustinermuseum leuchten die Säulen eines griechischen Tempels im Pflastermosaik. Es kommen viele neue Mosaike hinzu, Ornamente rund um den Oberlindenbrunnen, Symbole für neue Geschäfte, Firmenzeichen, Wappen der Freiburger Partnerstädte. Die Tradition wird weitergeführt.

Man kann über sie hinweggehen, sie nicht beachten, sie übersehen. Man kann aber auch innehalten, sie betrachten und ahnen, dass sie alle eine Geschichte erzählen könnten, würden wir sie nur wissen wollen.

Richten wir den Blick nach oben, ist nahezu überall in der Altstadt der Turm des Münsters, dieses großartigen Bauwerks aus dem Mittelalter, zu sehen. Der Platz um das Münster ist wie der Augustinerplatz komplett mit Wackensteinen aus dem Rhein gepflastert. Eingelassen auf der Nordseite ist in die Pflasterung mit dunkleren Steinen der Umriss der Andreaskapelle, der Friedhofskapelle aus dem 12. Jahrhundert. Von Leben und Tod, von Freud und Leid, von Vergangenheit, Gegenwart, Zukunft: davon zeugen die Pflastermosaiken.

Dreifach ist der Schritt der Zeit:
Zögernd kommt die Zukunft hergezogen,
pfeilschnell ist das Jetzt entflogen,
ewig still steht die Vergangenheit.

Friedrich Schiller (1759–1805)

Buchhandlung zum Wetzstein

ÜBER

SUSANNE BADER

Im Leben von Susanne Bader spielte Sprache immer eine wichtige Rolle. Nach dem Abitur in Rheinfelden überlegte sie sich verschiedene Studiengänge. Die Entscheidung in den späten 1960er Jahren fiel schließlich auf die Fächer Politik und Germanistik und Freiburg als Studienort. »Weil ich ein emotionaler Mensch bin, auch in meiner Argumentation, habe ich noch ein Jurastudium angehängt.« Susanne Bader hatte das Ziel zu lernen, die andere Seite mit deren Argumenten zu sehen, sie zu tolerieren, um bei verschiedener Meinung dagegen argumentieren zu können. »Das half mir sehr in meinem Leben.«

Gemeinsam gründeten Susanne Bader und ihr mittlerweile verstorbener Mann Thomas Bader mit Herbert Placzek als Mitteilhaber 1978 die *Buchhandlung zum Wetzstein*. »Wir entschieden uns trotz anderer beruflicher Angebote für das Wagnis der Selbständigkeit und hatten recht bald damit Erfolg.«

In der Buchhandlung hielt sich Susanne Bader die ersten Jahre im Hintergrund, verfasste den Wetzsteinbrief, bestimmte das Sortiment mit. Die Bühne jedoch gehörte Thomas Bader. Nach dem frühen Tod von Herbert Placzek übernahm sie dessen Geschäftsanteile, ging dann aber 1995 nach Berlin, um etwas Eigenes auf die Beine zu stellen. Den Büchern und der Sprache blieb Susanne Bader beruflich treu. »Berlin bot mir viele Möglichkeiten: mit der Arbeit in einem Theaterverlag und im Anschluss im Rowohlt Berlin Verlag, unter anderem in den Bereichen Lektorat und Öffentlichkeitsarbeit. Später wechselte ich zu einer bedeutenden Literaturagentur. Die Hauptstadt wurde zu meiner zweiten Heimat. Fast 20 Jahre habe ich dort gelebt und gearbeitet, bin gependelt, begleitete jedoch während all der Jahre den Wetzstein inhaltlich und verfasste weiterhin den monatlichen Wetzsteinbrief.«

Als ihr Mann krank wurde, musste sie sich entscheiden. Sie versprach Thomas Bader, es zu versuchen und beschloss nach seinem Tod 2014, die *Buchhandlung zum Wetzstein* alleine weiterzuführen. »Eine schöne, aber auch fordernde Aufgabe. Der Anfang war schwer. Die Anforderungen im Einzelhandel hatten sich mittlerweile gewandelt. Auch waren meine Vorstellungen von Zusammenarbeit andere. In Berlin hatte ich gelernt, im Team zu arbeiten. Das setze ich nun im Wetzstein um.«

Sie hat vieles verändert und bewirkt. Die Räume der Buchhandlung wurden unter ihrer Leitung grundlegend renoviert. Von Juli 2020 bis April 2022 vermietete Susanne Bader einen Teil der Ladenfläche an ein Stoffgeschäft. Und überstand auch aus diesem Grund finanziell die Pandemie. Neben ihrer Beratungs- und Verkaufstätigkeit im Geschäft bestimmt sie maßgeblich das sorgfältig zusammengestellte Sortiment, organisiert unterschiedliche, anspruchsvolle Veranstaltungen, kleine Mittagspausenkonzerte, verfasst weiterhin den Wetzsteinbrief – alles in Zusammenarbeit mit ihren großartigen Mitarbeitenden. Sie arbeitet mit jungen Menschen und Flüchtlingsfamilien. »Mir kommt es weniger auf das an, was ich bin, sondern mehr auf das, was ich bewirken kann.«

Am 8. September 2024 erhielt die *Buchhandlung zum Wetzstein* zum zweiten Mal nach 2022 den Deutschen Buchhandlungspreis, dieses Mal als eine von bundesweit lediglich fünf Buchhandlungen in der zweithöchsten Kategorie als ›besonders herausragende Buchhandlung‹.

»Mir kommt es weniger auf das an, was ich bin, sondern mehr auf das, was ich bewirken kann.«

Steinerne Spuren in Oberlinden

Einer der ältesten Stadtteile Freiburgs ist reich an Bodenmosaiken. Die Spurensuche lohnt sich und führt in die Vergangenheit.

Am Brunnen vor dem Tore, da steht ein Lindenbaum. Er steht dort seit 1729. Bereits im 13. Jahrhundert, vermutlich lange bevor es den Brunnen gab, stand hier ein Lindenbaum. Oberlinden, die Gabelung mit dem Brunnen vor dem Schwabentor, ist einer der ältesten Plätze Freiburgs. Um den Platz herum sammeln sich Gebäude, deren Keller zu den ältesten Freiburgs zählen.

Archäologische Funde in diesen Kellern, beispielsweise Kiesel aus der Dreisam, weisen auf die Zeit vor der Freiburger Marktgründung 1120 zurück. Es war die Linde aus dem 13. Jahrhundert, die dem Platz seinen Namen verlieh. Hier wurde im Mittelalter Gericht gehalten. Im 18. und 19. Jahrhundert war Oberlinden ein lebendiges Viertel mit vielen Gasthöfen, Handwerks-

betrieben und Ladengeschäften. Bis ins 20. Jahrhundert waren hier etliche Schmieden zu finden. Einen lebendigen Eindruck von dem Aufwachsen in diesem Stadtteil gibt der spätere Bürgermeister Johann Baptist Rieder, geboren 1815, in seinen Lebenserinnerungen: »(W)ir (konnten) den Lauf unserer Schlitten oben vom Schloßberg, dort wo sich jetzt das städtische Wasserreservoir befindet, beginnen lassen und bis in die Straße hinein zum Hause des Kaufmanns Krauß, jetzt Kaiser, Oberlinden 24 fortsetzen, wobei es freilich manchmal sich ereignete, daß wir mitten in die Fuhrwerke oder zwischen den Füßen der Pferde durchfuhren.«

Seit dem beginnenden 20. Jahrhundert fahren Straßenbahnen durch den historischen Stadtteil und an der Linde vorbei. Derart waghalsige Schlittenfahrten sind dort heute nicht mehr denkbar; die Linde war ihr Zeuge.

Der Dichter, Publizist und zu dem Zeitpunkt ehemalige Rektor der Universität Freiburg, Johann Georg Jacobi, widmet dem Vorgänger des Lindenbaums in dem Periodikum ›Iris‹ 1809 einige Zeilen: »Sie wurde einer abgelebten ehrwürdigen Linde zur Nachfolgerin gegeben, die bereits im sechzehnten Jahrhundert, als Vereinigungspunkt für die um sie her wohnenden Bürger, Zeuge von ihren frohen Unterhaltungen, ihren ernsten Berathschlagungen und öffentlichen Spielen gewesen war.« Bis heute wird der Baum als geselliger Treffpunkt rege genutzt – seit 1970 findet hier jährlich der ›Oberlindenhock‹ mit Flaniermeile, Kulinarik und Livemusik statt.

Mit weißen Steinen ist das Jahr der Einpflanzung der jetzigen Linde im nahen Straßenpflaster eingeschrieben. Die vielen Lebensjahre der unter Naturschutz stehenden Linde, die wiederholten baulichen Eingriffe und hohe Versiegelung des Bodens, die Stress für den Baum bedeuten, sind nicht spurlos an ihr vorbeigegangen. Jährlich wird sie mit Blick auf ihre Standfestigkeit untersucht, um niemanden auf dem beliebten Platz zu gefährden. Einen Teil ihrer Krone hat die Linde bereits eingebüßt, um weniger Angriffsfläche für den Wind zu bieten. Auf historischen Aufnahmen trägt die Linde noch ihre volle Krone, die, aus Richtung des Schwabentors blickend, hoch bis an den Turm des Münsters ragt, der sich über den Häuserdächern erhebt. Geschwächt, aber wacker stemmt sich das grüne Wahrzeichen bei Wind und Wetter in die Höhe. Ob die Linde ihren 300. Geburtstag erleben wird, ist ungewiss.

Unter ihr steht ein Brunnen, auch er hat eine lange Geschichte. Mit geneigtem Kopf, einen Mantel über der Schulter, schaut eine Madonna vom Brunnenstock aus auf die flanierenden Menschen zu ihren Füßen und auf das musterreiche Pflaster, das den Brunnen umgibt. Die Figur wird der Bildhauerfamilie Hauser zugeschrieben. Darunter ergießt sich aus zwei Rohren Wasser in die achtseitige, aus einem Block gehauene Schale. Er ist die erneuerte Version des Brunnens, der 1862 von einem Solothurner Betrieb gefertigt worden war und beim Luftangriff 1944 schwere Schäden erlitten hatte. Ein Plan aus dem Jahr 1535 weist darauf hin, dass bereits damals dort ein Brunnen stand. Nicht selten setzen sich Menschen auf seinen steinernen Rand, genießen Plätschern und Pause.

Das Schwabentor, eines der beiden erhalten gebliebenen Stadttore, begrenzt Oberlinden hin zum Schlossberg. Um 1265 soll es errichtet worden sein, seine heutige Erscheinungsform, die dem mittelalterlichen Original ähnelt, hat es seit 1954. Im Mittelalter kam hier das Salz an und machte das Tor zu einem der wichtigsten Zugänge. Auf der Außenseite ist ein Bild des Stadtpatrons St. Georg, der Drachentöter, auf der Innenseite des Tors ein Kaufmann mit Fuhrwerk abgebildet. Der Legende nach soll es wie folgt zu seinem Namen gekommen sein: Ein reicher schwäbischer Kaufmann reiste wohl mit dem Vorhaben nach Freiburg, die Stadt zu kaufen. In den Fässern, die er dafür mitbrachte, fand man nach Öffnung nicht Gold, sondern Sand – den Tausch hatte seine Frau heimlich vor der Abreise vorgenommen. So sah sich der Kaufmann Hohn und Spott ausgesetzt.

Ein aus bräunlichen Steinen gelegter Bär bewacht den Eingang zu dem vermutlich ältesten Gasthaus Deutschlands. Bis ins Mittelalter ist die Geschichte des historischen ›Gasthaus zum Roten Bären‹ nachzuverfolgen. Laut archäologischer Funde wurde das Haus bereits im 12. Jahrhundert als Gasthaus genutzt, ein Bärenwirt wird erstmals 1387 urkundlich erwähnt. Teile des Kellers stammen aus dem 12. Jahrhundert, das Gebäude im Barockstil wurde im 18. Jahrhundert erbaut. Schon im Mittelalter war die Fassade rot, um Reisenden anzuzeigen, dass hier übernachtet und die Ware sicher untergebracht werden konnte. Geht man weiter, den Blick auf das Pflaster gerichtet, findet man ein Bodenmosaik aus weißem Stein in Form eines griechischen Tempels. Es zeigt an, dass hier ein Museum ist. Und dabei handelt es sich nicht um irgendeines. Die Geschichte des Augustinermuseums reicht weit zurück, seine Bestände sind vielfältig und bedeutend. Man könnte etliche Seiten darüber füllen. In der ehemaligen Klosteranlage ist Kunst vom Mittelalter bis zum Barock und Malerei des 19. Jahrhunderts ausgestellt. Darunter befinden sich Prophetenfiguren, Wasserspeier und die über fünf

Meter hohen Kaiserfenster aus dem Freiburger Münster, mittelalterliche Holzskulpturen und Tafelmalerei unter anderem von Matthias Grünewald, Hans Baldung Grien und Lucas Cranach dem Älteren, Gemälde von Malern des 19. Jahrhunderts wie Anselm Feuerbach, Franz Xaver Winterhalter und Hans Thoma. Regelmäßig sind hier Orgelkonzerte am barocken Orgelprospekt zu hören. Und auch wechselnde Sonderausstellungen locken ins Augustinermuseum.

Nicht weit davon entfernt, weiter Richtung Innenstadt, ist ein dunkler Kreis, von braunen Steinen umrahmt, darin ein aufgeschlagenes Buch und zwei Hände, auf dem Gehweg vor der *Buchhandlung zum Wetzstein* in der Salzstraße 31 zu finden. Seit 1978 gibt es die

Buchhandlung, das ursprüngliche Haus seit etwa 1100. Der erweiterte Bau stammt von 1460. Benannt wurde dieser nach dem späteren Alleineigentümer des Hauses im 16. Jahrhundert, Dr. Bastian Wetzstein, Jurist und Rektor der Freiburger Universität. Für den Eröffnungstermin der *Buchhandlung zum Wetzstein* wählten Susanne und Thomas Bader gemeinsam mit Herbert Placzek den 14. Juli, den geschichtsträchtigen Tag des Sturms auf die Bastille. 2020 ließ Susanne Bader die Buchhandlung grundlegend renovieren. Im Jahr zuvor hatte sie eine Veränderung und die vorübergehende Schließung des Ladengeschäfts in der alten Form angekündigt, woraufhin die Presse meldete, der Wetzstein würde für immer schließen. Darauf rea-

gierte damals unter anderem Martin Walser mit einer Hommage an die Buchhandlung im Spiegel:

»Was Bücher sein können – Wetzstein hat es gezeigt. Wir haben es miterlebt. Und wir sagen es weiter.
Alleinsein hat keinen Ton.
Darum gibt es Bücher.
Nichts ist, was es scheint.
Darum gibt es Bücher.
Und Wetzstein ist der Tempel.
Der Gott ist aus Papier. Die Liebe ist auch aus Papier. Papier ist das Leben. Die Unsterblichkeit ist auch aus Papier. Dafür gibt es (gab es) Wetzstein.«

Nach wie vor gibt es den Wetzstein – zum Glück und dank Susanne Bader, die entschlossenen Schrittes in ihrem Alltag durch Oberlinden geht; den Blick immer auch auf die Mosaiken gerichtet.

JULIA WOLRAB

Wissenschaftliche Leiterin des Dokumentationszentrums Nationalsozialismus Freiburg

---

PLATZ DER ALTEN SYNAGOGE

»Ich denke, die Auseinandersetzung mit diesem auch sehr dunklen Thema birgt immer die Chance in sich, Gegenwart und Zukunft besser zu gestalten.«

Geschäftig laufen Menschen an uns vorbei. Von der Baustelle im Universitätsgebäude ist rhythmisches Donnern zu hören. Wolkenverhangen erstreckt sich der Himmel über den Platz der Alten Synagoge. Nur ein Streifen Licht sucht sich seinen Weg. Ernst und voller Engagement erzählt Julia Wolrab von ihrem Wirken als Leiterin des NS-Dokuzentrums: Von dem Dunkel der NS-Zeit und von der Hoffnung, die mit ihrer Arbeit verknüpft ist.

Was beschäftigt dich in der Auseinandersetzung mit NS-Biografien?

Die Ambivalenzen. Es gab ein ganz großes Dazwischen. Menschen, die verfolgt wurden, konnten sich gleichzeitig natürlich auch schuldig machen und umgekehrt.

Oft stelle ich mir die Fragen: An welchen Stellen kann sich ein Mensch entscheiden, einen bestimmten Weg zu gehen? Was bringt ihn dazu, bestimmte Entscheidungen zu treffen, die dann für andere wiederum nachteilig und schadhaft sein können?

Zeichen der Erinnerung

Intensiv beschäftigt sich Julia Wolrab *mit dem Nationalsozialismus und seiner Aufarbeitung. In den Stadtalltag integrierte Erinnerungszeichen hält sie für wichtig.*

Was gibt dir Zuversicht bei deiner Arbeit?

Ich bin dankbar und motiviert, weil die Stadt, zwar zu einem relativ späten Zeitpunkt, aber doch mit vereinter Kraft dieses Projekt stemmt und sich jetzt aktiv mit ihrer eigenen Geschichte auseinandersetzt. Das Dokuzentrum ist ein Projekt, das aus der Zivilgesellschaft heraus eingefordert wurde – schon vor 20 Jahren gab es den Wunsch. Und damals hat die Stadt das Thema noch weniger beachtet. Das hat sich in den letzten Jahren verändert und man hat erkannt: Das ist unsere Geschichte, der wir uns als Stadt stellen müssen und wollen – vor allen Dingen auch, um Zukunft zu gestalten.

Ich denke, die Auseinandersetzung mit diesem auch sehr dunklen Thema, birgt immer die Chance in sich, Gegenwart und Zukunft besser zu gestalten.

Und sich über die Auseinandersetzung mit menschlichen Abgründen die Frage zu stellen: Wie können wir unser Zusammenleben so gestalten, dass wir in friedlicher Koexistenz bestehen können, dass wir uns respektieren, dass wir uns nicht gegenseitig diskriminieren oder ermorden, sondern eine Kultur und eine Gemeinschaftsform entwickeln, in der jede und jeder in der Unterschiedlichkeit besteht und bestehen kann, akzeptiert wird und sich wohlfühlt?

Das ist ein sehr hehres Ziel, es ist fast eine Utopie. Und dennoch ist es, glaube ich, für mich eine ganz wesentliche Motivation, mich auch immer mit psychologischen Fragen zu beschäftigen. Die Arbeit mit NS-Biografien hat auch eine psychologische Komponente, weil sich natürlich diese Geschichte wie ein Trauma bis in die heutigen Generationen fortsetzt. Was macht das mit uns als Nachgeborenen oder auch mit Menschen, die biografisch überhaupt nichts mit der Geschichte des Nationalsozialismus zu tun haben, aber vielleicht andere traumatische Erfahrungen mitbringen? Und dann eben zu schauen, was wir da besser machen oder wie wir präventiv arbeiten können, finde ich sehr, sehr spannend und gleichzeitig motivierend. Das gibt mir Zuversicht in allem Dunkel des Themas und der Zeit.

Auf dem Zonierungsband rund um den Grundriss der Alten Synagoge steht die Aufforderung »Erinnere dich«. Wie funktioniert deiner Meinung nach gutes Erinnern?

Meiner Meinung nach funktioniert Erinnerungsarbeit nur dann, wenn sie mich persönlich berührt, also schon durchaus über einen emotionalen Zugang, aber er muss vor allen Dingen mit mir selbst zu tun haben. Und deshalb wollen wir in der Arbeit des Dokumentationszentrums versuchen, zunächst mal, bevor uns eine Gruppe besucht, mit dieser Gruppe ins Gespräch zu kommen: Was sind denn eure Wünsche oder eure Fragen an diese Geschichte? Was wisst ihr schon darüber, was fehlt euch? Was sind Dinge, die ihr gerne vertiefen möchtet? Wovor habt ihr Angst, wenn ihr an diese Geschichte denkt?

Und dass es dann tatsächlich eher ein dialogisches Format ist, mit dem wir dann gemeinsam in die Ausstellung gehen, dass es mehr oder minder ein geschütztes Format ist, um sich eben auch mit eigenen Ängsten, vielleicht auch

mit eigenen Vorurteilen auseinandersetzen zu können und auf diese Weise eine Verbindung zur Thematik herzustellen, die auch stark mit mir als Person zu tun hat. Die mich nicht überfordert, überwältigt, aber die mit mir zu tun hat und mich zum Nachdenken bringt.

Das ist eine sehr hohe Anforderung, die wir vor allen Dingen an uns als Erinnerungsort stellen, weil es natürlich mit sehr viel Vorbereitung, sehr viel personellen und zeitlichen Ressourcen einhergeht, aber das ist ein Weg, den wir gerne beschreiten wollen.

Car ma maison sera appelee
une maison de priere
pour tous les peuples
Denn mein Haus wird ein Haus des
Gebetes fur alle Volker genannt werden

Welche Bedeutung hat der Platz der Alten Synagoge für dich und für deine Biografie?

Als ich studiert habe, war das hier alles noch Wiese. Es gab nur diese Bronzeplakette, die heute in den Brunnenboden eingelassen ist. Damals gab es schon die Vorstellung, diesen Platz umzugestalten. Er sollte zu einem urbanen Zentrum in der Stadt werden – für Veranstaltungen, für Demos, Diskussionen und so weiter. Gleichzeitig sollte es ein Ort des temporären Gedenkens sein, also ein Ort, der auch für Gedenkveranstaltungen, für das Erinnern an die Geschichte der Alten Synagoge genutzt werden kann.

Und ich weiß noch, ich stand damals auf dem Dach des Stadttheaters und wir haben für uni.tv freiburg einen Kommentar zur künftigen Gestaltung des Platzes aufgezeichnet. Damals haben wir gesagt: Das wird zu einem Versenkbecken für Kaffeebecher und Bierdosen werden. Und so kam es letztlich auch, zumindest als noch die erläuterten Elemente gefehlt haben – die kamen erst später dazu.

Zehn Jahre danach habe ich in Berlin gelebt und bei einer NGO gearbeitet. Da hat mich Irina Katz, die Vorsitzende der Israelitischen Gemeinde, angemailt, weil sie diesen Kommentar von uni.tv im Netz gefunden hatte und schrieb: Genau das, was Sie gesagt haben, ist jetzt eingetreten. Wir müssen irgendetwas dagegen machen. Das Thema hat mich dann nicht mehr losgelassen und wiederholt nach Freiburg geführt.

Ich habe unter anderem als Historikerin ehrenamtlich im wissenschaftlichen Beirat des künftigen Dokuzentrums mitgewirkt, und dann ist diese Stelle ausgeschrieben worden. Das ist schon irgendwie ein Kreis.

Ein architektonischer Kreis ist auch, dass wir im Dokumentationszentrum einen zentralen Gedenkraum haben werden. Und in diesem Gedenkraum werden Fundamentsteine von der Alten Synagoge, die hier unter dem Platz gefunden wurden, eingebracht. Es werden ausgewählte Steine in Absprache mit den jüdischen Gemeinden verwendet und dann in Bodenvitrinen eingesetzt. Als Zitat, als Verweis auf diesen historischen Ort. Wir hoffen, dass mit dem Dokumentationszentrum zumindest ein offener Raum in der Stadtmitte entsteht, der dazu einlädt, sich über solche Fragen auszutauschen, zu diskutieren und gemeinsam zu überlegen, wie sich Erinnerungskultur im öffentlichen Raum weiterentwickeln kann.

ERINNERE DICH

ÜBER
JULIA WOLRAB

Ihr Bachelorstudium der Fächer Geschichte und Islamwissenschaften absolvierte die 1985 in Bad Tölz geborene Julia Wolrab in Freiburg. Der dortige Geschichtsstudiengang war im Bereich Zeitgeschichte überwiegend auf den Nationalsozialismus und die Shoah ausgerichtet.

Nachhaltig prägte Julia Wolrab eine Exkursion nach Polen, wo unter anderem die KZ-Gedenkstätte Auschwitz besucht wurde. Daraufhin setzte sich bei ihr der Entschluss fest, sich mit diesem Teil der Geschichte intensiver auseinanderzusetzen. »Das hat mich seitdem nicht mehr losgelassen«, erzählt sie.

Zehn Jahre lebte Julia Wolrab in Berlin. Dort studierte sie an der Freien Universität im Masterstudiengang Public History und arbeitete neben dem Studium unter anderem für die Staatlichen Museen Berlin. Besonders Spaß machte ihr dabei die Mitarbeit an einer Stummfilmreihe. Begleitet wurden die surrealistischen Filme aus den 1920ern von Livemusik – die von Klassik bis Elektro reichte.

Ihr Engagement für die Demokratie und ihr Interesse an Fragen nach Möglichkeiten friedlichen Zusammenlebens ziehen sich wie ein roter Faden durch Julia Wolrabs Lebenslauf. Beispielsweise in ihrer Rolle als Wissenschaftliche Referentin bei ›Gegen Vergessen – für Demokratie e.V.‹. Oder auch durch ihre Mitarbeit am Audiowalk-Projekt ›Schalom Freiburg‹.

2014 bis 2015 arbeitete sie als Lehrbeauftragte im Bereich Praxisorientierte Politikwissenschaft an der Fachhochschule Dortmund. Eine Ausbildung zur Systemischen Beraterin absolvierte sie 2015.

Seit 2020 arbeitet Julia Wolrab als wissenschaftliche Leiterin des Dokumentationszentrum Nationalsozialismus der Städtischen Museen Freiburg. Im ehemaligen Verkehrsamt am Rotteckring entsteht ein Ort des Erinnerns, Gedenkens, Lernens und Forschens über den Nationalsozialismus mit dem Fokus auf Freiburg und die Region. Diese Stelle hängt eng mit der Geschichte des Platzes der Alten Synagoge und Julia Wolrabs eigener Laufbahn zusammen und bedeutete für sie auch eine Rückkehr nach Freiburg.

Ihre Arbeit nimmt sie oft mit nach Hause, und wenn dann selbst beim Joggen der Kopf nicht frei wird, hilft es ihr, aus der Stadt hinauszukommen. Die Probleme, so erklärt sie diesen ›Zoom-Effekt‹, vorher noch riesig groß, werden dann auf einmal ganz klein und oft tun sich gerade in der Distanz Lösungswege auf.

Julia Wolrab reist gern. Ihre Reise durch Neuseeland nach dem Abitur half ihr dabei, selbstbewusster zu werden und zu merken, dass sie allein nicht untergeht. Besonders beeindruckt war sie auf einer Reise nach Bulgarien von der Gastfreundschaft und Herzlichkeit.

Es sind viele Gedanken psychologischer, ethischer und politischer Natur, die Julia Wolrab berufsbedingt, aber auch privat beschäftigen und motivieren. Antworten zu finden, fällt nicht immer leicht. Sie ist aber fest davon überzeugt, dass Austausch wichtig ist, Fehler Teil menschlicher Kultur sind und verantwortungsvolles Handeln im eigenen Umfeld beginnt.

»Oft stelle ich mir die Frage: An welchen Stellen kann sich ein Mensch entscheiden, einen bestimmten Weg zu gehen?«

Platz der Alten Synagoge

Ein Grundriss, von Wasser überflutet, erinnert an Freiburgs Synagoge, die 1938 niedergebrannt wurde, an die Verbrechen des Nationalsozialismus – an das Schicksal der Jüdinnen und Juden in der Stadt.

Zwischen Universitätsbibliothek, Stadttheater, Fußgängerzone und Kollegiengebäuden in der westlichen Innenstadt lieg der Platz der Alten Synagoge. Häufig führt mich mein Weg im Alltag über den Platz, vorbei an dem Brunnen und den Platanen.

1870 wurde die Synagoge eingeweiht, nach welcher der Platz heute benannt ist. Freiwillige Spenden und Einnahmen der 1864 gegründeten jüdischen Gemeinde in Freiburg finanzierten den Bau. Das Gebäude wurde nach Plänen des Architekten Georg Jakob Schneider entworfen und nach zähen Verhandlungen mit der Stadt 1925 erweitert. Ursprünglich lag der Platz außerhalb des Zentrums, am Altstadtrand. Mit dem Bau des Bahnhofs und dem Universitätsgebäude auf dem

Nachbargrundstück wurde die Lage zunehmend attraktiver.

Mit der ›Machtergreifung‹ der Nationalsozialisten wurde die Lage für die jüdische Bevölkerung auch in Freiburg immer dramatischer. In der Reichspogromnacht, der Nacht vom 09. auf den 10. November 1938, wurde die Synagoge angezündet. Sie brannte vollkommen aus. Drei Mitglieder der jüdischen Gemeinde mit hohen Posten wurden aus ihren Betten geholt und mussten dabei zusehen. Die Feuerwehr war angehalten, den Brand nicht zu löschen und sollte lediglich das Übergreifen auf andere Gebäude verhindern. Am nächsten Morgen sprengte ein SS-Pioniersturm die verbliebenen Synagogenmauern. Für die Aufräumarbeiten hatte die jüdische Gemeinde selbst aufzukommen. 137 jüdische Männer aus Freiburg und der nahen Umgebung wurden an diesem Novembermorgen mit der Bahn ins Konzentrationslager Dachau deportiert. Die Verantwortlichen für den Brand sind nach dem Krieg nie zur Rechenschaft gezogen worden, da sie als vermisst galten oder gefallen waren.

Im März 1939 musste die jüdische Gemeinde einen Kaufvertrag über das Gelände mit der Stadt abschließen. Die Gottesdienste, aus denen die Menschen jüdischen Glaubens Kraft schöpften, fanden daraufhin in der Villa des ehemaligen Bankdirektors Willy Wolff statt. Während 1925 weit über tausend jüdische Menschen in Freiburg gelebt hatten, gab es 1942 nur noch wenige.

In der Nachkriegszeit gab die Stadt der sich wieder gebildeten jüdischen Gemeinde ihren Friedhof zurück. Sie errichtete dort eine Leichenhalle und ein Wärterhäuschen als Gegenleistung dafür, dass der frühere Synagogenplatz städtisches Eigentum blieb. Anregungen, dort eine Gedenktafel anzubringen, wurden erst 1962 verwirklicht. Bereits 1954 wandte sich die ehemalige Widerstandskämpferin Gertrud Luckner im Auftrag der Gesellschaft für christlich-jüdische Zusammenarbeit mit der Bitte an den Oberbürgermeister und an den Rektor der Universität, ein Erinnerungszeichen an die Alte Synagoge bei den Planungen des neuen Kollegiengebäudes zu berücksichtigen. 1987 fand die Einweihung der neuen Synagoge in der Engelstraße statt. Ihr Gemeindesaal trägt den Namen Gertrud Luckners.

Wie erinnert man angemessen? Bis heute gibt es Kontroversen über Gestaltung und Nutzung des Platzes der Alten Synagoge. Es war ein langer Weg, bis seine Umgestaltung geplant und umgesetzt war. Überlegungen dazu begannen bereits 2004 mit einem Wettbewerb. Als dann 2016 die Bauarbeiten aufgenommen wurden, stieß man auf Fundamentsteine der alten Synagoge. Es kam zu Meinungsverschiedenheiten zwischen der Israelitischen Gemeinde und der Denkmalbehörde, wie mit diesen Steinen zu verbleiben sei. Schlussendlich wurden sie abgetragen und verwahrt. Fertig gestaltet war der Platz dann 2017 und seitdem sind weitere Elemente der Erinnerung wie das Bronzemodell der zerstörten Synagoge und Gedenktafeln

hinzugekommen. Auf dem Sockel des Bronzemodells findet man den Schriftzug »Denn mein Haus wird ein Haus des Gebetes für alle Völker genannt werden | Jesaja 56,7«, der bereits in ähnlichem Wortlaut das Portal der Alten Synagoge zierte. Zwei Informationsstelen klären über die Geschichte der Synagoge auf und bitten um respektvolles Verhalten.

Ein Wegweiser zeigt in den Süden, nach Gurs, in dessen Lager etwa 379 jüdische FreiburgerInnen am 22. Oktober 1940 deportiert wurden. Ihre Erinnerungen an die Deportation hielten Else und Martha Liefmann nachträglich fest: »Wie wir die letzten Minuten in unserem Heim verbrachten, weiß ich nicht mehr. Zwei Freundinnen kamen noch aus der Nachbarschaft; sie hatten von der Maßnahme gehört. Unser Bruder sagte: ›Wir sehen uns nicht wieder, das ist der Tod.‹ Für seinen Teil hat er recht behalten.« In Wagen der Deutschen Reichsbahn verladen, eng zusammengepfercht, erwartete die Menschen damals ein grausames Schicksal. Viele starben aufgrund von Unterernährung, katastrophalen hygienischen Zuständen und fehlender medizinischer Versorgung. Viele der noch Lebenden wurden ab August 1942 über das Sammellager Drancy in Vernichtungslager im Osten deportiert und dort ermordet.

Ein bronzener, scheinbar liegen gebliebener Mantel auf der Brüstung der nahe gelegenen Wiwilíbrücke, besser bekannt als Blaue Brücke, erinnert heute daran. Auch zu diesem Denkmal, seiner Planung und Ausführung herrschten rege

Debatten, beispielsweise um den darauf abgebildeten ›Judenstern‹, der erst im September 1941 eingeführt worden war.

Wo die Alte Synagoge stand, befindet sich mittlerweile ein Wasserbecken, dessen Form dem Originalgrundriss entspricht. Dieses Becken soll Ort des Gedenkens sein. Es soll in einem Gegensatz zur niedergebrannten Synagoge stehen und das überschwemmen, was damals nicht gelöscht wurde. Im Winter wird das Wasser abgestellt, grau und leer wartet das Becken dann auf den nächsten Sommer. »Erinnere dich«, fordert das bronzene Band, das den Brunnen auf dem Platz der Alten Synagoge umgibt, in acht verschiedenen Sprachen auf.

Regelmäßig finden hier Gedenkveranstaltungen statt. Rosen vor und auf dem Brunnen zeugen noch Tage danach davon, dass es Menschen gibt, die nicht vergessen.

Neben einem Ort des Gedenkens und Erinnerns ist der Platz der Alten Synagoge auch Ort der lebendigen Begegnung. Ich genieße den Schatten der Platane und lasse meinen Blick über den Platz schweifen. Kreischende Kinder rennen im Sommer durch kühlende Wasserfontänen, auf den Holzplattformen um die Bäume herum herrscht Geselligkeit. Ausruhen vom Stadtbummel, Lernen im Freien oder eine gemütliche Kaffeepause. Punks teilen sich Bier, Musik und Geschichten. In Sommernächten ist der Platz von plaudernden jungen Menschen bevölkert, die gemeinsam das erste Bier des Abends trinken. Nächtliche Aggression und Müllprobleme sind die Kehrseite. Kundgebungen bei Demonstrationen finden hier regelmäßig statt und auch kulturelle Veranstaltungen. Dazu gehört zum Beispiel das Event Chorwärts, bei dem Freiburger Chöre überall auf die Stadt verteilt musizieren. Zentral und in der Nähe der Universitätsgebäude gelegen ist der Platz der Alten Synagoge nun fester Bestandteil des Alltags vieler Menschen. Ich mache mich auf den Weg, überquere den Platz langsam, von der Sommerhitze entschleunigt. Der Blick auf den Boden fordert mich auf: »Erinnere dich«.

STEFANIE SCHIMMER

Musikerin, Frontfrau von Äl Jawala

STÜHLINGER KIRCHPLATZ

*»Ich liebe den Stadtteil so,
weil er meiner Meinung nach der einzige
in Freiburg ist, der ein bisschen
großstädtisches Flair hat.«*

An einem der ersten schönen Frühlingstage dieses Jahrs treffen wir uns auf dem Stühlinger Kirchplatz. Grüne Wiesen mit weißen Tupfen der Blüten unzähliger Gänseblümchen erstrecken sich vor uns, die Herz-Jesu-Kirche erstrahlt im Sonnenlicht. Melodisch reihen sich Töne aus Stefanie Schimmers Saxophon in die Geräuschkulisse aus Vogelgezwitscher, Kinderlachen und Unterhaltungen in verschiedensten Sprachen. Die Augen geschlossen, vertieft sich Stefanie Schimmer in ihr Spiel. Und vertieft widmen wir uns mit sonnengewärmten Gesichtern anschließend dem gemeinsamen Gespräch. Immer wieder weht mir der Wind den Geruch der Magnolienblüten in die Nase, während ich Stefanie Schimmers rauchiger Stimme lausche. Offenes, herzliches Lachen und wütender Ernst wechseln sich in diesem Gespräch ab.

Wie fühlt es sich für dich an, auf der Bühne zu stehen?

Es hört sich jetzt schon sehr geschwollen an, aber wenn wir zusammen Musik machen, im Zusammenspiel mit meinen lieben Bandkollegen, passiert etwas Großes, sehr Intensives. Ich denke, das ist ein Stück weit bei jedem authentischen Musiker so. Da löst sich das eigene Ego auf, da bist du nicht mehr, du bist weg im besten Sinne. Und du wirst zu einer Art Kanal, das hat auch etwas Göttliches. Man erzeugt eine gemeinsame Energie, die man spürt. Es ist dann wie eine Walze. Du stehst auf der Bühne, gibst etwas von dir her und es kommt unmittelbar und hochpotenziert zu dir zurück.

Kern des Ganzen

Den Stühlinger Kirchplatz schätzt Stefanie Schimmer *besonders wegen seiner Architektur und Ästhetik. Gleichzeitig sieht sie dort die Konflikte und noch mehr sein Potenzial.*

Was inspiriert dich für neue Songs?

In unserer Musik ist vieles persönlich inspiriert und nährt sich aus meinen Gefühlen zu bestimmten Themen, Sachverhalten, Situationen – Dingen, die passiert sind. Entweder in meinem Privatleben oder Dinge, die ich wahrnehme – in meiner Umgebung, in der Gesellschaft, in diesem Staat, weltweit. Ich glaube, dieses ursoziologische Interesse habe ich immer schon gehabt und ich habe es immer noch. Verstehen zu wollen, warum es immer so schwierig sein muss, Frieden zu schaffen und zu wahren. Wieso ist es so schwierig, sich respektvoll zu begegnen, zumindest zu versuchen, die Welt durch die Augen von jemand anderem zu sehen? Seit ich ein Kind bin, beschäftigt mich das.

Ein Beispiel ist unser Song ›Stronger‹. Ich habe in meinem Freundes- und Bekanntenkreis super viele Menschen aus Westafrika und der Karibik, und ich kenne sehr viele Menschen, die tatsächlich mit dem Boot übers Mittelmeer hierherkamen. Es ist kein weit entfernt geschehendes Drama. Auch wenn ich mich hier auf dem Platz umschaue, sehe ich schon vier, die genau so hierhergekommen sind.

Was das für eine riskante, gefährliche Reise sein muss? Freunde und Familie zurückzulassen, überhaupt an der nordafrikanischen Küste anzukommen und es über das Meer nach Europa zu schaffen. Nur in diesem Glauben, dass man dort, nachdem man all diese Risiken auf sich genommen hat, ein bisschen besser leben kann. Mit dem Ziel, vor allem diese zurückgebliebenen Menschen zu unterstützen. Wie kann ein Mensch das emotional überhaupt aushalten? Ich kenne Leute, die haben hier auf Duldung gewartet, bis sie dann entweder abgeschoben wurden oder nach ewigem Ringen ihre Ausbildungsduldung, jetzt ihren Beruf und ihre drei Jahre Aufenthalt endlich mal gekriegt haben. Nach acht Jahren, nach neun Jahren, nach zehn Jahren. Und in der Zeit wirst du hier im Ungewissen gehalten und all die Menschen, die dir am Herzen liegen, sind nicht da. Das hat mir so weh getan, es tut mir immer noch so weh. Und darüber, über dieses Gefühl, entstand dann der Anfang für diesen Song ›Stronger‹: »You went away and nothing left to say. You split my heart and left me with the lonely part.« Er ist der Versuch, sich anzunähern, wie sich dieses Vermissen wohl anfühlt. Der Song versucht trotzdem auch, er heißt ja ›Stronger‹, eine Biege hinzukriegen. Hoffnungsvoll zu sein und zu sagen: Es gibt diese Hoffnung, ihr werdet euch wiedersehen, es kann funktionieren. Und man kann an sowas auch wachsen, irgendwie.

Das klingt, als kämst du mit sehr vielen unterschiedlichen Menschen in Kontakt.

Ja, ich habe sehr viel Kontakt zu Menschen – durch alle Generationen und viele Kulturen. Sowohl privat als auch natürlich im Kontext mit der Band und dem vielen Reisen. Zwischendurch habe ich mich immer gefragt: Was ist das für ein Leben? Aber tatsächlich gibt es einen roten Faden und der ist letzten Endes, glaube ich, Kommunikation. Die Freude und dieses Faszinierende, was passiert, sobald Menschen miteinander kommunizieren können,

wie sie das machen, ist egal, ob nonverbal, ob über Sprachen, Fremdsprachen oder eben über Musik. Ich glaube, Musik ist für mich der ultimative Kommunikator, weil er völlig losgelöst von Sprache, Herkunft oder kulturellem Hintergrund funktionieren kann. Ultimativ international.

Der Stühlinger Kirchplatz sorgt immer wieder für negative Schlagzeilen. Wieso ist er ein so wichtiger Ort für dich?

Man muss dazusagen, dass Freiburg, dass der Stühlinger meine Wahlheimat ist, und ich jetzt seit 21 Jahren in dieser liebgewonnenen Nachbarschaft wohne. Zuerst im Hinterhaus, dann im Vorderhaus der gleichen Adresse. Ich liebe den Stadtteil so, weil er meiner Meinung nach der einzige in Freiburg ist, der ein bisschen großstädtisches Flair hat. Wenn man hier durch den Kiez läuft, dann ist es vergleichbar mit irgendeiner Ecke in Köln oder in Berlin. Da passt der Mix der Generationen, der Kulturen, da ist Hinz und Kunz unterwegs. Da gibt es Kitas, da gibt es Orient-Supermärkte, da gibt es die alteingesessene badische Metzgerei, da ist irgendwie alles. Hier funktioniert noch viel Nachbarschaft und auch Generationenhilfe. Und es gibt einige Strukturen, bei denen ich das Gefühl habe, hier klappt städtisches Leben noch gut.

Und dann hat man als Kern des Ganzen diesen wunderschönen Park, in dem wir gerade sitzen, der mich durch seine Art, wie er gebaut ist, seine ganze Architektur und Ästhetik einfach umhaut. Ich finde ihn wunderschön. Auch nach all den Jahren schaue ich mir die Herz-Jesu-Kirche immer wieder gern an oder freue mich, wenn ich von der Innenstadt über die Blaue Brücke komme und die Perspektive auf sie habe. Dieser Blick – und mir geht das Herz auf.

Und gleichzeitig ist dieser Park für mich fast schon wie ein Spielbrett. Man kann die ganzen Dramen in dieser Gesellschaft hier eins zu eins nachvollziehen. Man sieht Menschen, die durchs System gefallen sind oder auch Menschen, die einen langen Weg auf sich genommen haben, aber geparkt werden. Ich will nichts schönreden, es gibt hier massiven Drogenhandel und es gibt auch Leute, die einen Scheiß auf unsere freiheitlich-demokratische Grundordnung geben. Aber ich denke, dass unsere Asylpolitik in den letzten 15 Jahren massive Fehler gemacht hat, die dazu geführt haben, dass diese Leute, weil ohne Arbeitserlaubnis, in eine Beschaffungskriminalität gedrängt werden.

Gleichzeitig gibt es so viele Bestrebungen, gute Projekte in den Park reinzubringen. Seit 2021 gibt es die Idee und den Antrag von Schwere(s)los für einen Kulturkiosk am Kirchplatz mit alkoholfreien Getränken, Kulturbühne, Beratung für geflüchtete Menschen und Spielmaterial zum Ausleihen. Aber es hat ja allein schon Jahre gedauert, bis die Stadt die Toiletten wieder geöffnet hat. Es gäbe viele Ansatzmöglichkeiten. Letzten Endes geht es doch um Begegnung und Verständigung. Darum, dass sich alle hier wohlfühlen können, dass keiner Angst haben oder sich bedroht fühlen muss, aber auch, dass hier niemand stigmatisiert wird. Der Platz hätte viel Potenzial.

ÜBER
STEFANIE SCHIMMER

Aufgewachsen ist die 1977 geborene Stefanie Schimmer im Allgäu. Schon in ihrer Jugend galt ihr Interesse Sprachen und kultureller Vielfalt. 1997 kam sie zum ersten Mal nach Freiburg, um hier Soziologie und Ethnologie zu studieren.

Ihr Weg führte sie dann an die Universität in Aix-en-Provence. Dass sie einmal professionell Musik machen würde, hätte sie damals nicht gedacht. Zum ersten Mal hielt sie dort ein Saxophon in der Hand. »Und damit war dann der Grundstein für alles weitere gelegt«, erzählt Stefanie Schimmer.

Die Musik nahm schließlich so einen hohen Stellenwert ein, dass sie nach Deutschland zurückkehrte und sich ihr voll und ganz widmete. Im Sommer 2000 lernte sie bei Jam Sessions auf dem Schönberg ihre heutigen Bandkollegen kennen.

Als Äl Jawala traten sie ab 2000 gemeinsam und zunächst hauptsächlich auf der Straße auf. Der Bandname ist aus dem Arabischen und heißt so viel wie ›die Wanderer‹. Und sie wandern: An ferne Auftrittsorte und zwischen Stilrichtungen wie Balkan Brass, Arabic Roots und entspannten Afrobeats. Äl Jawala spielte bereits in China, Kanada, Indien und Rumänien. Stefanie Schimmers private Reisen führten sie zumeist nach Afrika. Sie unternahm diese besonders aus dem Interesse heraus zu verstehen, wie die Gesellschaften auf diesem Kontinent funktionieren.

Seit Beginn ihres Bestehens hat die Band viele Entwicklungen durchlebt. Von instrumentaler Musik hin zu Gesang, von der Interpretation traditioneller Stücke vom Balkan hin zum eigenen Komponieren und Schreiben. Die Grundkonstellation der Band und die Leidenschaft fürs gemeinsame Musizieren ist geblieben und mit Erfolg gekrönt. Mit dem Kulturpreis der Stadt Emmendingen und dem Preis der Jury und Publikumspreis auf dem Creole-Festival für Weltmusik wurde Äl Jawala ausgezeichnet.

Viele Songideen entstehen während gemeinsamer Sessions in

Auszeiten vom Alltag: »Wir waren viele Jahre im Schwarzwald oben, immer etwa vier Tage am Stück, bauen da einmal auf und spielen einfach jeden Tag stundenlang.«

»Die erste große Zäsur war natürlich die Pandemie, die uns unsere Arbeitsmöglichkeit geraubt hat. Wir hatten in diesem Jahr eigentlich unser 20. Bandjubiläum und mussten wegen Covid alle Konzerte absagen.«

Die Zeit des Lockdowns nutzte Stefanie Schimmer, um eine Weiterbildung zur Lehrerin für Deutsch als Fremdsprache zu machen. Nun unterrichtet sie nebenher abends an einer Sprachschule.

Ungewöhnlicherweise bietet Äl Jawala auch Kinderkonzerte an. Und das kam so: Ein Brief von einem Achtjährigen erreichte Stefanie Schimmer unerwartet. »Wann macht ihr mal ein Konzert für Kinder, ist darauf in Krakelschrift gestanden«, erzählt sie. Seither gibt es regelmäßig Kinderkonzerte von Äl Jawala. Sie sind wie die für Erwachsene, nur kürzer und weniger laut. »So ein Kinderkonzert wie im Freiburger Jazzhaus mit 450 Zwergen, das macht mega Laune – der ultimative Energiebooster.«

Auch außerhalb der Band hat Stefanie Schimmer häufig mit Kindern zu tun. Sie gibt Saxophonunterricht mit dem Anspruch, »einen Kontrapunkt zu setzen zu dem immer krasser werdenden Druck, dem die Kinder schon extrem früh ausgesetzt sind. Ihnen Musik und die ganze emotionale Ebene, die damit verbunden ist, nahezubringen. Sie dabei zu unterstützen, diesen Zugang zu den eigenen Emotionen zu entdecken.«

»Tatsächlich gibt es einen roten Faden und der ist letzten Endes, glaube ich, Kommunikation.«

In den Stühlinger

Eine Spur Nicaragua, Bohéme, beneidete Zugführer und eine vergessene Stifterin – die Geschichte des Stühlingers ist facettenreich.

Die Sonne geht langsam unter und taucht die Blaue Brücke in rotes Licht. Auf ihren stählernen Bögen sitzen Menschen, genießen Bier, Selbstgedrehte und Gespräche – zu ihren Füßen die Zuggleise. Die Eröffnung der Bahnlinie von Offenburg nach Basel 1845 gilt als Geburtsstunde des Stühlingers. 1870 standen nur elf Häuser auf dem heutigen Gebiet, das stetig wuchs. Während damals 24.000 Menschen in ganz Freiburg wohnten, waren es bereits 1905 allein im Stühlinger so viele.

›Hinter dem Bahnhof‹ hieß das Viertel bis 1887. Seinen eigentlichen Namen erhielt es dank einer Patrizierfamilie, die im 14. Jahrhundert aus Stühlingen bei Waldshut nach Freiburg gezogen war. Sie besaß landwirtschaftlichen Grund im spä-

teren Gewann Stühlinger. Übrigens trug das Viertel zwischenzeitlich im Volksmund einen anderen Namen: Im 20. Jahrhundert nannten es viele das ›Scherbenviertel‹, nach dem dort ansässigen Wirt Scherb, der dafür bekannt war, Wein in großer Menge besonders günstig auszuschenken. Noch heute herrscht in dem Viertel eine vielseitige Kneipenkultur.

Blechern ertönt eine Durchsage, ein weiterer Zug fährt in den Bahnhof ein, die Blaue Brücke über sich zurücklassend. Bis nach Nicaragua reicht keine Bahnanbindung, die Blaue Brücke verweist mit ihrem eigentlichen Namen, Wiwilí-Brücke, aber dorthin. Benannt ist sie nach dem nicaraguanischen Ort Wiwilí, wo die Freiburger Berndt Koberstein und Albrecht

›Tonio‹ Pflaum während eines humanitären Hilfseinsatzes von der Guerillagruppierung ›Contras‹ ermordet wurden. Gedenktafeln sind in die Streben der Brücke eingelassen und schimmern im Abendrot. Seit 2020 ist Wiwilí ein Städtepartner Freiburgs.

Optisch erinnert die Wiwilí-Brücke mehr an New York. Lange fuhren darauf Straßenbahnen, nachdem eine Betonfahrbahn aufgetragen worden war, Kraftfahrzeuge. Heute verbindet sie ausschließlich für FahrradfahrerInnen und FußgängerInnen die Innenstadt und den Stühlinger. Diese Verbindung wird rege genutzt: 2023 wurden hier fast vier Millionen Radfahrende gezählt. Entworfen hat die Brücke Max Meckel, derselbe Architekt, der die Herz-Jesu-Kirche plante.

Perfekt auf die Flucht der Brücke abgestimmt, ragen ihre Türme samt der feinstrukturierten Fassade in den Frühlingshimmel. Mit dem Anwachsen des Stühlingers wurde auch eine eigene Kirche benötigt. Nach fünfjähriger Bauzeit fand 1897 die Weihung statt. Entgegen der Präferenz Max Meckels war ein Entwurf im spätromanischen Stil vorgeschrieben, um nicht in Konkurrenz mit dem Münster zu treten. Der Architekt ging einen Kompromiss mit dem Bau im Übergangsstil der Spätromanik zur Frühgotik ein. Zum Vorbild nahm sich Max Meckel den Limburger Dom, an dessen Formgebung die Doppelturmfassade erinnert.

Diese Doppelturmfassade und die Kirche selbst wurden Ende 1944 erst durch den Luftdruck niedergehender Bomben, dann durch zwei Volltreffer während eines weiteren Fliegerangriffs schwer beschädigt. Um die Kosten zu senken, halfen die Gemeindemitglieder beim Wiederaufbau rege mit, und 1952 konnte die Kirche wieder eingeweiht werden. Dass sie heute die Anschrift Amalie-Gramm-Weg 1 trägt und damit die fast vergessene wichtigste Stifterin des Gottesgebäudes ehrt, ist ein Verdienst der Politikerin Gerti Müller. Als 2007 ein Stuckteil von der Kirchendecke fiel und die Frage nach der Finanzierung einer Innenrenovierung dringlich wurde, fand sie heraus, dass Amalie Gramm Liegenschaften rund um Freiburg hinterlassen hatte. Ihr Verkauf erbrachte den Grundstock der Renovierungskosten. So finanzierte Amalie Gramm nicht nur zu ihren Lebzeiten ab 1892 den Bau der

Kirche mit, sondern auch Teile ihrer Renovierung über hundert Jahre später.

Rund um den ihr gewidmeten Weg erstreckt sich der Stühlinger Kirchplatz. Magnolienbäume, ein Brunnen, Markt- und Spielplatz sind hier zu finden. Doch neben den zarten Blüten der Magnolien, dem vergnügten Quietschen der Kinder, den entschleunigten SpaziergängerInnen und den geselligen Treffs, beispielsweise beim zweimal wöchentlich stattfindenden Bauernmarkt, hat der Platz auch eine andere Seite. Eine Seite der Hoffnungslosigkeit, Gewalt, des Alkoholismus und der Drogen. Mit hoher Polizeipräsenz, gestutzten Hecken und verbesserter Beleuchtung versucht die Stadt, dem kriminellen Treiben dort entgegenzuwirken.

Visuell bietet die weite Fläche des Stühlinger Kirchplatzes Abwechslung zu den langen Häuserfluchten und den schmalen Straßen dazwischen. Durch die Nähe zum Bahnhof war der Stühlinger besonders interessant für verschiedene Firmen. Sogar Unternehmen mit weltweitem Ruf siedelten hier an, wie Welte mit seinen Orgeln, Lederle mit den Pumpen und die Firma Kromer mit ihren Schlössern. Parallel zu den Gleisen wurden Wohnungen für ArbeiterInnen gebaut. Ein Gaswerk und das imposante Elektrizitätswerk – das 1989 dann zum Kulturzentrum umgewidmet wurde – kamen hinzu. Außerdem entwickelte sich der Stühlinger zum Quartier der Bähnler und Postler. In Erinnerung an seine Kindheit und Jugend schreibt der Schriftsteller Franz Schneller am 23. Februar 1954 in der Badischen Zeitung: »In der Wenzinger- oder Egonstraße zu wohnen, erschien uns der Gipfel aller Wünsche. Dort hausten von uns beneidete Schulkameraden, deren Vater im Packwagen oder auf der Maschine bis nach Mannem fuhr. So ein an gedrehter, gelbroter Schnur umgehängtes Pfeifle galt mehr als der Zähringer Löwenorden vom Großherzog.«

Der Trend im 19. Jahrhundert schichtenspezifische Viertel anzulegen, ist auch im Stühlinger sichtbar, das in seiner Entwicklung von dieser Tendenz bestimmt und als ›Unterschichtenviertel‹ bezeichnet wurde. Mit dem Sozialprojekt Tellstraße entstand beispielsweise nach dem Ersten Weltkrieg als eine Mustersiedlung geltender Wohnraum für einkommensschwache Familien. Gleichzeitig war und ist der Stühlinger auch Künstlerviertel. Auch hierüber weiß Franz Schneller 1954 zu erzählen: »Welche Musik aus dem Bohèmerevier des Stühlingers uns entgegentönt? La Paloma ... Sancta Lucia ... Welche Tiere die da bevorzugten sind? Katzen, Kaninchen und Kanarienvögel, für die man sich Eidotter und Salatherz vom Mund abspart.«

Die NS-Zeit und die Bombardements während des Zweiten Weltkriegs hinterließen Spuren im Stühlinger. Menschen aus der Kreispflegeanstalt waren Opfer des Euthanasieprogramms, am 22. Oktober 1940 wurden Jüdinnen und Juden zusammengetrieben und deportiert. Im nördlichen Stühlinger waren 70 Prozent der Häuser und das Uniklinikum nach einem Fliegeran-

griff zerstört, 22 Kinder wurden auf dem Hilda-Spielplatz durch Bomben getötet. Nach dem Zweiten Weltkrieg kamen Flüchtlinge aus dem Osten, das Viertel wuchs weiter bis zu Güterbahnlinie und ein neues Wohngebiet entstand. Mit dem Eschholzpark erhielt der Stühlinger eine ›grüne Lunge‹. Im französischen Militärhospital, ehemals die Kreispflegeanstalt, befindet sich das Psychologische Institut der Universität und Wohnraum für Studierende.

Mittlerweile ist es dunkel geworden. Straßenlaternen werfen ihr Licht auf Jugendstilfassaden. Lichterketten erleuchten Balkongeländer Plaudernd sitzen die Menschen vor den Kneipen. Der milde Frühlingsabend hat sie nach draußen gelockt.

SUSANNE VORNDRAN

Rangerin im Biosphärengebiet Schwarzwald

BELCHEN

»Ich habe schon von klein auf gelernt, dass die Natur für mich ein Schutz ist.«

Felsen ragen aus der Wiese, einzelne Bäume haben in dem kargen Boden ein Zuhause gefunden. Sie mit Rucksack und Fernglas, er mit seinem Lieblingsstock im Maul ausgerüstet, machen sich Susanne Vorndran und ihr treuer Begleiter Jussy an den Aufstieg. Das Gipfelkreuz strotzt dem warmen Wind. Sanft zeichnen sich durch den Saharastaub hindurch ferne Berge und Hügel ab. Bis in die Schweizer Alpen und nach Frankreich reicht der Blick. Das Fernglas an den Augen zeigt Susanne Vorndran ins weite Blau. Ein Rotmilan dreht dort oben seine Runden. Wahrscheinlich fliegt irgendwo ein zweiter, vermutet sie, denn am Belchen hat sie die Greifvögel zumeist im Doppelpack gesichtet. Zu jeder Flechte, jedem Strauch hat Susanne Vorndran Spannendes zu erzählen.

Was liebst du an der Natur?

Die Ruhe und Gelassenheit, die sie ausstrahlt. Ich finde, die Natur puffert unglaublich. Sie ist einfach da. Das ändert sich nicht und gibt mir unglaublich Halt.

Und ich finde die Natur sehr stark und fühle mich dort sicher. Ich bin zum Beispiel auch Survival- und Wildnistrainerin für Kinder und Erwachsene, habe schon von klein auf gelernt, dass die Natur für mich ein Schutz ist. Oft fühle ich mich viel sicherer in der Natur als in der Stadt. Und natürlich liebe ich auch diese vielen kleinen und großen Abenteuer, die hier warten.

Kleine und große Abenteuer

In der Natur des Belchen, ein Erbe, dessen Bewahrerin sie ist, fühlt sich die Rangerin Susanne Vorndran *wohl. Abenteuer, Weite und Ruhe warten hier.*

Nie ist es gleich in der Natur. Immer wenn ich rausgehe, frage ich mich: Was passiert heute? Was finde ich heute? Wer läuft mir über den Weg? Jeder Fuchskot, jede Spur erzählt für mich eine Geschichte. Man kann sie lesen und erkennen, was das für ein Tier ist, was es gemacht hat, ob es zum Beispiel erschrocken oder langsam gelaufen ist oder ob es gejagt wurde. Auch welche Mittel die Natur hat, um sich zu verbreiten, zu überleben, finde ich faszinierend. Obwohl ich jetzt schon 20 Jahre lang sehr intensiv in der Natur unterwegs bin, entdecke ich immer noch so viel Neues. Hier zum Beispiel, auf dem Belchen, war ich jetzt schon unzählige Male, aber es ist trotzdem nie gleich.

Warum zieht es dich immer wieder auf den Belchen?

Natürlich bin ich hier oft durch meine Arbeit, aber auch privat komme ich gern hierher. Wenn ich in einer Stadt oder in einem Tal bin, dann suche ich mir immer einen Ort, wo ich hochlaufen kann, um Weitblick zu haben. Und deswegen mag ich den Belchen so, weil wir hier diesen unglaublichen weiten Blick haben. Und ich mag oft kargere Orte. Der Belchen ist nicht so überladen. Hier lässt sich die Stille der Natur voll und ganz erleben.

Für mich hat es etwas ganz Geheimnisvolles hier oben. Ich habe das Gefühl, es gibt noch ganz viel zu entdecken. Wenn ich hochlaufe, spüre ich irgendetwas. Ich weiß nicht, was. Als ich das allererste Mal am Belchen war, habe ich mich sofort wohlgefühlt. So nach dem Motto: Hier möchte ich sein.

Alles, was hier wächst, jeden Baum, jeden Stein, verbinde ich mit Heimat. Für mich ist das hier oben wie nach Hause kommen. Ich habe ein paar solcher Plätze, aber der Belchen ist der, der mir am stärksten dieses Zuhausegefühl gibt.

Wie kann ich mir deinen Arbeitsalltag vorstellen?

Ein typischer Tag eines Rangers im Biosphärengebiet Schwarzwald beginnt erstmal mit dem Überprüfen der Ausrüstung: Wetterfeste Kleidung, Fernglas, Notizbuch, Karte, Erste-Hilfe-Set und Smartphone sind immer dabei. Mit dem Dienstwagen fahre ich zum Wanderparkplatz und starte zu Fuß in das Gebiet, das ich heute kontrollieren soll.

Meine erste Aufgabe ist eine Begehung eines beliebten Wanderwegs am Belchen. Während ich den Pfad entlanglaufe, achte ich auf beschädigte Schilder, umgestürzte Bäume oder Müll, den ich dann direkt mitnehme. Unterwegs treffe ich eine Gruppe Frühwanderer, ich gebe ihnen Tipps zu sicheren Wegen und informiere sie über die Schutzbestimmungen des Gebiets.

Mein Weg zum Gipfel führt mich durch eine Kernzone, die ein streng geschützter Bereich ist, in dem sich die Natur ohne menschliche Eingriffe frei entwickeln darf und nur auf markierten Wegen betreten werden kann. Ich entdecke abseits der markierten Wege frische Fußspuren. Ich dokumentiere dies, markiere es auf der Karte in meinem Smartphone und notiere, ob zusätzliche Beschilderung oder vermehrte Kontrollen notwendig wären.

Eine Familie, die ich am Gipfelkreuz antreffe, ist begeistert, als ich ihnen mit meinem Fernglas einen seltenen Greifvogel zeige und von dessen Lebensweise erzähle.

Zur Mittagszeit kehre ich in die Geschäftsstelle des Biosphärengebiets zurück und tausche mich mit Kollegen aus. Heute steht noch ein Treffen mit einer der Junior Ranger Gruppen an. Die Gruppen ermöglichen Kindern und Jugendlichen, die Natur hautnah zu erleben, Wissen über Umwelt- und Artenschutz zu erwerben und sich aktiv für den Erhalt der Region einzusetzen. Heute bauen wir Nistkästen und schaffen für heimische Vögel sichere Brut- und Rückzugsorte.

Ranger im Biosphärengebiet Schwarzwald schützen also die Natur, überwachen Schutzgebiete, dokumentieren Verstöße, beseitigen Umweltgefahren oder illegale Feuerstellen. Unterstützen bei Landschaftspflegeaktionen und Forschung. Führen Umweltbildungsprogramm durch und Besucher durch spannende Schutzgebiete.

Nach einem Tag voller Natur, Begegnungen und Schutzarbeit fahre ich zufrieden nach Hause – mit dem Wissen, dass meine Arbeit dazu beiträgt, das Biosphärengebiet zu bewahren und Menschen für die Natur zu begeistern.

Hast du ein Beispiel für Landschaftspflege? Was macht ihr da?

Als Ranger im Biosphärengebiet Schwarzwald kümmern wir uns um den Erhalt der einzigartigen Kulturlandschaft, die mit ihrer Übergangszone zwischen Wald und Wiesen ein wesentliches Merkmal der UNESCO-Zertifizierung ist.

Ein Beispiel für eine Landschaftspflegeaktion ist die Pflege von Offenlandflächen, die ohne regelmäßige Maßnahmen langsam verbuschen und von Wald überwuchert würden. Gemeinsam mit Freiwilligen und Junior Rangern entfernen wir junge Gehölze, die wertvolle Wiesen verdrängen würden. Diese Wiesen sind nicht nur prägend für das Landschaftsbild, sondern auch überlebenswichtig für seltene Insekten, Schmetterlinge und Bodenbrüter.

Neben dem Entbuschen kümmern wir uns auch um das Mähen von schwer zugänglichen Wiesen, das Wiederherstellen von Trockenmauern, die die Übergangsbereiche zwischen Wiese und Wald erhalten. Diese Mosaiklandschaft macht unser Biosphärengebiet so besonders und sorgt für eine hohe Biodiversität.

Solche Pflegeaktionen sind entscheidend, denn hier geht es nicht nur um Naturschutz, sondern um das harmonische Miteinander von Mensch und Natur!.

»Es ist ein Kultur-, kein Naturerbe, weil es von den Menschen geschaffen wurde.«

ÜBER
SUSANNE VORNDRAN

Bereits im Alter von drei Jahren half die 1984 geborene Susanne Vorndran im Wald beim Holzmachen, indem sie Ästchen zusammentrug. Sie wuchs in einem schwäbischen Dorf und mit zwei Geschwistern auf. »Unsere Familie hat ihr Holz immer selbst geschlagen und je älter wir Kinder wurden, umso mehr wurden wir in die Holzarbeit mit eingebunden. Ich habe das Gefühl, das hat uns sehr stark gemacht.«

In Susanne Vorndrans Kindheit zog sie zumeist mit älteren Jungen umher. »Wir haben jeglichen Mist gemacht«, schaut sie lächelnd zurück. »Ich war dieses kleine Mädchen, das man immer mitzieht und das alles mitmacht. Auf Bäume klettern zum Beispiel. Und einmal sind wir in Eis eingebrochen.«

Bald zog es Susanne Vorndran in die Welt hinaus. »Als ich alt genug war, war ich einige Jahre lang auf Weltreise und habe so viele tolle Landschaften gesehen.« Damals kam bei ihr der Wunsch auf, etwas mit Natur und Naturschutz zu machen. Lange wusste sie aber nicht, in welchem Rahmen. Sie arbeitete auf Bauernhöfen, auf Feldern und sammelte Wissen.

Schließlich studierte sie Umwelt- und Forstwissenschaften. Währenddessen bekam sie ihre Tochter. Danach wusste Susanne Vorndran: »Ich will in den Wald. Und so habe ich als Waldarbeiterin gearbeitet.« Durch die vielen Borkenkäfer wurde diese Arbeit allerdings zunehmend gefährlicher: »Man weiß nie, wie der Baum beim Fällen reagiert, wenn er befallen ist.« Also suchte sie sich einen neuen Beruf. Sechs Jahre lang arbeitete sie im Waldhaus Freiburg als Waldpädagogin.

Seit Februar 2022 ist Susanne Vorndran nun, als erste Frau, Rangerin im Biosphärengebiet Schwarzwald. In dieser Rolle setzt sie sich als Vermittlerin für den Schutz der Natur ein. Besonders spannend findet sie Wolf und Luchs. Sein Wesen als Einzelgänger, der sich trotzdem fortpflanzen muss, und dass er kaum zu sehen ist, fasziniert sie an letzterem.

Auch in ihrer Freizeit bleibt sie der Natur treu. Oft ist sie mit ihrem Hund Jussy unterwegs und auch Langlauf- und Splitboardtouren, haben es ihr angetan. Außerdem verbringt Susanne Vorndran gern Zeit mit ihrer Familie. Denn oft muss sie in ihrem Beruf gesellig sein, was sie zwar sehr genießt, »aber es gibt schon auch Tage, an denen ich meine Akkus wieder aufladen muss. Dann genieße ich die Zeit mit meiner Familie oder auch die Ruhe und Gelassenheit der Natur.«

Auf dem Belchen

Weit reicht der Blick vom Belchen.
Er ist ein Ort für seltene Pflanzen und Tiere,
für Naturliebende und für Spiritualität.

Über Weiden und Wald hinweg, das Tal hinter sich lassend, bewegt sich die Gondel. Seit 2001 ist der Gipfel des Belchen autofrei. Nahe des Gipfels, direkt am Ausstieg der Seilbahn gelegen, schmiegt sich das Belchenhaus an den Berg. Es ist das höchstgelegene Gasthaus Baden-Württembergs. Bereits 1866 wurde das sogenannte Belchenkomitee gegründet, das den Bau eines Rasthauses initiierte und für dessen Unterhalt sorgte. 1898 wurde an der Westseite des alten Rasthauses ein Neubau errichtet. Seine steinerne Fassade ist bis heute noch zum Teil erhalten. Das alte Rasthaus musste 1927 einem Neubau weichen – auch er existiert bis heute.

Zwei Jahre nach seiner Eröffnung im Jahr 1867 verzeichnete man für das Belchenhaus zwischen 600

und 800 BesucherInnen. Über die Jahrzente wuchs die Zahl stark an und einige Berühmtheiten waren darunter. Großherzog Friedrich I. von Baden und seine Frau Luise verewigten sich 1880 in der Belchenchronik. Ein weiteres kunstvolles Gedenkblatt in der Chronik ist dem Besuch des Erbgroßherzogs Friedrich und seiner Frau Hilda gewidmet – letztere kam immer wieder auf den Belchen. Im Rahmen der Richard-Strauss-Festspiele 1922 in Freiburg besuchte der Komponist selbst den Berg. Für 1962 ist der Besuch von Philibert Tsiranana, des damaligen Staatspräsidenten Madagaskars, verzeichnet.

Auch bevor das Belchenhaus existierte, lockte der Berg berühmte Gäste. Goethe widmete dem ›Belenus‹ folgende Verse:

»Weit, hoch, herrlich der Blick | Rings ins Leben hinein!«

Die Weite. Ein Panorama aus Landschaften in verschiedenen Schattierungen, sanften Hügeln, Tälern, nahen und fernen Bergen. Susanne Vorndran deutet in diese Weite: »Schau mal, da hinten, das was da so glänzt, das ist Basel. Und dort siehst du Jungfrau, Mönch und Eiger.« Bis zu den Vogesen, in die Rheinebene, ins Schweizer Jura, nach Vorarlberg, zur Hornisgrinde im Nordschwarzwald und zu den Bergen im Berner Oberland reicht der Blick je nach Sichtverhältnissen. Und mit viel Glück sieht man sogar bis zum Montblanc.

Die Höhe. 1.414 Meter misst der Belchen. Damit gilt er als die vierthöchste Erhebung des gesamten Schwarzwalds.

Die Herrlichkeit. Ein Mythos rankt sich um den Berg und seinen Namen. Er soll den Namen des keltischen Sonnengotts Belenus tragen.

Spannend ist, dass der Schwarzwälder Belchen nicht allein diesen Namen trägt. Mit dem Belchenflue im Jura und dem Ballon d'Alsace, Petit Ballon und Grand Ballon in den Vogesen existieren Namensvettern. Zu fünft bilden sie das sogenannte Belchen-System. Die Berge könnten von den Kelten wie ein Sonnenkalender genutzt worden sein. »Einige sagen, es ist kein Zufall, dass drei der Berge in einem rechtwinkligen Dreieck liegen und dass man sie als Kalender nutzen kann. Das ist schon mystisch. Morgen ist Sommersonnwende – einer der wichtigsten Feiertage für die Kelten«, erklärt Susanne

Vorndran. Am Tag der Sommersonnenwende sieht man vom Ballon d'Alsace aus die Sonne über dem Petit Ballon aufgehen. Am 21. März und am 23. September geht die Sonne, vom Ballon d'Alsace aus betrachtet, über dem Schwarzwälder Belchen auf. Wir stehen auf der flachen Kuppe des Bergs, wo spiralenförmig angeordnete Furchen und Steine die Sonne symbolisieren und von hier gelebter Spiritualität zeugen.

Schon Johann Peter Hebel fühlte sich von dem Berg mystisch angezogen und besuchte ihn oft. In seinem Hymnus ›Ekstase‹ wird der Belchen zur »erste(n) Station von der Erde zum Himmel«. Johann Peter Hebels Verehrung ging jedoch noch weiter, als es in dem vielzitierten Vers anklingt. Er war Mitbegründer eines Freundschaftsbunds, der seine Mitglieder nach dem griechischen Gott Proteus ›Proteuser‹ und seine Weltanschauung ›Belchismus‹ nannte. Gemeinsam mit Friedrich Wilhelm Hitzig verfasste Johann Peter Hebel das ›Wörterbuch des Belchismus‹. Einer der dort aufgeführten Begriffe ist ›Belchigkeit‹, das alles was »gesteigertes Empfinden« und »speziell das Wesen einer Sache« meint. Johann Peter Hebels Mahnung »Man muss alles, was sich nah und fern um den Belchen lagert, in besonderen Schutz nehmen«, hat ihre Aktualität nicht verloren.

Dem Naturschutz im Biosphärengebiet Schwarzwald, zu dem der Belchen gehört, hat sich Susanne Vorndran verschrieben. Was es alles zu erhalten gibt und wovon die Pflanzen erzählen können, zeigt sie hier oben auf dem Berg. »Viele beachten das gar nicht«, sie deutet auf einen Stein zu unserer Rechten, er ist unterhalb des Gipfels zu finden. Gelbliches Grün überzieht ihn in feinen, fleckartigen Strukturen. »Das ist die Kartenflechte, und die wächst nur da, wo gute, gesunde Luft und das Ökosystem absolut im Reinen ist. In der Kernzone, weiter hinten, ist zum Beispiel die Lungenflechte. Die ist noch sensibler in Bezug auf das Ökosystem und wächst hier auf dem Belchen in Mengen.« Teil der Lungenflecht-Gattung ist die *Lobarina scrobiculata*. Neben kleinen Vorkommen in den Bayerischen Alpen gibt es im Biosphärengebiet die bedeutendste und einzige Population deutschlandweit. Insgesamt wurden über 800 Flechtenarten im Biosphärengebiet Schwarzwald dokumentiert. Unter den Flechten auf Weidbuchen befanden sich 14 Arten der Vorwarnliste (V), drei gefährdete, sieben stark gefährdete und vier vom Aussterben bedrohte Arten. Eine Art galt bislang in Baden-Württemberg als verschollen, Rinodina orculata, und eine stellt möglichweise einen Neufund für Baden-Württemberg dar, die Tephromela atra var. torulosa, Stand 2024.

Auch für viele andere, zum Teil seltene Pflanzenarten bietet der Belchen ein vielfältiges Zuhause – auf verschiedenen Höhen zwischen Felsen, Geröll, in den unterschiedlich zusammengesetzten Wäldern, auf Weiden und an Bachufern. Zum Beispiel für die Desvaux-Hainsimse, auch Pyrenäen-Hainsimse genannt, die deutschlandweit nur auf dem Belchen vorkommt. Am felsigen Nordhang des Gipfels, an Stellen, wo besonders lang Schnee liegt, wächst die feingliedrige Pflanze mit ihren blaugrünen herabhängenden Blättern.

Die Felsen des Belchensüdhangs bieten Lebensraum für seltene Vogelarten wie Kolkraben, Turm- und Wanderfalken. »Da hinten ist ein Wanderfalkenbrutnest. Den Zugang haben wir für Menschen versperrt.« Susanne Vorndran deutet zu einem Holzzaun. »Faszinierende Tiere. Die kriegen über 300 Stundenkilometer drauf, wenn sie ihrer Beute hinterherstürzen. Der Wanderfalke ist, zählt man Flugtiere mit, das schnellste Tier der Welt.« Ein anderer Vogel, der sonst nur in den Alpen und im Norden Skandinaviens in größeren Beständen vorkommt, hat ein Zuhause im Nordhang gefunden. 200 Jahre alte Fichten, zum Teil von Stürmen umgeworfen und abgeknickt, beherbergen den Dreizehenspecht.

Klein und doch verhältnismäßig groß mit seinen 60 Zentimetern Länge ist der Badische Riesenregenwurm. Weltweit kommt er nur in der Region zwischen Feldberg, Belchen und Wiesental in einer Höhe ab 1.000 Metern vor. Mit dem ›Regenwurmpfad‹ für Kinder ist dem seltenen Ringeltier am Belchen sogar ein Erlebnisweg gewidmet.

Zu den Aufgaben Susanne Vorndrans zählt auch die Besucherlenkung zum Schutz der Artenvielfalt: »Es ist speziell auf dem Belchen, weil die Regeln je nach Jahreszeit unterschiedlich sind. Im Winter gelten für den Skitourismus andere Regeln als für Menschen, die den Berg zu Fuß begehen. Und im Frühling, wenn zum Beispiel Vögel

am Boden brüten, sollten die Wege unbedingt eingehalten werden. Es ist wichtig, Schilder aufzustellen, Wege und Regeln auszuweisen.« Für uns wird es Zeit, diesen vielseitigen Lebens- und Schutzraum zu verlassen. Bevor wir in die Seilbahn steigen, genieße ich die Weite, die sich vor mir erstreckt. Ich bin beeindruckt von diesem Ort, der mich als Teil der Spezies Mensch klein und nebensächlich fühlen lässt. Die im Jahr 1978 an den Belchen gerichteten Verse des Schriftstellers und Malers Paul Hübner bringen dieses Gefühl auf den Punkt: »Was gilt dir der Geschlechter kurzes Walten, | wenn des Jahrtausends Sturm in deinen Spalten | aufbricht, raunst du das Wort: ich bin!«

ES IST
VOLLBRACHT

BRITTA KAISER

Leiterin des Freilichtmuseums Klausenhof

FREILICHTMUSEUM KLAUSENHOF

»Wenn ich mir das geschichtsträchtige Hotzenhaus anschaue, komme ich immer wieder runter.«

Imposant steht eines der letzten erhaltenen Hotzenhäuser zwischen Wiese und Bäumen. Sein großflächiges Dach ragt so tief herunter, dass man sich beim Betreten ducken muss, und zeugt von Zeiten, als die Menschen noch kleiner waren. Umgeben ist das historische Gebäude von allerlei kleineren Häuschen und Scheunen, deren Holzverkleidung vom Regen vergangener Jahre gezeichnet ist. Ein Bauerngarten, eine Blumenwiese, Brunnen und allerlei Sitzgelegenheiten laden zum Verweilen ein. Auch die Nachbarskatze hält sich hier gern auf. Sie schlendert über mein aufgeschlagenes Notizbuch und hinterlässt kleine Pfotenabdrücke auf dem Papier. Spuren der Entschleunigung, die auf dem Klausenhofgelände spürbar ist. Grund dafür mag unter anderem seine Hüterin Britta Kaiser sein, die große Ruhe und Zufriedenheit ausstrahlt.

Seit 2021 leitest du den Klausenhof. Wie kam es dazu?

Wir haben unterhalb vom Klausenhof gewohnt. Ich fuhr immer wieder daran vorbei und fand es schade, dass er so wenig genutzt und nicht viel daraus gemacht wurde. Ich war im Gemeinderat zusammen mit unserem jetzigen Bürgermeister und erzählte ihm von meinen Ideen. Er wurde Bürgermeister und die Frau, die das vorher gepachtet hatte, wollte nicht mehr. Daraufhin bot er mir die Stelle an und ich ergriff die Chance. Zur selben Zeit bin ich dann dem Gemeinderat ausgeschieden. Jetzt bin ich hier voll eingespannt, habe viele Freiheiten darin, wie ich das gestalte, und es macht riesig Spaß.

Wiederbelebte Vergangenheit

Mit viel Herzblut und Probierfreudigkeit leitet Britta Kaiser *das Freilichtmuseum Klausenhof. Rund um das historische Gebäude hat sie einen Ort der Begegnung geschaffen.*

Welche Bedeutung hat der Klausenhof mittlerweile für dich?

Für mich ist er vor allem ein Ort der Begegnung. Es kommen ja nicht nur Museumsbesucherinnen und -besucher, sondern auch Leute, die einfach zum Kaffeetrinken vorbeischauen. Und das ist immer schön, wenn du dann einen Tisch voller Menschen hast und man sich austauschen kann. Auch unser Markt, der einmal im Monat stattfindet, ist eine schöne Möglichkeit für Begegnungen – deshalb habe ich ihn ›Markttreff‹ genannt. Auf den Markt gehst du hauptsächlich allein. Und Markttreff bedeutet für mich: Ich trinke noch ein Glas Aperol, setze mich hin und begutachte das Treiben. Und lerne vielleicht Leute kennen oder treffe Leute, die ich lange nicht gesehen habe. Das ist für mich so wichtig, dass das alles miteinander einhergeht.

Wenn ich mir das geschichtsträchtige Hotzenhaus anschaue, komme ich immer wieder runter. Im Museum siehst du, wie hart die Menschen früher gearbeitet haben und doch zufrieden waren. Es führt mir immer wieder vor Augen, wie gut es uns eigentlich geht. Also mir jedenfalls. Wir leben unsere Leben in Saus und Braus und es ist trotzdem nicht genug. Hier wird einem bewusst, wie schwer das Leben damals war. Und ich finde, das macht den Klausenhof auch aus.

Gleichzeitig ist das Haus immer für Überraschungen gut. Zum Beispiel habe ich letztes Jahr zum ersten Mal Feuer darin gemacht und dachte im Voraus, ich würde völlig eingeräuchert werden. Aber dann zog der Rauch direkt über meinen Kopf hinweg ins Dach. Das war ein schönes Schauspiel. Manchmal ist mir das Haus auch ein wenig unheimlich. Da ist so viel Geschichte, so viel ist hier passiert – man kann sich gut vorstellen, dass darin Gespenster leben.

Worin besteht deine Arbeit und was ist dir dabei besonders wichtig?
Mir fällt es immer schwer zu benennen, was ich genau mache. Eigentlich bin ich so ein bisschen alles: Museumsdirektorin, Eventmanagerin, Gärtnerin, Bäckerin und vieles mehr. Für mich ein Traumarbeitsplatz. Ich kann mich komplett austoben, lasse mich oft inspirieren und probiere viel Neues aus. Feste öffentliche Veranstaltungen hier sind zum Beispiel der Markttreff, von dem ich schon erzählt habe, das Kürbisfest für die Kinder und der Weihnachtsmarkt. Dieses Jahr probiere ich Raclette-Abende aus. Es gab hier auch schon eine Lesung, eine Pflanzentauschbörse und einen Bücherflohmarkt.

Ein Highlight ist auch die regelmäßig stattfindende Führung mit dem Heidewiebli. Ich wusste ja, dass Magdalena Schmidt die Figur im Theater schon verkörpert hat. Eine Führung machen, das können viele. Aber so eine richtig urige, mal lustig, mal derb, weißt du? Ich kannte sie, habe Magdalena angesprochen und jetzt macht sie diese Führung – einfach mal anders.

Und so sorge ich immer für Abwechslung. Ich probiere viel aus und schaue, was gut ankommt. Nichts ist eingefahren, das ist schon meine Welt.

Aufgewachsen bist du in Hamburg. Großherrischwand stellt einen Kontrast dazu dar. Du hast beides erlebt: norddeutsche Großstadt und süddeutsches Dorf. Fühlst du dich wohl hier?

Sehr! Hamburg ist schön. Ich mache auch gern Urlaub dort, kein Thema. Aber zum Wohnen ist es hier oben für mich genau richtig. Auch für Kinder ist es hier noch ein geschützter Raum. Klar, du musst schon fahren, wenn du irgendwo bummeln gehen willst oder in ein Theater. Aber deswegen ist das noch was Besonderes. Hier ist auch Vieles geboten. Freilichttheater zum Beispiel, das gibt es auf dem Klausenhof alle zwei Jahre. Und ich liebe es, draußen zu sein. Im Wald laufen zu gehen oder im Garten zu sein. Wenn ich in der Stadt bin, dann wird mir das schnell zu viel, ich komme immer gern heim.

ÜBER
BRITTA KAISER

Hoch im Norden Deutschlands wurde Britta Kaiser 1970 geboren – genauer in Hamburg, wo sie auch aufwuchs. Das erste Mal in Herrischried war sie als Zwölfjährige für einen Urlaub mit ihren Eltern. Damals verliebte sie sich in den Hotzenwald, sechs Jahre später in ihren heutigen Ehemann. Im Alter von achtzehn Jahren kam sie erneut, dieses Mal alleine, für einen Urlaub nach Großherrischwand und lernte ihn dort kennen. Ein Jahr später zog sie in das Dorf im Hotzenwald, wo sie sich bis heute wohlfühlt.

Schon damals lag Britta Kaiser das Organisatorische und so überlegte sie sich, eine Ausbildung zur Hotelfachfrau zu machen. Weil das mit einigen Einschränkungen verbunden war, entschied sie sich für eine Lehre im Einzelhandel.

Früh bekam sie Kinder, um die sie sich kümmerte. Nebenher arbeitete sie in Minijobs. Zuletzt für eine Elektrofirma mit integrierter Postagentur. Britta Kaiser liebt es, mit Menschen in Kontakt zu kommen, erzählt sie strahlend.

Es war ihr immer wichtig, sich für die Gemeinschaft einzusetzen. Beispielsweise war sie Mitglied im Gemeinderat und schätzt rückblickend diese Einblicke in die Kommunalpolitik. Regelmäßig holt sie ältere Menschen für einen Seniorenmittagstisch ab.

Seit Frühling 2021 leitet und gestaltet Britta Kaiser den Klausenhof und das ihn umgebende Gelände. Seitdem ist er nicht mehr verpachtet, sondern in der Hand der Gemeinde Herrischried, deren Angestellte sie ist. Und Britta Kaiser bringt viel Leben ins Freilichtmuseum und schafft vielseitige neue Angebote. Sie betreibt einen Kiosk mit frischem Kuchen und Getränken, bietet die Scheune als Veranstaltungsort an, eröffnet neuen Raum für Kultur und bietet kreative Führungen für Menschen aller Altersstufen an. Wichtig ist ihr hierbei, Geschichte lebendig werden zu lassen.

Der Veranstaltungskalender des Museums ist dank Britta Kaisers Engagement immer gut und

abwechslungsreich gefüllt. Zum Beispiel mit dem wiederkehrend stattfindenden Erntemarkt, bei dem traditionelles und modernes Kunsthandwerk sowie regionale Produkte angeboten werden – frisch vor Ort gebackenes Brot inklusive.

Britta Kaiser geht positiv gestimmt durch die Welt und schaut, wo sie Dinge verändern kann. Selbst wenn sie im Schwimmbad ihre Bahnen zieht, kann es passieren, dass ihr eine Idee kommt, wie man das Bad noch attraktiver machen könnte. Ihren kurzen Draht zum Bürgermeister nutzt sie dann, um solche Ideen einzubringen. Das Freilichtmuseum Klausenhof profitiert von ihrem Engagement und ihrer Probierfreudigkeit. Unter der Leitung von Britta Kaiser ist es als vielseitiger Ort erlebbar.

Der Klausenhof im Hotzenwald

Vor me als 300 Jahre hät mer des Hus do bauet, s' hät Freud und Leid erfahre und mänge Winter, wo's g'schneiet hät und g'sauet. (...) Mit Bruchstai hät mer s'Hüsle baue, und s'ganze Fundament, mit Chalch, Sand und Gottvertraue, denn domols gab's no kein Zement Bieni, Dachstuel, Schopf und Stall – alles isch us Holz, kei Ise, Holznägel überall machet des Hus so stolz.

R. Kohlbrenner

Es mag viel geschneit und gesaut haben im Hotzenwald, dem südlichsten und regenreichsten Teil des Schwarzwalds, der durch lange Winter geprägt ist. Seine Eingrenzung ist Glaubenssache. Offiziell erstreckt sich der Hotzenwald zwischen Wehratal und der B 500 über drei Gemeinden. Der Luftkurort Herrischried kann als sein Zentrum bezeichnet werden.

Ein Wechsel aus dichtem Wald, von Wasserfällen überspülten Schluchten, idyllischen Weiden und märchenhaften Moorflächen, geprägt durch das raue Klima, zeichnen den Hotzenwald aus.

Diesem Klima trotzt der auf knapp 1.000 Metern Höhe gelegene Klausenhof seit 1756. Eine weitere Jahreszahl kam beim Abbau des Gebäudes hinzu: auf einem Balken wurde die Jahreszahl 1424 sichtbar. Es wird davon ausgegangen, dass die damals sparsamen Menschen ihn für den Bau des Klausenhofs wiederverwendeten.

Dass er seit 1981 fertiggestellt ist und vergangene Zeiten erlebbar macht, ist nicht selbstverständlich. In den 1970er Jahren war der Einsturz des seit den 1930ern leerstehenden Hauses nur noch eine Frage der Zeit. Es stand auf von Lehm gebundenem Geröllschutt eines ehemaligen Gletschers. Der damalige Besitzer wollte das Grundstück als Bauplatz verkaufen. Weitere Hürden waren finanzieller und politischer Natur. Außerdem war das Gebäude in einem denkbar schlechten Zustand: wichtige Bauteile fehlten inzwischen und bauliche Schäden gab es zuhauf. Im Wagenschopf auf dem Klausenhofgelände hängen heute alte Fotos, auf denen der Weg vom verfallenen bis zum wiederaufgebauten Haus eindrücklich nachempfunden werden kann. Dem Einsatz des Architekten und Künstlers Hermfried Richter ist es zum großen Teil zu verdanken, dass der Klausenhof heute in Großherrischwand zu besichtigen ist. Bedingung war, dass das alte Gebäude auf einen neuen Platz versetzt wird. Nicht weit vom alten Standort entfernt, im Zentrum Großherrischwands und von viel freier Fläche umgeben, wurde das Gebäude am Lindenweg gegen Ende des 20. Jahrhunderts wieder errichtet. Dieser Wiederaufbau war mit Schwierigkeiten verbunden – denn, wer ist heute noch handwerklich in der Lage, die alten Bauweisen umzusetzen? Keine reguläre Baufirma war bereit, ein Angebot zu machen. Stein für Stein wurde das Gebäude von einem Vorarbeiter der Gemeinde, einem alten Maurermeister im Ruhestand und zwei Zimmereibetrieben ab- und wieder aufgebaut. Oft mangelte es am Wissen der Handwerker oder am Baumaterial. Das alte Strohdach konnte beispielsweise nicht wiederhergestellt werden. Stattdessen widersetzt sich nun dem Stroh sehr ähnlicher Schilf der Witterung und lediglich innen wurde das ursprüngliche Material verwendet.

Auch als das Haus noch bewohnt und handwerkliches Fachwissen hierfür vorhanden war, musste das Strohdach aufgrund der Abnutzung wiederkehrend erneuert werden. Immer nur ein Teilstück des Daches wurde vom First bis zur Traufe verlaufend ausgetauscht. Die Breite des Stücks richtete sich nach der Stroh-

ernte im Herbst – ›Spöötlig‹, wie er im hotzenwälderischen Dialekt zum Teil heißt. Bei großer Kälte, wenn die Arbeit auf dem Feld ruhte, bündelte man dann im Winter dicke Halme ähnlicher Länge, holte Haselnussstangen aus dem Wald und Zweige von den Weiden in der Nähe des Bachs, die durch Verdrehen biegsam gemacht wurden. Gedeckt wurde dann mit diesem Material im Sommer. Stroh hatte den Vorteil, das Haus im Winter vorm Auskühlen zu bewahren und es im Sommer kühl zu halten.

Schmucklos, auf den Überlebenskampf im rauen Klima ausgerichtet, ist der Klausenhof als typisches Hotzenhaus konzipiert. Daher ist das Dach, Vollwalmdach genannt, weit nach unten gezogen und hat vier geneigte Flächen statt eines

Giebels. Innen schützte ursprünglich ein Gang, Schild genannt, vor Wind und Wetter, der Wohn- und Stallteile voneinander und von der Außenwand trennte. Um mehr BewohnerInnen unterbringen zu können, wurde später ein Teil des Gangs in drei zusätzliche Kammern umgebaut.

Die Familien waren damals groß und mehrere Generationen teilten sich das Haus. Viele Kinder wurden geboren, nur wenige überlebten die ersten Lebensjahre. Neun Personen bewohnten 1878 das Gebäude. Ich versuche mir vorzustellen, wie sie damals hier lebten. Das Klausenhofmuseum füttert meine Fantasie. Wärme spendeten die ›Chouscht‹, eine beheizte Sitzbank, und der Kachelofen, die von der Küche aus erhitzt wurden. In der Stube hängt

noch eine Schwarzwälder Schilderuhr, die bis zur Mitte des 19. Jahrhunderts als beliebteste Uhr des Mittelgebirges galt. Da das Leben beschwerlich und die Landwirtschaft klein war, verdiente man sich mit dem Weben von Leinen- und Baumwollstoffen ein Zubrot, wovon der Webstuhl heute zeugt. Außerdem wurde aus türkischer und mazedonischer Baumwolle Garn gesponnen – vor 1800 arbeiteten über 1.000 Menschen im Hotzenwald zuhause an der Spindel.

Erbaut wurde der Klausenhof in alter Ständerbohlen-Bauweise, die im Mittelalter weit verbreitet war. Im deutschen Sprachraum ist sie nur noch im Schwarzwald und im Nordwesten der Schweiz erhalten.

In das Gebäude war von einer Scheune mit Wagen und Geräten über den Hausbrunnen bis zu dem Brenngerät für Obstbrände, das eine Form hat, wie sie schon im 16. Jahrhundert üblich war, alles integriert. Als ab 1812 der badische Großherzog eine Branntweinsteuer erhob, wurde im Hotzenwald heimlich weiter gebrannt und es kam zu einem Aufstand, weil Zöllner die Brennkessel wegnehmen wollten. Auch die Butterherstellung fand im Gebäude statt. Die Milch hierfür stammte von den beiden Kühen, die gemeinsam mit zwei Ochsen, einem Kalb, Ziegen und Schweinen im Stall lebten. Außerdem hielten die BewohnerInnen Hasen und Hühner.

Etwas fehlt aus heutiger Sicht: der Schornstein. Der Rauch nahm andere, nicht weniger geführte Wege. Ein Gewölbe aus Rutengeflecht und Lehm über dem Herd fing den Rauch von der Feuerstelle

ab und reinigte ihn von den noch glühenden Teilen – ein historischer Brandschutz, denn ›alles isch us Holz‹. Schließlich verteilte sich der Rauch im Dachraum und entwich durch das Strohdach ins Freie. Dabei diente er dem Schädlingsschutz, der Holzimprägnierung und dem Räuchern von Speck und Wurst.

Duster war es im Klausenhof, der heute zusätzlich künstlich beleuchtet ist. Nur wenige kleine Fenster lassen Licht herein, das zum Teil vom an den langen Seiten weit herunterragenden Dach aufgehalten wird. Als Werkstattecke diente der hellste Ort im Haus. Duster waren wohl auch die Zeiten. Armut und die wiederholt genannten klimatischen Bedingungen erschwerten das Leben in diesem ›stolze Hus‹.

Heute herrscht hier ländliche Idylle und herzliche Begegnung. Am Leben erhalten und mit Leben gefüllt wird er dank der Gemeinde Herrischried, dem 1996 gegründeten Förderverein Klausenhof e.V. und dank Britta Kaiser.

Das Gelände bietet aber noch mehr als eines der letzten erhaltenen Hotzenhäuser. Im Wagenschopf kann gefeiert werden, eine Streuobstwiese hält für Bienen ein Zuhause und Material für Britta Kaisers beliebte Kuchen bereit, aus dem Backhäuschen strömt regelmäßig der Duft nach frischgebackenem Brot und aus der Schmiede ist hin und wieder Hämmern zu hören. Außerdem kann die Lindauer Säge besichtigt werden, die erstmalig 1595 urkundlich erwähnt wurde und bis 1950 in Betrieb war.

Nach all den Hürden die zu nehmen waren, damit das Gebäude in Großherrischwand erhalten blieb, ist der Klausenhof heute ein geschichtsträchtiger Ort zum Innehalten, zum Erleben der Vergangenheit und ein Ort der lebendigen Begegnung und des Austauschs.

NERIMAN BAYRAM

Künstlerische Leiterin und Geschäftsführerin des Kommunalen Kinos Freiburg

---

STADTBIBLIOTHEK FREIBURG

»Bibliotheken sind ein fester Ort in meinem Leben.«

Reihe um Reihe, Rücken an Rücken stehen Bücher in den Regalen. Verborgene Welten warten auf neugierige Hände und Augen – die Buchdeckel Eintrittskarten. Sessel laden zum Verweilen ein. Hier machen Neriman Bayram und ich es uns gemütlich. Eine Auswahl ihrer liebsten papierneren Begleiter hat sie dabei. Mit sanften Fingern blättert sie in Fernweh weckenden Fotobänden, Filmessays, in Gedichten und Geschichten, die zwischen Istanbul und Berlin passieren. Wir genießen inmitten der sonst so belebten Stille die Gastfreundlichkeit der Stadtbibliothek, die wir heute nur für uns haben, und tauchen ins Gespräch ein. In die Geschichten, die Neriman Bayram zu erzählen hat.

Erinnerst du dich noch an deinen ersten Bibliotheksbesuch?

Auf jeden Fall. Ich wusste lange nicht, dass es sowas gibt und war erstaunt. In der Grundschule bin ich von einer Freundin darauf hingewiesen worden, dass man dort einen Ausweis bekommt und mit diesem Ausweis Bücher kostenlos ausleihen kann. Mit meiner Freundin Emine, bin ich dorthin – und habe eine Welt für mich entdeckt. Ich fand es fantastisch. Die vielen Bücher um mich herum. Die Stille im Raum. Und all die Leute, die im Lesesaal konzentriert gelesen haben. Ich war total fasziniert und habe mir gleich einen riesigen Stapel Bücher mitgenommen – nicht nur Kinderbücher, son-

Versunkenheit

Seit ihrer Kindheit ist die Leiterin des Kommunalen Kinos Neriman Bayram *fasziniert von Bibliotheken, die ihr in ihrer Arbeit ein Vorbild sind.*

dern auch Erwachsenenbücher. Es war so ein großer Stapel – die Bibliothekarin hat, glaube ich, gar nicht mehr überblickt, was ich alles mitgenommen habe.

Von da an wurden Bibliotheken zu einem festen Ort in meinem Leben. Mit meinem Sohn ging es weiter. Als er jünger war, bin ich oft mit ihm hierhergekommen, vor dem Marktbesuch, und wir haben uns Bücher angeschaut. Ich saß hier mit ihm und habe auch selbst gelesen, was ich für mich entdeckt habe.

Welche Bücher haben dich besonders geprägt?

Es gibt sehr viele Bücher, die mich geprägt haben. Wenn ich jetzt anfangen würde, ich würde nicht mehr aufhören. Zum Beispiel waren die Texte der deutsch-türkische Schriftstellerin Emine Sevgi Özdamar, sie hat letztes Jahr den Büchner-Preis bekommen, für mich eine große Entdeckung. Was sie und wie sie erzählt – ihr Sprachspiel, ihre visuelle Schreibweise, ihren Humor – fand ich einzigartig.

Geschichten haben mich schon immer fasziniert. Ich interessiere mich für Menschen und bin neugierig, andere Welten zu erkunden. Und die ersten Erkundungen habe ich mit Büchern gemacht. Ich kann mich noch erinnern, dass ich manchmal stundenlang in der Bibliothek war, versunken in ein Buch, ich habe meinen Hunger nicht gespürt und nicht gemerkt, wie die Zeit vergangen ist – es wurde dunkel und meine Eltern haben sich schon Sorgen gemacht. An dieses Gefühl intensiver Versunkenheit während meiner Kindheit kann ich mich noch gut erinnern. Jetzt im Erwachsenenleben bin ich leider oft in den Routinen des Alltags gefangen.

Den Geschichten und anderen Welten bist du auch beruflich treu geblieben. Wie kamst du zum Medium Film?

Meine cineastische Sozialisation hat früh begonnen – wie mit den Büchern. Sonntags hat der Kinobesitzer bei uns im Ort türkische Filme in Originalfassung gezeigt und die Filmrollen, das waren damals noch analoge Kopien, sind aus Istanbul gekommen – 35-Millimeter-Kopien. Das Kino war jeden Sonntag komplett ausverkauft. Meine Eltern haben mich und meine Geschwister mitgenommen. Ich war absolut begeistert davon, im Kino Filme zu sehen. Seither hat sich an meiner Faszination für das Kino nichts geändert. Der Film hat mich nicht mehr losgelassen, aber die Literatur ist mir ebenso wichtig. Die Kunst hat für mich eine große Kraft und ist Seelennahrung.

Was sind deine Ansprüche als Leiterin des Kommunalen Kinos?

Einen offenen Ort zu schaffen – wie die Stadtbibliothek. Bibliotheken sind für mich die zugänglichsten Orte in der Stadt und auch Identifikationsorte für die Stadt. Es besteht kein Konsumzwang, man kann einfach hier sein, etwas lesen oder auch nicht lesen. Man kann hier alleine sein, aber auch in

der Gemeinschaft von lesenden Menschen oder von Menschen, die nach Büchern suchen, die Zeitschriften lesen oder einen Sprachkurs machen.

Das ist eben auch im Kino der Fall, dass man in Gemeinschaft Filme erleben kann. Das Kino ist wie die Stadtbibliothek ein zugänglicher und öffentlicher Ort. Ein Ort der Begegnung und der gemeinsamen Erfahrung. Wir isolieren uns immer mehr, die Einsamkeit und die Entsolidarisierung nehmen leider zu.

Meinem Team und mir ist ein besonderes Anliegen, dass das Kino niedrigschwellig und zugänglich ist, sodass die Menschen keine Hemmungen haben, reinzugehen und alle sich willkommen fühlen. Wir möchten gute GastgeberInnen sein.

Mit fällt jetzt ein Beispiel ein. Wir haben seit einiger Zeit eine Kooperation mit dem Arbeitskreis Behinderte. Mitglieder hatten einen iranischen Film mit dem Titel ›Die Farben des Paradieses‹ ausgewählt. Drei Leute vom Arbeitskreis haben den Spielfilm dem Publikum vorgestellt und einer war dabei, der nicht sprechen wollte. Er stand stolz vor der Kinoleinwand und wollte damit zum Ausdruck bringen, dass er diesen Film mit ausgewählt hat. Er wollte sichtbar sein und hat sich diesen Raum genommen. Das fand ich beeindruckend.

Ein anderes Beispiel ist ein Junge, den ich dadurch kennengelernt habe. Er ist 14 Jahre alt, kommt aus Afghanistan und hat schwere Operationen hinter sich. Er hat die Dunkelheit des Kinosaals nicht ausgehalten und ist rausgegangen. Im Kinofoyer war er dann ganz vergnügt und hat getanzt, von einer Ecke zur anderen. Die Leute von unserem Café haben sich an ihm vorbeigeschlängelt, sein Tanz hatte was Selbstverständliches.

Es ist wichtig, dass man Raum gibt – auch den Menschen, die sonst keine Räume haben und in der Öffentlichkeit kaum zu sehen sind. Vor allem für die Erweiterung der Perspektiven ist das Raumgeben wichtig. Für Perspektiven, die nicht in der Öffentlichkeit oder im Mainstream sichtbar sind. Mit unserer kuratierten Filmauswahl versuchen wir neben ästhetisch ambitionierten Werken, auch internationale und marginalisierte Perspektiven sichtbar zu machen. Nicht über den ›Anderen‹ erzählen, sondern dessen eigene Geschichten hören und sehen.

»Die Kunst hat für mich
eine große Kraft
und ist Seelennahrung.«

short story lunch club
Baumgarten

ÜBER NERIMAN BAYRAM

Neriman Bayrams Vater machte den Anfang, indem er als »Gastarbeiter« nach Deutschland kam – vier Jahre später folgten ihm ihre Mutter mit ihrer Schwester und der zweijährigen Neriman Bayram selbst. Eine »ganz andere Welt« erwartete sie – Teil davon war ein katholischer Kindergarten, von Nonnen geführt. »Ich fand das faszinierend, das ›Andere‹ hat mich schon immer fasziniert«, erzählt die 57-Jährige lächelnd.

Für Neriman Bayrams Eltern war das neue Leben in Sindelfingen nicht leicht. »Plötzlich hast du die Weite der anatolischen Landschaft nicht mehr, das besondere Licht und die Natur. Und steckst in der Fabrik mit einem kalten Licht – das war für sie ein sehr krasser Wechsel.«

Nach der Schule ging Neriman Bayram nach Freiburg, um Islamwissenschaft und Soziologie zu studieren. »Erika Glassen, eine der bekanntesten Professorinnen für türkische Literatur, war hier – sie hat die Türkische Bibliothek mit vielen Übersetzungen herausgebracht, war in Istanbul und Beirut, hat die Orient-Institute aufgebaut – und bei ihr wollte ich studieren.«

Die intensive Beschäftigung mit türkischer Literatur empfindet Neriman Bayram rückblickend als prägende Zeit, die ihr neue Horizonte eröffnete. Im wortwörtlichen Sinn den Blick auf das Goldene Horn, als sie dann für ihre Magisterarbeit über die Autobiografie einer türkischen Frau eine Zeit in Istanbul recherchierte. Neriman Bayram liebt die türkische Sprache und bedauert ein wenig, nur noch selten die Möglichkeit zu haben, türkisch zu sprechen. Ihre Eltern sind schon lange in die Türkei zurückgekehrt.

Nach ihrem Abschluss war sie im Graduiertenkolleg und überlegte zu promovieren. Oft war Neriman Bayram im Kommunalen Kino, engagierte sich ehrenamtlich im Programmausschuss und besuchte regelmäßig das Freiburger Filmforum. »Das war für mich auch als Studentin wirklich eine Entdeckung; ein ethnografisch ausgerichtetes Festival mit Filmen aus und über Afrika, Asien, Lateinamerika – sieben Tage lang sehr intensiv mit Filmemacherinnen aus aller Welt. Begegnungen, Austausch, Filme – das hat Werkstattcharakter. Und das Freiburger Filmforum hatte von Anfang an einen innovativen Kulturbegriff.« Deshalb zögerte sie nicht, als ihr die Stelle der Festivalassistenz angeboten wurde. Als dann die Stelle der Leitung des Freiburger Filmforums frei wurde, vertraute man Neriman Bayram diese an. Teil ihrer Arbeit war, mehr Aufgaben im Kommunalen Kino zu übernehmen. Nach und nach kam sie in die Leitungsposition des Kommunalen Kinos, wo sie sich bis heute erfolgreich für ein offenes, perspektivenreiches und ein allen zugängliches Kino abseits des Mainstreams einsetzt. Für die Austausch und Verbundenheit fördernden vielzähligen Kooperationen gewann die Institution beim bundesweiten Kinopreis des Kinemathekverbundes 2024 in der Kategorie ›Kino, das verbindet‹ den ersten Preis.

»Es ist so ein großes Privileg, Filme sehen zu dürfen, Filme zusammenstellen zu dürfen, mit dem Publikum in Kontakt zu sein, mit den Künstlerinnen in Kontakt zu sein. Ich bin dankbar, dass ich in der Position bin, gestalten zu dürfen.«

»Geschichten haben mich schon immer fasziniert. Ich interessiere mich für Menschen und bin neugierig, andere Welten zu erkunden.«

Die Stadtbibliothek Freiburg

Als Ort der Geschichten kann die Stadtbibliothek selbst Geschichte vorweisen, die bis ins endende 19. Jahrhundert zurückgeht.

»Ich habe mir das Paradies immer als eine Art Bibliothek vorgestellt.« Oft wurde er zitiert, dieser Satz von Jorge Luis Borges und auch mein Herz lassen die vollen Bücherregale der Stadtbibliothek in Freiburg höher schlagen. Zentral am Münsterplatz gelegen und von der Leiterin Meike Jäger und ihrem Team geführt, lockt die Stadtbibliothek mit breiter Auswahl und vielseitigen Veranstaltungen. Die Jahrhunderte zurückgehende Geschichte der Stadtbibliothek hat die ehemalige Leiterin Dr. Carola Schelle-Wolff zusammengetragen. Gespannt lese ich darin.

Die Wurzeln reichen bis in die Mitte der 1790er Jahre zurück, als es in Freiburg Leihbüchereien gab, die überwiegend die unteren Schichten nutzten. 1807 wurde mit der Museumsgesellschaft eine größere Lesegesellschaft in Freiburg gegründet, die am Münsterplatz 25 beheimatet war. Das Bedürfnis und die Fertigkeit zu lesen war mit dem wachsenden Bürgertum angestiegen. Gemeinsam wurden dort die damals teuren Bücher erworben und über sie diskutiert. Sie gilt als die erste bürgerliche Gesellschaft Freiburgs.

1893 eröffnete die Deutsche Gesellschaft für Ethische Kultur neben der Volksküche in der Weberstraße 6 eine Volksbibliothek mit Bücherhalle. Vorbild dafür waren die Public Libraries aus dem angloamerikanischen Raum. Das neue Angebot wurde rege genutzt. Erstaunt lese ich von über 6.500 Buchausleihen innerhalb der ersten drei Monate. Bald musste mehr Platz her und 1895 erfolgte ein von der Stadt unterstützter Umzug in die Adelhauser Straße. Zwei Drittel der Benutzer waren Arbeiter und Handwerker. Die Ausleihzahlen wuchsen weiterhin, sodass bereits zwei Jahre später ein weiterer Umzug stattfand.

Die eigentliche Geschichte der Stadtbibliothek beginnt 1901. Im Parterre am Münsterplatz 25 eröffnete Oberbürgermeister Otto Winterer die städtische Volksbibliothek und Volkslesehalle. Gründungsdirektor und 30 Jahre lang verantwortlich war der Bibliothekar Friedrich Walter. Von Anfang an legte er Wert auf ein großes und vielstimmiges Zeitungs- und Zeitschriftenangebot. 1902 wurde der Betrieb der Bibliothek der ›Deutschen Gesellschaft für Ethische Kultur‹ eingestellt und die Buchbestände gingen an die Stadt. Der neu gegründeten Bibliothek standen anfangs jährlich 4.000 Reichsmark für Neubeschaffungen zur Verfügung – viermal mehr als in vergleichbaren Städten. Die Nutzung der Bibliothek war kostenlos.

Bis in das zweite Obergeschoss des Gebäudes konnte sich die Volksbibliothek 1911 ausdehnen. Mitte der 1920er hatte die Institution dann mit Finanznot und Inflation bei stetiger Abnutzung des Buchbestands zu kämpfen. In Folge dessen wurde 1920 erstmals eine Jahresgebühr für die Nutzung eingeführt, was einige Menschen abschreckte. Trotzdem stieg die Zahl der BenutzerInnen nach Kriegsende. Kostenlos und beheizt war die Bibliothek nicht nur ein Ort der Bildung und Information, sondern auch sozialer Treffpunkt.

Bereits im April 1933 wurden Bücher aus dem Bibliotheksbestand entfernt und verbrannt – Werke jüdischer AutorInnen und sogenannte Schmutz- und Schundliteratur. Anfang 1933 waren etwa 28.000 Bücher im Besitz der Bibliothek, innerhalb eines Jahres sank die Anzahl auf 15.000. Über 30 Zeitungen und Zeitschriften wurden abbestellt. Die Stadtverwaltung entließ im selben Jahr den als politisch unzuverlässig eingestuften damaligen Bibliotheksleiter Bruno Berger – er sollte sich unter anderem verächtlich über den neuen Oberbürgermeister geäußert haben.

Der neue Direktor Philipp Harden-Rauch sortierte den Bibliotheksbestand strenger aus und beanspruchte Gelder für Neuanschaffungen – mit dem Ziel, »Heimstätte der deutschen Dichtung« zu werden. Wichtig war ihm auch die Erziehung der Jugend, der er eine spezielle Büchereiabteilung widmete. In den Jahren 1938 und 1939 waren über 50 Prozent der BesucherInnen nicht älter als 18 Jahre. Mit der Begründung, dass ›Bibliothek‹ nach Wohltaten für Bedürftige klinge, setzte sich Philipp Harden-Rauch dafür ein, dass die Institution in ›Stadtbücherei‹ umbenannt wurde. Gegen die katholischen Pfarrbüchereien und für ein streng nationalsozialistisches Buchangebot wurden über die Jahre acht Zweigstellen auf verschiedene Stadtteile verteilt und mithilfe von Büchereibeständen aus Schulen eingerichtet.

Am 27. November 1944 traf der verheerende Bombenangriff auf Freiburg auch die Stadtbücherei. Danach stand nur noch ihr Portal. Zwei Mitarbeiterinnen richteten im Frühling 1945 eine provisorische Bibliothek mit Beständen aus Zweigstellen am Martinstor ein. Diese Bestände wurden dann unter französischer Besatzung überprüft und entnazifiziert. Die Stadtbücherei wurde zur Städtischen Volksbücherei und bekam mit dem Schriftsteller Franz Schneller einen politisch unbelasteten neuen Direktor. Provisorisch im Erdgeschoss des Augustinermuseums untergebracht, öffnete die Freiburger Stadtbibliothek 1945 als erste öffentliche Bücherei innerhalb der französischen Zone wieder ihre Pforten. Ein Jahr später zog sie in das Gebäude in der Salzstraße, in dem sich bis 2024 das Stadtarchiv befunden hat. »Mehr denn je ist heute das Buch eine Zuflucht, ja ein Wegweiser geworden«, war am 14.06.1946 in der Badischen Zeitung zu lesen. In der Nachkriegszeit herrschte jedoch Mangel: Der Bestand umfasste 1947 etwa 15.000 Bücher, die über hunderttausendmal ausgeliehen wurden.

Die Aktion Schmökergrab mutet im Rückblick eher skurril an. Im Sinne des damaligen Zeitgeists tauschte die Bibliothek 1956 erst zehn, später zwanzig sogenannte Schundhefte gegen ein Buch ein. Als Schundhefte galten Heftromane und Comics aus dem Bereich günstige Unterhaltungsliteratur.

Räumlich ging es für die Stadtbibliothek bald darauf zurück zum Münsterplatz. Die Hauptstelle wurde dort 1963 neu erbaut und die 1959 eröffnete Hauptjugendbücherei ins Gebäude integriert. 1964 kam die Musikbibliothek dazu. Im Laufe der kommenden Jahrzehnte wuch-

sen die Bestände weiter an, die Möblierung wechselte, die Räumlichkeiten wurden umgebaut und die Bibliothek wurde digitaler. Stand 2023 umfasste der Bestand über 220.000 Medien und gut 415.000 BesucherInnen werden pro Jahr gezählt.

Das langgezogene Gebäude am Münsterplatz mit seiner gelben Fassade ist schwer zu übersehen und auf jeden Fall einen Besuch wert. Ein Paradies für Große und Kleine, für Bücher-, Film- und Musikfans, für Wissbegierige und Entdeckungsfreudige.

CHRISTEL UND ELISABETH JOCKERS

Redaktionsleiterin und Journalistin ›Kultur Joker‹

ZÄHRINGER WALD

»Es riecht nach Sonnenschein und warmen Tagen, nach feuchter Erde, Fichte und diesem einen herben Duft, den nur Orte kennen, die einfach sein dürfen.«

Dieser Ort klingt ganz besonders. Es plätschert und zwitschert, knarzt und pfeift, knabbert und scharrt. Wer einen Fuß hineinsetzt, den umhüllt sofort der Klang des Waldes – eine friedvolle und ursprüngliche Melodie, die dieses innere Summen, das in jedem Menschen flirrt – mal laut und manchmal leise – auf eine Tonart bringt. Ein tiefer Atemzug – der Sauerstoff kitzelt in der Nase. Es riecht nach Sonnenschein und warmen Tagen, nach feuchter Erde, Fichte und diesem einen herben Duft, den nur Orte kennen, die einfach sein dürfen. Dieser Wald lädt ein, ohne zu unterscheiden. Er kennt kein Geld, kennt keine und jede Sprache, interessiert sich nicht für Farben, weder die der Haut noch die der Kleidung, kennt keine Grenzen, denn sein Reich scheint endlos. Seine Wurzeln graben sich in die Erde, umarmen einander, erzählen Geschichten. Manche so alt, dass sie von Königinnen und Fürsten berichten, andere von Kriegen, Verliebten, Einsamen und jenen, die manchmal auch einfach nur sein möchten. Ein Wald ist mehr als nur das Grün seiner Flora. Er ist auch ...

... eine Frau, die ein Rudel anführt. Sieben Hunde an der Zahl. Sie umkreisen sie, rennen voraus, wackeln hinterher, springen in den plätschernden Bach und schütteln danach tausende glitzernde Tropfen aus ihrem Fell. Die Frau, deren Blick nur dann sanft wird, wenn sie die Hunde ansieht, kennt das Summen des Waldes. Wer Glück hat und sich dieser Melodie hingibt, den

Gaia

von Elisabeth Jockers

bedenkt sie beim Vorbeigehen mit einem ernsten Nicken – so knapp, dass man es verpassen könnte. So herzlich, dass es außerhalb des Waldes nicht existieren kann.

... das Lachen der Kinder in Wintern, in denen sich der Schnee in die Stadt verirrt und den Wald in eine eisige Märchenwelt verwandelt. Sie düsen auf Schlitten den Berg hinab, nur um ihn mit roten Backen und laufenden Nasen wieder zu erklimmen. Abfahrt, Aufstieg, Abfahrt, Aufstieg. So geht das, bis sich der Himmel in dunkles Rot färbt und die Sichel des Mondes über den Baumwipfeln steht. Kleine Laternen leuchten im Dunkel des Waldes auf, gefolgt von den Gesängen und dem Gequassel der Kinder, die, ihre Eltern im Schlepptau und immer dem Bach folgend, nach Hause schlittern.

eine Schwangere, die es in der Abenddämmerung in das grüne Reich zieht. Sie geht auf Wegen, die vor ihr schon Tausende begangen haben. Sanft streicht sie über ihren Bauch, lauscht dem Takt des „Uhu – Uhu – Uhu", das in den Baumkronen widerhallt. Das Knarzen einer alten Holzbrücke. Dann sitzt sie auf einer Bank, links von ihr ein kleiner Bachlauf, auf ihrem Bauch Manuskripte und ein roter Stift. Ein kleines Treten in ihrem Innern, das dem Takt des Waldes folgt.

... ein altes Haus, beschützt von hohen Bäumen und fließendem Wasser. Pinselstriche – durch rot gestrichene Fenster flackert gelbes Licht, darin eine Gestalt, die sich zwischen Farbtuben, Staffeleien und Musik bewegt. Für die einen ein Hexenhaus, für andere das Heim einer Künstlerin.

... ein Eichhörnchen, dessen Fell in der Morgendämmerung rötlich schimmert. Akribisch packt es kleine Haselnüsse und stopft sie, eine nach der anderen, in seinen Mund, verbuddelt sie eilig zwischen Stämmen und setzt sich zwischendurch auf einen hochgelegenen Ast, um zu naschen. Unter ihm raschelt es im Laub. Eine kleine Maus schlüpft vorbei, rennt so schnell, dass man sie kaum erkennen kann, und als sie endlich langsamer wird, verschwindet sie im Stamm eines alten, verwitterten Baumes. Ein aufgeregtes Piepsen im Morschen begrüßt sie, während sich das Zwitschern der Vögel einstimmt. Wie ein Orchester, das seine Instrumente einspielt und auf das „Los" des Dirigenten wartet, schwillt es langsam an und endet in einer fabelhaften Symphonie, wie sie nur Gaia selbst komponieren kann. Wer Glück hat und der Melodie des Waldes lauscht, dem wird sein finales „Uhu – Uhu – Uhu“, eingestimmt durch den Nachtwächter, bis nach Hause begleiten.

... ein kleines Mädchen, das mit brüllendem Lachen die mit Laub bedeckten Waldhänge hinaufklettert. Das durch kniehohes Wasser watet, unter den Brücken hindurchschlüpft, statt über sie zu laufen. Das schwören könnte, dass hinter moosbewachsenen Baumstämmen, zwischen Wurzeln jahrhundertealter Bäume und dichten Sträuchern die spitzen Ohren elbenhafter Wesen aufblitzen. Das im Plätschern des Baches das Brüllen wilder Piraten vernimmt.

... Mitternachtsstunden, die der Schnee in waberndes Licht hüllt. Teenager, die die erste Kippe teilen und den Geschmack mit zuckersüßen, sechsprozentigen Mischgetränken runterspülen. Genau dieses pappsüße Zeug, nach dem die Zähne wehtun und die Zunge unangenehm am Gaumen klebt. Der Kajal hängt etwas zu weit unter dem Augenlid. Steueridentifikationsnummer ist ein Fremdwort, das Leben ist (rückblickend) in Ordnung.

... eine junge Frau, die ihrem Summen folgt. Auf Wegen geht, die zuvor schon Tausende begangen haben. Unter deren Füßen das Holz einer alten Brücke knarzt. Dahinter eine Bank. Sie setzt sich, das Summen wird leiser, wird eins mit dem Orchester des Waldes. Déjà-vu, das Gefühl, etwas schon einmal erlebt zu haben. Einen Ort, ein Gefühl wiederzuerkennen.

... eine Mutter und ihre Tochter. Bücher, Erdbeeren, Schokolade, Cracker und Saft. Den Kopf frei bekommen. Ideen erdenken, verwerfen, aufheben ...? Gemeinsames Pfeifen mit den Vögeln. Über ihnen ragt ein Turm empor, der einst eine Burg flankierte. Seit 900 Dekaden richtet er seinen Blick in alle Himmelsrichtungen, wurde zerstört und wieder aufgebaut, zerstört und wieder aufgebaut, zerstört und ... so scheint der Mensch zu sein. Er zerstört und baut wieder auf, dreht sich im Kreis, geht auf andere zu, nur um sich im nächsten Moment schnell wieder wegzudrehen. Eine Libelle rast durchs Bild. Die Tochter zuckt zusammen, die Mutter schmunzelt. Die Mutter mag süß, die Tochter lieber salzig. Sie reden und lachen, lesen von alten Heldinnen, neu gedachten Utopien und vergangenen Kämpfen. Sie diskutieren und streiten. Die Tochter weiß: Wer nach dem A nur das B sagt, denkt nicht weit genug. Die Mutter hat es ihr beigebracht: Nach dem B folgen 24 weitere Buchstaben, ohne die ein Gedanke niemals fertig gedacht, niemals vollständig sein könnte. 26 Möglichkeiten, die Welt zu beschreiben, miteinander zu sprechen, aufeinander zuzugehen.

Wie würdet ihr den ›Kultur Joker‹ beschreiben?

EJ: Wir wollen mit qualitativ hochwertigem Journalismus ein breites Publikum ansprechen und dadurch die Kulturszene sichtbarer machen und unterstützen. Eine Zeitung machen, durch die man sich unabhängig von politischer Ausrichtung, Hautfarbe, Sexualität oder anderen Faktoren weiterbilden und interessante Dinge erfahren kann. Unser unglaublich diverses Publikum ist etwas, das den ›Kultur Joker‹ besonders macht. Wir wollen wirklich alle erreichen.

CJ: Neutralität ist uns sehr wichtig. Wenn du den Joker aufschlägst, dann hast du da das Punkkonzert neben der Oper. Unsere inhaltliche Bandbreite ist über die Jahre immer größer geworden. Bereits Anfang der 2000er Jahre haben wir unter anderem die Rubrik ›nachhaltig‹ aufgenommen, wobei bei uns auch der Bildungsbereich dazu zählt.

Wir erleben es häufig, dass Menschen, wenn sie den Kultur Joker noch nicht kennen und ihn das erste Mal aufschlagen, sehr überrascht sind über die inhaltliche Bandbreite, beinahe schon erschlagen sind vom Inhalt. Man erwartet das nicht von einem kostenfreien Produkt.

Wie empfindet ihr die Arbeit als Mutter-Tochter-Gespann?

EJ: Ich denke, dass wir uns im Großen und Ganzen sehr gut ergänzen. Wir können uns aber auch gut streiten. Sie ist eine sehr besonnene Person, sehr diplomatisch, sehr ruhig. Und ich habe viele neue Projekte und Perspektiven mit hineingebracht. Manchmal ist es auch eine Herausforderung, aber es macht auf jeden Fall Spaß.

CJ: Mir ist aufgefallen, da ich lange mit Helmut und auch vielen anderen Männern zusammen diesen Verlag gemacht habe, dass es da Unterschiede gibt. Oft waren die Männer weniger schnell einverstanden, etwas zu verändern. Umgekehrt ist es für Mitarbeitende nicht immer einfach, dass wir Mutter und Tochter sind.

Auch, weil ihr Frauen seid?

CJ: Leider ist das immer noch überraschend oft ein Problem. Allgemein rechnen viele gar nicht damit, dass Frauen die Redaktionsleitung innehaben. Ich werde regelmäßig als ›Herr Jockers‹ kontaktiert.

EJ: Es ist für viele immer noch schwierig, Frauen in Führungspositionen zu respektieren und ihnen zu vertrauen. Ich merke das, wenn wir Leute zu Bewerbungsgesprächen einladen. Oft ist es so, dass Christel dann schon bei sich im Büro sitzt und ich noch Getränke hole. Für die meisten bin ich sofort die Praktikantin oder vielleicht auch ihre Sekretärin. Die Verwunderung ist groß, wenn ich mich dann dazusetze und am Bewerbungsgespräch teilnehme. Zum Teil wird sogar gefragt, wo unser Chef ist. Da muss ich schon manchmal schmunzeln.

CJ: Das ist fast schon komödiantisch.

ÜBER

CHRISTEL UND ELISABETH JOCKERS

Als Teil einer Großfamilie, die vier Generationen umfasste, wuchs Christel Jockers, Jahrgang 1957, in einem 600-Seelen-Dorf in der Ortenau auf. Sie beschreibt sich als neugierig, schon als Kind: »Ich habe mit allen möglichen Menschen ewige Gespräche über Gott und die Welt geführt. Und ich habe es geliebt mit meiner Urgroßmutter durch Wiesen und Felder zu spazieren. Sie erzählte mir von der Dreifelderwirtschaft, von Heilpflanzen und der Wichtigkeit von Bienen ...«

Mit zwölf Jahren entdeckte sie das Lesen für sich und stillte ihre Neugier dort. »Dostojewski und Puschkin, aber auch Rousseau und Diderot haben mich mit ihren wunderbaren Beschreibungen der Unzulänglichkeiten und Zulänglichkeiten von Menschen zum Lesen verführt.« Es waren Nächte, gefüllt mit dem Rascheln von Buchseiten und dem Flackern von Kerzenlicht.

Anfang der 1970er besuchte Christel Jockers das Gymnasium, begeisterte sich für die Hippiebewegung und lebte nach deren freiheitlichem Denken: vom Minirock in der Schule, wegen dem sie vom Rektor nach Hause geschickt wurde, bis zur gemeinschaftlichen Gründung eines Jugendhauses. »Das war eine schöne Zeit. Ich hatte überall Anlaufstellen, konnte nach Heidelberg oder nach Amsterdam trampen.«

Nach der Schulzeit absolvierte sie ein Praktikum in einer Schule für Menschen mit Behinderung. Ursprünglich hätte sie sich auch vorstellen können, in diesem Bereich zu arbeiten. »1978 habe ich Helmut Schlieper kennengelernt und dann hat mich sozusagen die Liebe nach Freiburg gebracht.« Gemeinsam übernahmen sie den Verlag eines Freundes und gründeten als Quereinsteiger den ›Kultur Joker‹. »Wir waren Idealisten und wollten die Kultur szenenübergreifend fördern. Ich habe immer gelesen und liebe es bis heute, mich mit Menschen zu umgeben, die Tag und Nacht diskutieren können.«

Ohne finanzielles Grundgerüst und mit viel Engagement schafften sie es auch durch harte Zeiten.

Die erste Ausgabe des Kultur Jokers erschien 1989. »Wir haben die Zeitschrift langsam, Stück für Stück aufgebaut. Es war learning by doing und dadurch waren wir vielleicht auch ein bisschen unabhängiger in den Gedanken.« Diese gedankliche Unabhängigkeit hat sie für sich und den Verlag bis heute bewahrt.

»Ich bin mit sehr viel Freiheit aufgewachsen«, erzählt Elisabeth Jockers, die 1996 geboren wurde. Ihre Hausaufgaben machte sie zumeist im Verlag. Nach Schulschluss ging es für sie auf direktem Weg an den Arbeitsplatz ihrer alleinerziehenden Mutter, wo sie schon früh mit Sprache in Verbindung kam, sich besonders gern in der Grafikabteilung aufhielt und neugierig den Mitarbeitenden über die Schulter schaute. Schon damals schrieb Elisabeth Jockers erste Artikel, wie zum Beispiel Vorankündigungen. »Die kamen immer schön rot zurück«, erinnert sie sich schmunzelnd.

Nach dem Abitur absolvierte sie ein Freiwilliges Soziales Jahr in einem Wohnheim für Menschen mit Behinderung – »Eine sehr bewegende und prägende Zeit.« Bis heute besucht sie die BewohnerInnen, geht mit ihnen spazieren oder macht Ausflüge. Von Freiburg ging es für sie nach Köln und London, um Journalismus zu studieren. Sie arbeitete bei Spiegel TV und beim ZDF.

2019 kam Elisabeth Jockers zurück nach Freiburg, stieg nach dem Tod des Verlegers Helmut Schlieper in den Verlag des ›Kultur Joker‹ mit ein und bestritt gleichzeitig das Masterstudium im Fach Gender Studies. Sie resümiert: »Ich glaube, dass mir das FSJ und dann das Studium in den Gender Studies neue Perspektiven eröffnet haben. Da blickt man nochmal neu auf Kultur und Gesellschaft.«

Bücher begleiten sie, auch das hat Elisabeth Jockers mit ihrer Mutter gemeinsam, schon von klein auf. Mittlerweile schätzt sie besonders Literatur, in der sie sich selbst wiederfindet oder die ihrer Generation einen Spiegel vorhält.

Mit ihrer Rückkehr nach Freiburg ist Elisabeth Jockers nicht allein: »Einige meiner Klassenkameradinnen sind damals mit mir nach Köln gegangen und mittlerweile sind alle wieder hier.« Ob es dabei bleiben wird? Mit Blick in die Zukunft meint sie: »Mal sehen, wohin ich nochmal gehe. Mein Weg ist noch nicht zu Ende.«

Die Burgruine Zähringen

Die hochmittelalterliche Burgruine gab dem Fürstengeschlecht, das an der Stadtgründung Freiburgs wesentlich beteiligt war, seinen Namen.

Zwischen grünen Baumspitzen ragt ein einzelner, von Zinnen gekrönter Turm empor. Er stammt aus dem 13. Jahrhundert und diente als Bergfried und letzte Zufluchtstätte im Belagerungsfall. Restauriert wurde der Rundturm im 19. Jahrhundert.

Um zu der Burgruine zu gelangen, passiert man den eher dörflichen Teil Zähringens. Es zählt zu den ältesten Stadtteilen Freiburgs und gab der Burg ihren Namen. Die Ruine selbst gehört heute, ihrem Namen zum Trotz, zu Gundelfingen. Woher genau stammt aber der Name Zähringen? Die Endung ›ingen‹ weist auf einen alamannischen Ursprung hin. So könnte Zähringen nach einem alamannischen Anführer mit dem oftmals in dieser Zeit erwähnten Namen Taro, auch Zaro oder Tarus, benannt

worden sein. Eine andere, als weniger wahrscheinlich eingestufte Deutung, geht auf das alte deutsche Wort ›Zären‹ zurück, das Tränen und als Verb weinen bezeichnete.

Regenbenetzter Farn breitet sich am Wegesrand aus, nachdem ich das Wohngebiet passiert und den Wald betreten habe. Verbunden sind Burg und Stadtteil durch den Reutebach. Als neues Naherholungsgebiet mit Brücken über den Bach, Ruhebänken, Rastmöglichkeiten und befestigten Nistplätzen für Vögel wurde die Altbachschlucht in den beginnenden 1970ern eingeweiht. Es raschelt und rauscht hier im Wald. Von weitem sehe ich einen Specht, der sich hektisch nach rechts und links umblickt, um dazwischen immer wieder mit seinem Schnabel in einen Baum zu hacken.

Das Waldrestaurant Zähringer Burg liegt nicht weit von seinem Namensgeber entfernt. Seine Geschichte hängt mit der der hochmittelalterlichen Ruine zusammen. Vermutet wird an seinem Standort die einstmalige Waffenschmiede der Zähringer. Erstmals erwähnt wird 1655 ein Gehöft an dieser Stelle. Die damaligen BewohnerInnen lebten von Ackerbau und Viehwirtschaft. Seit Ende des 18. Jahrhunderts wurden Menschen an dieser Stelle verköstigt, daneben betrieb man Landwirtschaft. Eine Postkarte aus dem beginnenden 20. Jahrhundert bezeichnet das Gebäude als das ›Haus des Schlosswächters‹. Seit 1966 kann der Schlüssel zum Turm bei der Gaststube ausgeliehen werden.

Der Regen der Nacht hat sich in die Furchen des Weges gegraben und Schlamm hinterlassen. Weiter oben, zwischen den Zweigen der Bäume schimmert ein dicht bewachsener Tümpel. Es riecht erdig und waldig. Kurz darauf entdecke ich erste Mauerfragmente, von Wurzeln durchbrochen. In der Erde des Zähringer Burgbergs sind einige Spuren, darunter Werkzeuge, Schmuck und Baureste gefunden worden, die auf seine Vergangenheit und wechselnden BewohnerInnen schließen lassen. Bei Forschungsgrabungen entdeckte man Siedlungsspuren aus der Steinzeit um etwa 4000 vor Christus und in Form einer Holz-Erde-Mauer von den frühen Kelten.

Seine Struktur erhielt der Berg, bevor die Burg dort erbaut wurde. Die terrassenartige, von Steinwällen und Mauern befestigte Form legten germanische Kriegerver-

bände in der Spätantike an. Rund 200.000 Kubikmeter Steinmaterial gewannen sie in der Gipfelregion und nutzten sie für die Umgestaltung des Bergs. Strahlenförmig ordnete man das Steinmaterial um den Gipfel an und füllte die Zwischenräume mit Erde und Steinen. Die gefundenen Grundmauern und Pfostenlöcher deuten darauf hin, dass hier im vierten beziehungsweise fünften Jahrhundert, eine alamannische Höhensiedlung stand.

Die Burg selbst wurde 1128 erstmals urkundlich erwähnt, bestand aber vermutlich schon um 1090. Sie stellte eine wesentliche Grundlage der Herrschaft der Zähringer dar. Bis ins 12. und 13. Jahrhundert blieb sie Handlungsort für allgemeine Rechtsgeschäfte und war sogar namensgebend für die Adelsfamlie.

Bei den Zähringern handelt es sich um dasjenige Geschlecht, das Freiburg das Markt- und Stadtrecht verlieh. Wiederholt zerstört wurde die Zähringer Burg im Zuge der Auseinandersetzungen mit den Grafen von Freiburg. Auf wechselnde Besitzer nach dem Aussterben der Zähringer folgte die endgültige Zerstörung der Burg, vermutlich 1525 im Bauernkrieg. Zwanzig Jahre später vermerkt der Kosmograph Sebastian Münster in seinem Hauptwerk: »(a)uf einem berg ein zerbrochen Schloß ligt, daz hat Zaeringen geheißen«.

Moosbewachsene Mauerfragmente weisen mir den Weg zum ehemaligen ›Schloß‹. Die Bäume lichten sich und ein kleines Plateau breitet sich vor mir aus.

Endlich kann ich den Turm von Nahem betrachten. Efeu rankt

sich an der gemauerten Freitreppe empor. Steinerne Treppenstufen schmiegen sich an das Mauerwerk, bis man am unteren Turmdrittel eine Tür erreicht.

Die Burg wird besonders für den Blick über die Höhen des Schwarzwalds und herunter in die Rheinebene geschätzt. Für Wanderungen und auf der Suche nach Ruhe und Weite bietet sie eine gute Anlaufstelle. Die Burschenschaft ›Teutonia‹, eine der ältesten Freiburgs, begeht seit etwa 180 Jahren ihr Stiftungsfest auf dem Turm. 1965 starb ein Mitglied, als während des Treffens ein Blitz einschlug. Seither erinnert ein von Efeu gerahmter Gedenkstein an den Verunglückten und ein Schild warnt vor Gefahr bei Gewitter.

Als Großherzog Leopold I. von Baden die Gebäudereste 1830 besichtigen wollte, war das Gelände verwildert, die Ruine zugewachsen und in einem sehr schlechten Zustand. Auf die Schnelle wurden für seinen Besuch Zwischenböden eingezogen, ein hölzerner Treppenaufgang angebracht und die Zinnen befestigt. Ein atemberaubender Blick muss sich dem Großherzogenpaar vom Turmplateau geboten haben. Leider ist der Turm bei meinem Besuch wegen Bauarbeiten geschlossen. Eine blau gestrichene Eisentür gewährt normalerweise Zutritt zum hochmittelalterlichen Gemäuer und damit zur Aussicht auf die weite Landschaft, die sich zu allen Seiten erstreckt. Beinahe fürstlich muss man sich dort oben fühlen.

Wer einen Fuß hineinsetzt, den umhüllt sofort der Klang des Waldes.

ULMIA

VERONIKA ROTH

Bildhauerin, Schreinerin und Designerin

KLOSTERWEIHER BEI HORBACH

»Ich bin im Südschwarzwald angekommen und habe hier Wurzeln geschlagen.«

Aprilwetter umgibt uns am Klosterweiher. Dicke Flocken verschmelzen mit der Wasseroberfläche. Am anderen Ufer ragt ein blühender Kirschbaum ins Bild. Im Herbst, so erzählt mir Veronika Roth, versammeln sich hier im Moos alle möglichen Pilze und die Sträucher hängen voller Blaubeeren. Ein Graureiher beobachtet uns aus sicherer Distanz, den Kopf stolz erhoben.
Später, in der Wärme und Gemütlichkeit ihres Ateliers, den Duft des Holzes in der Nase, tauche ich ins Gespräch mit Veronika Roth ein. Sie lacht viel und herzlich, macht Musik und tanzt durch die Höhen und Tiefen ihres Lebens. Trotz aller Schwere hat sie ihre Leichtigkeit nicht verloren.

Wie kam es, dass du Bildhauerin wurdest?

Ab meinem vierzehnten Lebensjahr habe ich im väterlichen Atelier mitgearbeitet. Eigentlich habe ich immer gesagt, dass ich nie Künstlerin werde. Das kam dann von alleine. Einer meiner Freunde hat sich auf der Bildhauerschule beworben und mir davon erzählt. Das inspirierte mich zu dem Entschluss, es ihm gleich zu tun. Zu der Zeit habe ich mich neu orientiert. Ich wäre sonst nie dorthin gegangen und von zu Hause wurde ich auch nie gedrängt, Bildhauerin zu werden. Ich kam in die heiligen Hallen, in denen schon mein Vater in den 1960ern und mein Großvater 1927 ihre Ausbildung zum Bild-

»Sommers wie winters«

Die Bildhauerin Veronika Roth *fühlt sich sehr wohl im Südschwarzwald. Fester Bestandteil ihres Alltags ist der Klosterweiher.*

hauer gemacht haben. In drei Jahren habe ich dort in Vollzeit eine Holzbildhauerlehre gemacht und mit der Gesellenprüfung abgeschlossen. Eine tolle Zeit!

Arbeitest du lieber abstrakt oder naturalistisch?

Am liebsten mache ich Möbel aus ganzen Baumstämmen in abstrakten Formen. Ich habe aber auch Porträts gemacht, die sehr gelungen sind. Mein Vater hat immer naturalistisch gearbeitet. Das habe ich bei ihm auch gelernt. Ich kann beides, liebe es aber, eher abstrakt zu formen.

Wenn ich abstraktere Dinge schaffe, fange ich an und weiß grob, was es werden soll. Aber ich habe keinen Schimmer, wie es am Ende genau aussehen wird. Das ist das Spannende dran. Und dann, dann formt man und manchmal passiert es, dass eine faule Stelle im Holz kein Verhängnis, sondern ein ungeahnter Glücksfall ist, weil wieder ein spannendes Element dazukommt. Zum Beispiel gibt es einen Hocker von mir. Der war ursprünglich ein Holzklotz in einem Garten in Bayern. Und alle haben gesagt, dass er nicht einmal mehr fürs Lagerfeuer taugt. Ich wollte unbedingt wenigstens einmal reinschneiden, habe ihn schräg aufgeschnitten, und schließlich ist ein wunderschön gemaserter, blattförmiger Hocker daraus entstanden.

Das heißt, oft gibt dir dein Material Holz die Gestaltung vor?

Es ist so, dass ich im Grunde genommen in dem Beruf oft im Zwiespalt bin. Ich bin immer fix und fertig, wenn ein Baum umgesägt wird. Das ist natürlich ganz schlecht, wenn ich mit Holz arbeite. Aber ich habe mich so mit mir geeinigt, dass ich sage, ich kann zumindest diesen Bäumen noch ein zweites Leben schenken. Es ist nicht so, dass ich auswähle, welcher Baum für meine Arbeiten gefällt werden soll. Am liebsten arbeite ich mit Bäumen, die zum Beispiel ein Sturm gerissen hat.

Mir ist eigentlich eher meine Beziehung zu den lebendigen Bäumen wichtig und zu all den Pflanzen. Holz ist so lebendig. Selbst wenn der Baum umgesägt ist, atmet das Holz weiter, nur der Rhythmus ist ein anderer als unserer, langsamer. Holz bleibt lebendig bis es verbrannt oder zu Humus geworden ist. Bis zum Schluss ist es Lebensraum für Millionen Organismen.

Zwischendurch modelliere ich auch gern in Ton. Dort kann man auftragen und wieder abtragen, wie es einem beliebt. Außerdem mag ich das Material Stein. Damit arbeite ich leider nur selten. Solange ich Aufträge habe, habe ich gar nicht die Zeit dazu. Die Zeit neben der Arbeit gehört meinen Kindern und meinen Hobbies wie Harfe lernen oder nähen.

Du hast lang in Bayern gelebt. Fühlst Du Dich im Südschwarzwald wohl?

Ich habe hier unglaublich viele gute Menschen, vorwiegend Frauen, kennenlernen dürfen. Ich glaube, dass ich knapp 30 Frauen aufzählen kann, die mir sehr am Herzen liegen und gleichgesinnt sind. Zum Beispiel haben wir während der Pandemie angefangen, einen Gemeinschaftsacker zu bewirtschaften – nicht nur die Frauen, sondern auch die dazu gehörigen Männer.

Ein liebes Ehepaar stellt das Grundstück zur Verfügung und seit drei Jahren dürfen dort zehn Familien fröhlich gemeinsam gärtnern. Wir machen Frauenkreise mit Lagerfeuer, Musik, geführten Meditationen, Liedern und Ritualen, die unseren Alltagsstress abbauen und uns auffüllen für die nächste Runde. Unter anderem am Klosterweiher. Der begleitet mich sommers wie winters. Ich bin öfter hier, kann hingehen und fühle mich immer wohl in der bezaubernden Natur, die in jeder Jahreszeit ihren Reiz hat. Mit Freunden kann ich mich dort treffen oder auch alleine den friedlichen Weiher genießen.

Ich bin im Südschwarzwald angekommen und habe hier Wurzeln geschlagen. Trotzdem ist mein Herz auch noch sehr stark in Bayern. Zwischendurch kommen das Heimweh und die Sehnsucht. Beides gehört dazu.

ÜBER
VERONIKA ROTH

»Ein wunderbares Gesamtpaket« – so beschreibt Veronika Roth rückblickend ihr Aufwachsen auf einem Bauernhof am Tegernsee. In eine Großfamilie wurde sie 1978 hineingeboren. Ihre Mutter, die der Kunst verbunden war und Opernsängerin werden wollte, aber den Hof übernehmen musste, ihr Großvater mit der Landwirtschaft und ihr Vater mit seinem Bildhaueratelier, in dem er lebensgroße Bronzefiguren erschuf, die in Gemeinden um den ganzen Tegernsee zu finden sind, prägten Veronika Roth.

Nach der Schule, in einer Ausbildung zur Zahntechnikerin, widmetet sie sich bereits dem Modellieren. »Ich habe damals handwerklich extrem viel gelernt, was mir auch heute als Bildhauerin hilft. Aber richtig glücklich machte mich die Zahntechnik nicht«, erzählt sie. »Also habe ich sie losgelassen und so Sachen gemacht wie Behindertenbetreuerin, Dessousverkäuferin und Sennerin.«

In die Zahntechnik kehrte sie dann noch einmal kurz zurück, um ihrem damaligen Lebensgefährten die Heilpraktikerschule finanzieren zu können. »Man macht es halt aus Liebe«, meint sie achselzuckend.

Nach der Trennung von diesem Lebensgefährten orientierte sich Veronika Roth neu und bewarb sich 2005 an der Bildhauerschule. Es begann eine glückliche Zeit, auf die sie heute noch gern zurückschaut.

Damals lernte sie Andreas Hagn kennen – erst ihr Mitbewohner, später Ehemann. »Und kaum hatte ich die Gesellenprüfung, war ich schwanger. So habe ich das geplante Bildhauerstudium bleiben lassen und mein Meisterstück liebevoll inwendig modelliert – unseren Sohn Noah.« Zwei Jahre später folgte eine sehr schwere Zeit. »Da hat uns das Leben plötzlich überholt. Mein Mann ist nach kurzer und schwerer Krankheit gestorben«, erzählt Veronika Roth. »Und dann stand ich allein da mit unserem Bübchen und habe mich erst einmal irgendwie wieder sortiert.« In den Schwarzwald kam sie fünf Jahre später. Ein Mann und für ihren Sohn die Freie Waldorfschule in Dachsberg lockten sie dorthin und sofort war sie wieder schwanger. Tochter Hannah wurde geboren.

Es folgte ein neuerlicher Tiefschlag. »Vor sieben Jahren hätte ich selbst fast diese schöne Welt verlassen. Eine Krankheit hat mich für drei Monate von meinen Kindern weggerissen. Auch das gehört zu mir und meinem Leben.« Mittlerweile kann sie gut mit ihrer Krankheit leben. »Trotz der Schicksalsschläge bin ich dankbar für mein Leben, denn ich wäre sicher nicht die, die ich jetzt bin – und was ich bin, gefällt mir.«

Veronika Roth verließ ihren Partner, nicht aber den Südschwarzwald. Noch heute empfindet sie das als die richtige Entscheidung.

In erster Linie sieht sie sich als Mutter und ist auf ihre Kinder unheimlich stolz. Sie arbeitet als Bildhauerin, Schreinerin und gibt außerdem Kurse für Kinder und Erwachsene. In ihrem künstlerischen Schaffen ist sie nicht so frei, wie sie es gern wäre. Zumeist muss sie sich Auftragsarbeiten widmen.

Sobald ihre Kinder groß sind, möchte sie sich in ihrer Bildhauerei wieder mehr entfalten und weiter mit Gesang und diversen Instrumenten wie Geige, Harfe und Akkordeon ihrer Leidenschaft für Musik folgen. Sie träumt von Reisen, vom Konzertegeben und der Rückkehr auf die Alm, auf der sie früher schon einmal war. Eine Zeit, die sie sehr geprägt hat.

In der geschützten, sich frei entfaltenden Natur des Klosterweihers spürt man Frieden.

Klosterweiher

Der bei Horbach gelegene Klosterweiher samt der nahen Friedrich-August-Grube geben seltenen Arten ein Zuhause. Sie versprechen Entdeckung und Erholung.

Eine Brise lässt die Wasseroberfläche erzittern. Auf ihr spiegeln sich Wald und blauer Himmel. Unter der Oberfläche, vor meinen Blicken versteckt, schwimmen Fische. Zander, Hecht, Schuppenkarpfen, Spiegelkarpfen, Schleie und Rotfedern-Rötel sollen sich hier tummeln. Im 18. Jahrhundert wurde der Klosterweiher als Fischweiher für das sechs Kilometer entfernte Kloster Sankt Blasien aufgestaut. Gespeist wird er vom Ottlisbach. Der Weiher liegt in einer Karmulde, die während der Würmeiszeit entstand und später vermoorte. Zum Teil sind an seinen Randbereichen noch kleine Flachmoore zu finden. Auch das nahegelegene Horbacher Moor, eines der ältesten Naturschutzgebiete Baden-Württembergs, ist in einer eiszeitlichen Karmulde entstanden, wurde aber – anders als der Klosterweiher – nie aufgestaut. Bereits das althochdeutsche Wort *wīwāri*, aus dem ›Weiher‹ hervorging, bedeutete so viel wie ›Tiergehege, Fischteich, Fischkasten‹. Ein Graureiher blickt von der anderen Uferseite aus herüber. Er bedient sich so wie einige Fischer- und AnglerInnen noch heute gern am ehemals klösterlichen ›Fischkasten‹. Der nordwestliche Teil des Klosterweihers gehört zum Naturschutzgebiet Friedrich-August-Grube. Etliche geschützte Pflanzen und Kleinstlebewesen sind in diesem Biotop zu finden. Zum Beispiel laichen dort zahlreiche Frösche und Kröten, auf der nahen Wiese wachsen Sonnentau und weitere Orchideen. Besonders stark gefährdete hier ansässige Pflanzen sind Fieberklee, Blutauge und Zwerg-Igelkolben.

In der nahen Friedrich-August-Grube wurden zu Beginn des 19. Jahrhunderts schwefelhaltige Erze für das Vitriolwerk Todtmoos gefördert. Vitriol war ein Grundstoff zum Färben, Beizen und Gerben. Außerdem wurden aus den Hotzenwälder Steinen bei der Vitriolgewinnung weitere Chemieprodukte hergestellt. Ihren Namen verdankt die Grube dem badischen Bergrat Dr. Friedrich August Walchner, der 1847 Nickelmagnetkies im dortigen Gestein erkannte. Das Nickelmagnetkies-Vorkommen hat seinen Ursprung in der Kristallisation heißer Magmen. Bis zu vierzig Zentner Nickelerz wurden in den 1850ern täglich gewonnen. Ab 1866 baute man in der Friedrich-August-Grube Nickel für das Schweizer Münzwesen ab – der Schweizer Rappen war die erste Nickelmünze der Welt. Mit Beginn des Ersten Weltkriegs stieg das Interesse an Nickel stark, die Rüstungsindustrie nutzte es zur Stahlhärtung beim Waffenbau. Als das Gestein fast vollständig abgebaut war und nur noch bedeutungslose Reste übrig waren, lag die Grube ab den endenden 1930ern still und die Stollen wurden zugesprengt. Übrigens gelangte Nickel zu seinem Namen, weil es ehemals als unnützes Metall galt. ›Nickel‹ bedeutete so viel wie ›Taugenichts‹ und drückte die Enttäuschung aus, wenn man dieses statt Kupfer gefunden hatte. Ähnlich erging es Kobalt – ein ehemals unnützes Metall, das einem, so der Aberglaube, von Kobolden untergejubelt worden war, nachdem sie das ähnlich aussehende Silber gestohlen hatten.

Der Bergbau spielte im Schwarzwald immer eine große Rolle. Seine Spuren reichen zurück bis in die Steinzeit, wie archäologische Funde zeigen. Seine Blütezeit hatte er im Mittelalter und der Frühen Neuzeit. Der Reichtum von Städten wie Basel und Freiburg oder auch des Klosters Sankt Blasien beruhte nicht zuletzt auf den Einkünften aus Bergwerken. In der Region rund um den Klosterweiher wird der Bergbau erstmals 1328 urkundlich erwähnt. Ein Bergbauwanderweg verbindet die Friedrich-August-Grube und das Mineralienmuseum Gottesehre in Urberg miteinander. Der Ort Urberg wurde vermutlich im Mittelalter durch Bergleute besiedelt, die in den umgebenden Bergwerken Rohstoffe abbauten. Auch oberhalb des Klosterweihers existierte ein Berg-

baudorf, das vollständig verschwunden ist. Urberg und der Weiher liegen auf dem Gebiet der Gemeinde Dachsberg. Über den Ursprung ihres Namens herrschen verschiedene Theorien, unter anderem wird er auf das schwarz-weiß gezeichnete Tier zurückgeführt, zum Teil auf das keltische Wort ›Daig‹, das als ›Licht der Sonne‹ übersetzt werden kann. Bei der Begegnung mit Veronika Roth arbeitet sie gerade an einem Dachs, einer Holzskulptur für die Gemeinde. Ehemals bezeichnete Dachsberg einen Berg und ein Gebiet, seit 1971 eine Gemeinde bestehend aus den ehemals eigenständigen Gemeinden Urberg, Wittenschwand, Wolpadingen und Wilfingen. Übrigens war Wolpadingen Einungsort der Grafschaft Hauenstein, in der die berühmten

Bauernaufstände des Hotzenwalds, Salpetererunruhen genannt, stattfanden. In mehreren Konflikten kämpften freie Bauern im 18. Jahrhundert für die Bewahrung ihrer Rechte und Freiheiten.

In der geschützten, sich frei entfaltenden Natur des Klosterweihers spürt man Frieden. Ein Gefühl, dem sich Annette von Droste-Hülshoff 1844, inspiriert von einem anderen Gewässer, in den Schlussversen ihres Gedichts ›Der Weiher‹ widmet: »Schwertlilienkranz am Ufer steht | Und horcht des Schilfes Schlummerliede; |Ein lindes Säuseln kommt und geht, |Als flüstr' es: Friede! Friede! Friede! –« Ich kehre dem friedlich daliegenden Weiher den Rücken und gehe über den Uferpfad zurück zum Tor. Es wird nicht mein letzter Besuch sein.

JUTTA ROTHE

Gründerin von Raumgestalt

RAUMGESTALT IN BERNAU

»Ich mag Dinge, wenn sie einen Gedanken dahinter haben.«

Der 300 Jahre alte Schwarzwaldhof war lange Jutta Rothes Zuhause und beherbergt die von ihr gegründete Firma Raumgestalt. Zielstrebigen Schrittes zeigt sie uns das von ihr geschaffene Reich. ›herrlich‹, ist auf einem Teppich zu lesen und herrlich ist es hier. Die Dielen knarzen und ich genieße den Duft der Brotzeitbretter, die frisch geölt auf ein neues Zuhause warten. Wolkenleuchten hängen von dunklen Holzbalken, Nägel mit Köpfen in allerlei Formen finden sich auf Notizblöcken und Schlüsselbrettern wieder. Vieles gibt es zu entdecken. Und mittendrin: Jutta Rothe. Zufriedenheit und Tatendrang strahlt sie aus.

Ihr Herz schlägt fürs Gestalten und Einrichten. Wie nahm diese Leidenschaft ihren Anfang?

Schon mit 13 Jahren habe ich mir zu Weihnachten kein Fahrrad oder Ähnliches gewünscht. Ich habe mir einen Tisch mit zwei Stühlen gewünscht. Das habe ich dann auch bekommen. Natürlich, der damaligen Zeit entsprechend, einen Nierentisch mit einer Resopalplatte. Und die Stühle waren gelb und rot, aus Plastik. Das war für mich viel wichtiger als irgendetwas anderes, wichtiger als zum Beispiel Klamotten. Das fand ich interessant. Einrichten und Gestalten war eigentlich immer mein Thema.

»Ein Kreis, der sich schließt«

Für die gebürtige Rheinländerin Jutta Rothe *schloss sich rückblickend ein Kreis, als sie 1998 in den Schwarzwald zog und Raumgestalt gründete.*

Mein Vater hatte eine Baufirma. Nach dem Krieg ist sein Architekt gestorben. Und alleine hatte er sich das nicht zugetraut. Er hat aus irgendwelchen Gründen, ich kann ihn ja nicht mehr fragen, mit Puppenmöbeln angefangen und eine Spielwarenfabrik gegründet. Das ist mir gar nicht so bewusst gewesen, bis ich einmal vor etwa 15 Jahren bei dem Designer war, der für meinen Vater gearbeitet hat, und er hat mir ein Fotoalbum geschenkt. Ich habe die Fotos durchgeschaut und daraufhin gedacht: Oh Gott, du machst ja das gleiche in groß. Verrückt, oder? Es ist nicht so, dass die Firma abgetrennt von der Familie war. Ich habe mir da mein Taschengeld und meine Reisen verdient. Trotzdem hatte ich diese Ähnlichkeit zu dem, was ich mache, nicht mehr auf dem Schirm.

Es kommt mir so vor, als ob es ein Kreis ist. Ein Kreis, der sich schließt. Es schließt sich bei jedem irgendwann ein Kreis. Das finde ich mordsmäßig spannend.

Und wie entstanden Ideen für neue Produkte?

Es ist nicht so, dass ich hingehe, mich an den Schreibtisch setze und denke: Oh, was kann man jetzt mal Schönes gestalten. Man geht wach durch die Gegend und man überlegt sich, was man haben möchte. Ich wollte gerne mal ein schönes Tablett haben, das aber ein bisschen anders ist als sonst. Ich habe eines aus Holz gemacht. Ein bisschen unkonventionell in der Form. Wenn ich dann mein Tablett nehme und nach oben gehe in meine Privaträume, dann kommt ein Glas drauf, Brot und Joghurt oder was man halt so isst und dann will ich das auch gleich als Essbrett benutzen. Und dann habe ich gedacht: Da möchte ich jetzt noch eine schöne Porzellanplatte drauf machen. So war dann die Form der Porzellanplatte da. Es entwickelt sich immer alles aus allem.

Oft haben die Produkte von Raumgestalt poetische Namen oder Anklänge. Ich denke da zum Beispiel an ›Eine Tüte Licht‹ oder die ›Wolkenleuchte‹. Entspricht das Ihrem Blick auf die Welt?

Ich bin, um es ganz klar zu sagen, ein emotionaler Mensch. Ich kann zwar, wenn ich mich zwinge, rational denken. Wenn man so eine Firma aufbaut und führt, dann muss man auch lernen, rational zu denken, gar keine Frage. Aber lieber denke ich emotional und handle auch lieber emotional.

Und ich mag Dinge, wenn sie einen Gedanken dahinter haben, wenn man ein bisschen nachdenken muss. Zum Beispiel diese Platte heißt bei uns Sushiplatte, weil sie so etwas Japanisches hat.

Ich selbst bin nicht so poetisch veranlagt, würde ich mal sagen. Mir macht aber das Spiel mit den Wörtern Spaß.

herrlich

ÜBER
JUTTA ROTHE

Geboren wurde Jutta Rothe 1945 im Rheinland, genauer zwischen Düsseldorf und Köln. Früh heiratete sie, denn, so erzählt sie: »Entweder man blieb bei den Eltern oder man heiratete. Andere Möglichkeiten gab es damals ja nicht. Und da habe ich mich fürs Heiraten entschieden.«

Auf die Heirat folgten Kinder. Und dann: Langeweile. Gemeinsam mit ihrem damaligen Ehemann gründete Jutta Rothe daher eine Werbeagentur. 20 Jahre lang führten sie diese erfolgreich.

Wo der Schwarzwald wirklich ist, wusste Jutta Rothe lange nicht. Nach Freiburg kam sie durch einen Zufall. Ein neues Kontaktlinsenmaterial kam auf den Markt, das sie ausprobieren wollte. Dafür wurde sie nach Freiburg verwiesen und mochte die Stadt auf Anhieb.

Als sie dann aus Ehe und Firma ausstieg, kam Freiburg ins Spiel. Anfang der 1990er zog es sie auf ihrer Sinnsuche in den Schwarzwald. Vorerst lebte Jutta Rothe damals in einem Nachbarort Bernaus. Ein Schild an einer Gaststätte mit der Aufschrift ›Haus zu verkaufen‹ ebnete den weiteren Weg: »Ich wusste, dass ich nicht zurückgehe. Bleibe ich einfach hier, dachte ich«.

Und sie blieb. Über 30 Jahre ist es nun her, dass sie den alten Schwarzwaldhof in Bernau kaufte. Hier machte Jutta Rothe ihre Leidenschaft für die Gestaltung von Räumen 1998 zum Beruf. Eine Erfolgsgeschichte. Heute werden im alten Stall Pakete gepackt, auf dem Heuboden lagert die Rohware. Zeit- und schnörkellose Produkte werden hier auch teilweise gefertigt. Raumgestalt ist eine feste Größe in der Einrichtungsbranche.

Als ich Jutta Rothe darauf anspreche, dass sie mit ihrer Firma etwas Großartiges geschaffen hat, reagiert sie nachdenklich: »Das kann man selbst so nicht sehen. Es ist ein Kompliment für mich, aber ich finde, ich habe einfach etwas gemacht.« Auch sieht sich Jutta Rothe nicht als Designerin, weil sie in diesem Bereich nie ein Studium absolviert hat. Vielmehr sieht sie sich als Gestalterin und ist sich dessen bewusst, dass sie eine Gabe fürs Kombinieren hat: »Wenn man sie hat, ist es ein Geschenk.«

Innerhalb der ersten Sekunden kann Jutta Rothe sagen, ob sie sich in Räumen wohlfühlt. Nicht der konkrete Stil ist für sie entscheidend, sondern das Gesamtbild: »Stimmt es oder stimmt es nicht?« Auf in ihren Augen große Unstimmigkeiten reagiert sie stark, sogar mit körperlichem Schmerz.

Als Jutta Rothe vor zwei Jahren wegen einer Corona-Erkrankung in Quarantäne war, setzte sie sich hin und nahm Zettel und Stift in die Hand: »So, jetzt überlegst du mal, was du alles noch in deinem Leben möchtest.« Mit auf der Liste: die Firma verkaufen. Mittlerweile hat Jutta Rothe einen Käufer gefunden. Ganz aus der Welt wird sie aber nicht sein. FreundInnen, ihre Katze Stanzerl, benannt nach der Frau ihres Lieblingskomponisten, Constanze Mozart, und eine kleine Wohnung in ihrem Hof warten auf sie, wenn sie zu Besuch in den Südschwarzwald kommt.

Mit 78 Jahren beginnt für Jutta Rothe nun ein neues Kapitel an einem neuen Ort – in Hamburg, am anderen Ende Deutschlands. Lächelnd erklärt sie: »Heimat ist da, wo ich mich wohlfühle und wo die Menschen sind, die ich mag.«

»Schon mit 13 Jahren habe ich mir zu Weihnachten nicht irgendetwas, kein Fahrrad oder Ähnliches, gewünscht. Ich habe mir einen Tisch mit zwei Stühlen gewünscht.«

Bernaus Schwarzwaldhäuser und Raumgestalt

Ein etwa 300 Jahre alter Schwarzwaldhof in Bernau beherbergt Raumgestalt. Die Geschichte dieser Häuser reicht weit zurück.

›Bernauer Tal mit Herzogenhorn‹. Diesen Titel trägt ein 1860 entstandenes Gemälde von Hans Thoma, berühmter Sohn der Gemeinde Bernau, dem dort ein Museum gewidmet ist. Dunkel versammeln sich Wolken auf dem oberen Bilddrittel. Nur ganz rechts ist ein kleiner Streifen Blau zu sehen. Ein angedeuteter Wanderer hält am unteren Bildrand inne. Hinter ihm erstreckt sich das Tal mit seinen bräunlich-grünen Wiesen und einzelnen Schwarzwaldhäusern, von Walmdächern geschützt. Den Wald im Rücken duckt sich ein Dorf in die Landschaft, eine Kirche in seiner Mitte. Ein Bergmassiv ragt dahinter auf, zum Teil von Schnee bedeckt, der nach unten hin, nur noch in einzelnen Pinselstrichen angedeutet, dem wärmeren Klima weicht.

Blickt man zurück, so war der Schwarzwald mit seinem rauen Klima und dem unwegsamen Gelände lange Zeit nicht bewohnt, nur an seinen Rändern. Erst im Mittelalter wurde er zunehmend besiedelt. Zwischen dem 8. und 11. Jahrhundert, als die guten Böden vergeben, die Siedlungen im Breisgau, des Neckarraums, in der Ortenau, der Rheinebene und der Baar ausgebaut waren, begannen erste Rodungen. Flächen im Schwarzwald wurden dann besonders in der zweiten Hälfte des 11. Jahrhunderts für Klöster erschlossen, die reiche Landschenkungen erhielten. Im Falle Bernaus handelte es sich um das Kloster St. Blasien. Bewirtschaftet wurde das erschlossene Land von zugezogenen Bauern, die einige Anreize und einen Streifen Land als Lehen bekamen. Nach den Pestjahren 1382 und 1384 und dem Hungern und Sterben der Bevölkerung lagen etwa ein Drittel bis zur Hälfte der Lehen brach. Die Grundherren waren deshalb gezwungen, den Bauern größere Lehen mit mehr Ertrag zur Verfügung zu stellen. Dass der bäuerliche Betrieb zunehmend ertragreicher wurde, hatte vermutlich Auswirkungen auf den Bau der Schwarzwaldhöfe – mehr Platz war gefragt und daher wurden die noch vorhandenen alten Häuser im 16. Jahrhundert durch Neubauten ersetzt.

Die Schwarzwaldhäuser unterschieden und unterscheiden sich bis heute je nach Region, Klima und Lage. Begeistert zeigt sich der Architekt Ludwig Schmieder 1924 von den Bernauer Schwarzwaldhäusern: »Im Vergleich zu der Weite des Tales und der Höhe der Bergwände erscheinen die Höfe winzig klein, an der Größe der Menschen gemessen, die im einsamen Tale mit Findlingen und dem Holze der benachbarten Wälder sich diese Jahrhunderte überdauernden Wohnstätten geschaffen haben, sind es gewaltige, staunenerregende Bauwerke.«
Frühlingsnebel hängt in den Tannenspitzen des Waldes. Daneben umgeben Weiden und Wiesen das knapp 900 Meter hoch gelegene Dorf Bernau. Wie ein eckiger Hut sitzt das Halbwalmdach des 300 Jahre alten, denkmalgeschützten Schwarzwaldhofs von Jutta Rothe auf seinen holzschindelgeschuppten Mauern. Nach unten hin, wo die Schindelfassade endet und der Kellersockel beginnt, werden diese Mauern breiter – fest ist der

Hof im Boden Bernaus verankert. Jutta Rothe führt uns durch ihr Reich: »Das Gebäude hat zwei Schornsteine, war also ein Zwei-Familien-Bauernhof. Das ist eher ungewöhnlich«, erklärt sie uns. Ungewöhnlich ist auch die Lage des Gebäudes, weil es nicht parallel zum Hang steht wie viele der alten Schwarzwaldhäuser. Jahr für Jahr ließ Jutta Rothe den alten Hof renovieren und ausbauen. Auch der Ökonomieteil bietet mittlerweile Platz für Raumgestalt. Die ›Ifahr‹ zum Beispiel, heute ein zusätzlicher Eingang, wurde ursprünglich als Hocheinfahrt in den Dachraum genutzt, die mittels einer Erdrampe, bei einigen Häusern auch über eine Brücke, befahrbar war. »Pferd und Wagen kamen hier hoch, das Heu wurde reingebracht und rechts

und links heruntergeworfen«, so Jutta Rothe. Die alten Dachbalken sind frei im Raum zu bewundern und harmonieren als rustikale Leinwand mit den minimalistischen Produkten von Raumgestalt. Eine Treppe führt nach unten. »Hier sind wir in dem alten Stall. Wo wir jetzt Pakete packen, waren früher Tiere.« Ein wenig Tier ist im ehemaligen Stall noch zu finden. Neugierig blickt die Katze Stanzerl auf, die es sich auf der Arbeitsfläche gemütlich gemacht hat. Über einen Gang geht es in den Wohnteil. Wand- und Deckentäfelungen zieren die barocke Wohnstube. Die Decken sind niedrig, vieles erinnert an die Vergangenheit. Zum Beispiel auch der alte grüne Kachelofen, die ›Chuscht‹. Schön muss es sein, sich an kalten Winterabenden auf der warmen Sitzfläche auszuruhen. Raumgestalt ist auch hier allgegenwärtig. Auf einem minimalistischen Porzellantablett bietet uns Jutta Rothe Kekse an. Wie bei seinen BewohnerInnen vor etwa 300 Jahren waren Arbeiten und Wohnen in diesem Schwarzwaldhaus viele Jahre lang in Jutta Rothes Alltag miteinander verknüpft.

Das Abenteuer Raumgestalt begann in den 90ern. Jutta Rothes Mut, ihre guten Ideen und Leidenschaft für Einrichtungsdesign ebneten den Weg. Gemeinsam mit einem Schreiner entwickelte sie im Jahr 2000 Lamellen-Möbel aus Holz, die heute Klassiker-Status haben. Ein Jahr später machte die von Tanja Schickert designte ›Sinnvolle Schokolade‹ die Design-Manufaktur mit einem Stern-Artikel europaweit bekannt. Große Erfolge brachte auch die 2003 erfundene ›Eine Tüte Licht‹. Hauptsächlich jedoch arbeitet Raumgestalt mit Holz und bleibt damit der Schwarzwälder Heimat treu.

Die Bearbeitung von Holz hat nämlich eine lange Tradition im Schwarzwald. Vom Häuserbau mit Schindeln und Balken über die weitgereisten holländischen Schiffsmasten aus Schwarzwälder Holz bis zur Holzschnitzerei. Das Handwerk der ›Holzschneflerei‹, bei der mithilfe eines Ziehmessers Feingeschnittenes aus Holz hergestellt wurde, kann heute im Bernauer Museum Resenhof nachvollzogen werden. Um 1850 gab es mehr als 200 Schnefler in Bernau und über 280 verschiedene Artikel stellten Bernauer Schnefler zeitweise her. Aus der Herstellung von Gebrauchswaren wie Löffel, Teller und Fässer aus Holz, entwickelte sich die Tradition künstlerischer Holzbearbeitung. Gefördert wurde sie durch die Regierung des späteren Großherzog Friedrich I., der die Armut im Bernauer Tal bekannt war. Auf Kosten des Staates durften begabte Bernauer die Großherzogliche Badische Schnitzereischule Furtwangen besuchen. 1894/95 gründete der Schnitzer Johann Bregger eine Zweigstelle in dem Hochschwarzwälder Ort, in der mehrere Bernauer die Kunst der Holzbildhauerei erlernten. Johann Bregger leitete die Zweigstelle bis zu ihrer Auflösung im Ersten Weltkrieg. Unterstützt wurde die Schule von Hans Thoma, der ihr Entwürfe, beispielsweise für seine berühmten Holzstühle, zur Verfügung stellte.

Auch bei ›Raumgestalt‹ entstehen Hocker, Bänke, Tische und vieles mehr aus Holz. Gefertigt werden sie im Schwarzwald. Weitere Materialien sind Metall, Porzellan, Stoff und hochwertiges Papier. Schnörkel und Verzierungen sucht man dabei vergebens. Die Produkte sind mit gedanklichem Gehalt ausgestattet und aufs Wesentliche reduziert. Zeitlosigkeit war Jutta Rothe immer wichtig. Mit ihren klaren Ansprüchen, ihrer Zielstrebigkeit und ihrem Auge für Schönes, hat sie sich über die Jahre einen Namen in der Möbel- und Designbranche gemacht – weit über die Berge des Schwarzwalds hinaus.

LINA WARLO-SALEEM

Schmuckdesignerin

ATELIER IN DER FREIAU

»Alles, was einem im Leben begegnet, fließt irgendwie.«

Verzaubert betrete ich diese kleine Oase, in der Lina Warlo-Saleem ihre Schmuckstücke kreiert. Entlang des wild verwunschenen Gartens mit seinen lauschigen Sitzplätzen fließt glitzernd der Mühlbach. In Lina Warlo-Saleems Atelier erwarten uns viele liebevolle Details und es wirkt, als sei die lebendige Natur auch Teil dieser Räumlichkeiten. Ein überraschender Schatz zwischen all den Bürogebäuden und der Hektik der vielbefahrenen Straße. Es sind Sanftheit, Herzlichkeit und Leidenschaft, die ich mit unserem Gespräch verbinde. Wenn Lina Warlo-Saleem erzählt, erzählt alles an ihr: Ihre Hände zeichnen mit, die Finger von Ringen umarmt, der Ohrhänger wippt bestätigend zu ihren Worten.

Wie kamst du zum Schmuckdesign?

Das war eine lange Reise. Vielleicht lag es daran, dass ich mit elf Jahren in Deutschland bei meiner Großmutter blieb, statt in den Jemen zurückzureisen. Ich hatte damals nicht die Chance, meine liebsten Sachen mitzunehmen. Alles ließ ich zurück und als ich wieder zu Besuch in den Jemen kam, waren die meisten Dinge schon weg. Es war ein bisschen traumatisch. Ich finde es toll, wenn etwas klein genug ist, dass man es einfach mitnehmen und bei sich tragen kann. Das hat sich natürlich in meinem Lebensweg immer widergespiegelt.

»Ich kann mich fallen lassen«

Mit allen Sinnen nimmt die Schmuckdesignerin Lina Warlo-Saleem *ihre Umgebung wahr und lässt sich von ihr inspirieren. Besonderer Ort hierfür ist ihr Atelier in der Freiau – ein kleiner Dschungel inmitten von Beton.*

Ich wollte Goldschmiedin werden, habe dann aber doch studiert, Produkt- und Modedesign, das ging zumindest auch in die Kunstrichtung. Dort wird Schmuck – also, das ist jetzt meine Perspektive – ein bisschen verurteilt, weil er keinen Mehrwert hat. Schmuck gilt als dekorativ. Ich fing an, andere Dinge zu entwerfen; Stühle oder Taschen, also Kunstobjekte, bei denen der Mehrwert eher poetisch war, und danach kam ich eigentlich wieder zum Schmuck. Da ist doch das Herz, habe ich gemerkt.

Aber es geht dabei nicht nur um mich, sonst würde ich ja nur für mich selbst Schmuckstücke machen. Das Schöne an meiner Arbeit ist für mich, wenn ich sehe, dass andere aus meinen Stücken Kraft schöpfen, wenn sie etwas haben, das sie zum Leuchten bringt.

Du sagst, dass deine Kollektionen auf sechs Grundwerten basieren: Weitsichtigkeit, Toleranz, innerer Frieden, Achtsamkeit, Vertrauen und Gelassenheit. Wieso gerade diese? Sind das die für dich wichtigsten Werte?

Ich glaube, man ist immer inspiriert durch die eigene Lebenslaufbahn, das ist automatisch so. Aber auch im Freundeskreis oder im Familienumkreis gibt es dann viel Hintergrund, der einen inspiriert. Und ich habe aber auch tatsächlich strategisch die Werte ausgewählt, bei denen ich mir vorgestellt habe: Okay, das ist erweiterbar oder das ist so offen, dass auch andere sich etwas herausziehen könnten. Wenn es zu individuell wäre, dann wäre es für mich selbst und dann hat es auch keinen Sinn mehr für mich, das für andere zu gestalten.

In der Schmuckindustrie geht es oft um die Ästhetik und die teuren oder weniger teuren Materialien, die im Vordergrund stehen.

Jahrhundertelang gab es ja schon immer sehr viel Bedeutung von Schmuck, sei es zum Beispiel bei der Vereinigung von Menschen in der Ehe oder aber auch als Status-Symbol, um zu zeigen, dass man es geschafft hat im Leben.

Durch meine andere Arbeit in der Diamantindustrie oder auch durch meine Eltern, habe ich viele unterschiedliche Blickwinkel kennengelernt. Es hat mir früher in meiner Arbeit sehr gefehlt, tiefer reinzugehen. Wie kann sich Schmuck zum Beispiel auf die innere Gesundheit eines Menschen auswirken, also auf sein Wohlbefinden? Das ist eine wichtige Frage für mich, daran habe ich angeknüpft. Die Recherche ging lange; was für Werte suche ich mir aus und mit welchen Werten können andere sich verknüpfen? Es ging mir darum, Kraftbringer zu schaffen, in der Art eines Talismans, die einen im Leben weiterbringen oder die einen an etwas erinnern. Man kann sie immer bei sich tragen, man kann sie fühlen und sich hoffentlich daran erinnern, was einem selbst oder nahestehenden Personen wichtig ist.

Hast du ein konkretes Beispiel für das kraftgebende Zusammenspiel von Schmuck und Wert?

Ein persönliches Beispiel ist der *magic monkey*. Er steht für den Grundwert Gelassenheit und hilft mir viel auf meinem künstlerischen Weg. Auf diesem Weg musste ich mutig sein, sagen: Ich mach das jetzt selbstständig, ich bin

selbstständig. Man muss ja auch schauen, dass man davon leben kann, überleben kann und sich trotzdem treu bleiben, wenn man für andere arbeitet. Das ist immer ein Auf und Ab. Diese eigene Linie und die eigenen Entwürfe zu machen, das gibt mir sehr viel. Auch inneren Frieden. Und manchmal bin ich dabei zu verbissen und da brauche ich einfach so ein kleines Äffchen, das mich dran erinnert: jetzt lass doch mal los, lass dich fallen.

Für manche ist das gar nichts. Dann heißt es: Das ist mir zu spirituell, ich kann damit nichts anfangen. Das ist total in Ordnung, jeder hat seins. Mein Schmuck ist skulpturhaft, damit die Leute ihn immer wieder anfassen und damit direkt etwas verbinden können. Wenn man sich darauf einlässt, dann kann Schmuck einem Kraft geben.

Wann und wo findest du Inspiration?

Das werde ich tatsächlich oft gefragt. Wenn du künstlerisch arbeitest, dann gibt es nicht den einen Moment, sondern du bist konstant auf Empfang. Ich gehe mit offenen Augen und Sinnen durch die Gegend. Egal, wann ich irgendwo bin, wenn ich etwas sehe, dann muss ich es irgendwie aufnehmen. Es ist eher eine Frage des Filterns. Wann setze ich meine Filter ein, und wann fokussiere ich mich auf die rote Ampel und bleibe wirklich stehen.

Alles, was einem im Leben begegnet, fließt irgendwie. Aber es gibt tatsächlich Momente, in denen es ein bisschen visionsartig ist, dann muss ich meinen Gedanken festhalten. Leider kann ich das nicht so richtig künstlich hervorrufen. Diese Impulse sind wie kleine Blitze, die manchmal kommen – zum Beispiel klassisch im Bett, kurz vorm Schlafengehen, und dann wächst die Idee.

Ich mache mit meinem Handy oft Fotos von Dingen, die mich inspirieren, weil ich die Sachen nicht mitnehmen kann. Hier im Atelier und auf meinem Arbeitsweg dorthin über die Schnewlinbrücke und mit Blick auf die Dreisam habe ich die meisten solcher Fotos gemacht, seitdem ich in Freiburg lebe. Deshalb habe ich diesen Ort für das Buch ausgewählt, obwohl es nicht einfach war. Freiburg hat so tolle Orte, so viele, so ästhetische – ich könnte überall irgendwie etwas herauspicken. Es gibt auch Orte, die ich zu einer bestimmten Jahreszeit liebe: In der Fabrikstraße, nahe an der Dreisam, stehen beispielsweise ein paar Kastanienbäume, die ich im Frühling gern aufsuche – dann sind sie besonders schön.

In meinem Atelier fühle ich mich sehr wohl. Ich kann mich fallen lassen in einen kleinen Dschungel. Dieser Garten Eden prägt mich schon sehr. Und der Kontrast – ich liebe ja Kontraste – zwischen dem verrosteten Gebäude, dieser Büroecke, und dann diesem Garten, der nahegelegenen Dreisam, die auch so ein bisschen gartenähnlich verwildert unter der vielbefahrenen Straße liegt – das liebe ich, das gibt mir sehr viel Inspiration. Vielleicht, weil das auch ein bisschen ich bin. Und ich glaube, inspirierend ist dieser Ort auch wegen der Natur, weil sie sich verändert. Da ist immer viel Wechsel.

ÜBER
LINA WARLO-SALEEM

Geboren wurde Lina Warlo-Saleem 1985 in Berlin. Die ersten elf Lebensjahre verbrachte sie jedoch in Sanaa im Jemen. Als Tochter einer deutschen Künstlerin und eines jemenitischen Sprachschuldirektors wuchs sie dort auf und ging zur Schule – eine prägende Zeit. Ihre restliche Schulzeit verbrachte sie in Berlin, wo sie später Industrial Design an der Universität der Künste studierte. Neben dem künstlerischen Aspekt stand dort auch der Weg zum seriell hergestellten Produkt selbst im Fokus. Während ihrer Studienzeit hängte sie sich alles um, was sie inspirierte; vom Wecker bis zu Legosteinen – ihre Modeschmuck-Ära, wie sie Lina Warlo-Saleem rückblickend schmunzelnd nennt.

Dem großstädtischen Leben in Berlin setzte sie ein ruhiges in der Edelsteinstadt Idar-Oberstein entgegen. Dort arbeitete sie in der Schmuckindustrie und entwarf, vergleichbar mit einer Architektin, am Computer Schmuckstücke, die gegossen und zum Schluss von Goldschmieden nachbearbeitet wurden. Jedoch fehlten ihr hier das Handwerkliche und die tiefere Bedeutung des Produkts.

Freiburg, wohin sie die Liebe führte, empfindet Lina Warlo-Saleem als sehr ästhetisch. Sie liebt die Kontraste und die Mischung aus kulturellem Angebot und schnell erreichbarer Natur. Seit 2019 arbeitet sie selbstständig als Schmuckdesignerin. Intensiv beschäftigt sie sich mit der Historie von Schmuck; welche Bedeutung er vor welchen Hintergründen hatte. In Freiburg arbeitete sie in wechselnden atelierartigen Werkstatt-Orten, bis sie den Bildhauer Pál Mathias, mit dem sie das Interesse für Mythologie teilt, kennenlernte, und er ihr 2020 ein Atelier bei sich in der Freiau anbot. In diesem Kleinod erschafft Lina Warlo-Saleem seither ihre kleinen in die Welt hinaustragbaren Kunstwerke, bei denen es ihr um kulturübergreifend Menschliches geht.

Auf Inspiration, wachsende Ideen, nähere Recherchen und

Skizzen folgt die Herstellung dieser Kunstwerke, die zwischen industrieller Fertigung und Handwerk angesiedelt ist: Den skulpturhaften Schmuck modelliert und schnitzt sie aus Wachs. Sie liebt es, im Sinne eines schöpferischen Prozesses, Dinge mit der Hand zu kreieren. Damit werden Formen gegossen, die mit Edelmetallen, primär Silber und Gold, gefüllt werden, weil Lina Warlo-Saleem auch der gesundheitliche Aspekt wichtig ist.

Ihr Motto dabei: das Imperfekte wieder zum Ideal zu machen. Nicht maschinelle Perfektion machen für sie Schmuckstücke aus, sondern der menschliche Stempel. Orientierung hierfür bietet ihr die Natur, die faszinierende Systeme ohne punktgenaue Akkuratesse bereithält.

Lina Warlo-Saleem entwirft auf Werten basierende Kollektionen, aber auch individuelle Einzelstücke. Wichtig sind ihr Zeitlosigkeit und persönliche Bedeutung von Schmuck. Auf dem Weg zum individuellen Schmuckstück möchte sie ihren Kundinnen und Kunden das kulturübergreifend präsente und sich in ihrem Logo wiederfindende Dritte Auge öffnen. Sie möchte dazu anregen, sich auf das zu besinnen, was einem wichtig ist.

»In meinem Atelier fühle ich mich sehr wohl. Ich kann mich fallen lassen in einen kleinen Dschungel.«

Die Freiau

Eine umkämpfte und wenig bekannte Siedlung liegt zentral in Freiburg. Sie lockt mit Kontrasten.

Ganz im Westen der Unterwiehre, nahe der Bahnstrecke und der Schnellstraße liegt die ehemalige Arbeitersiedlung. Obwohl wegen ihrer Lage kaum Wege an der Freiau vorbeiführen, ist sie ein bis heute wenig beachteter Ort mitten in Freiburg. Ein Spaziergang dorthin lohnt sich aber: Mit bunten Fassaden und wuchernden Gärten bilden die lebendigen alten Bauten einen Kontrast zu den schlicht gehaltenen modernen Gebäuden, in denen es außerhalb der Arbeitszeiten an Leben fehlt.

Auch mich führt mein Weg erneut in diesen kontrastreichen Teil Freiburgs. Unter reifen Feigen und zwischen detailreichen Skulpturen mythologischer Figuren unterhalte ich mich mit Pál Mathias über die Vergangenheit der Freiau.

Das Elternhaus des Bildhauers und seiner Schwester war ehemals eine Polsterei. Heute beherbergt es auch Lina Warlo-Saleems Atelier und bietet mit der 2005 ins Leben gerufenen ›Galerie in der Freiau‹ Raum für Natur und Kunst. Seit 1960 verbrachte Pál Mathias, der im ungarisch serbisch sprechenden Banat im ehemals ostjugoslawischen Zrenjanin (heute Republik Serbien) geboren wurde, einen Teil seiner Jugend dort. Er erinnert sich an Tante-Emma-Läden, die Milchfrau und wie er in Badehosen über eine kleine Brücke die Dreisam überqueren und im Faulerbad, damals noch ein Freibad, heute ein Hallenbad, schwimmen konnte.

Die Anfänge der Freiau reichen jedoch weiter zurück. Zuvor noch unbebaute Flur, entstand sie ursprünglich als Arbeitersiedlung in den 1870er Jahren – daher auch die damalige Benennung als ›Freie Au‹. Finanziert wurde die Siedlung aus Mitteln französischer Reparationszahlungen und sie war als eine der ersten in Fertigbauweise errichtet worden. Die Teile hierfür stammten aus dem Elsass, wo sie abgebaut und für den Wiederaufbau an der Dreisam nummeriert wurden. Außerdem gehörten einige Gewerbebetriebe und Geschäfte zu dem Gebiet, das zum ältesten sozialen Wohnungsbau in Freiburg gezählt wird. Über die Dreisam führte damals lediglich ein einfacher Holzsteg. Dank der Gründerzeit und dem ab 1888 amtierenden Oberbürgermeister Otto Winterer florierten Wirtschaft und Kultur in den darauffolgenden Jahrzehnten. Die Zahl der EinwohnerInnen stieg rasant und um die Jahrhundertwende verlagerte sich der Schwerpunkt der Industrie von der Wiehre in den neuen Stadtteil Stühlinger. In den 1920er-Jahren wurden die Häuser in der Freiau privatisiert. Während des Zweiten Weltkriegs erlitten einige Gebäude der Siedlung starke Beschädigungen – die Fertigbauhäuser blieben jedoch verschont.

Einhundert Jahre nach ihrer Erbauung kaufte die Stadt die Fertigbauhäuser auf und ließ mehr als die Hälfte abreißen, um das in den 1960er Jahren entwickelte Verkehrskonzept umzusetzen. Nicht alle BewohnerInnen nahmen das Angebot an, in Ersatzwohnungen umzuziehen, und es folgten politische und juristische Auseinandersetzungen. Einige siedelten in das damalige Neubaugebiet Wein-

garten um, der Rest verteilte sich in anderen Stadtteilen. Pál Mathias arbeitete zu jener Zeit als Bühnenbildner und Kostümgestalter in Berlin. Seine Eltern wurden jedoch Zeugen der Auseinandersetzungen rund um die Fertigbauhäuser. In den etwa vier Jahren zwischen dem Kauf der Häuser und ihrem Abriss wurden einige Gebäude dem Studierendenwerk überlassen. Die Studierenden zogen ein, hatten aber nicht die Absicht wieder auszuziehen. Oft veranstalteten sie Flohmärkte und anderes, um die Bevölkerung Freiburgs auf die Freiau aufmerksam zu machen. Ein Haus wurde dann im April 1974 abgerissen, woraufhin der Widerstand wuchs und ein Mieterrat gegründet wurde. Auf Demonstrationen, Tag- und Nachtwachen,

einen Teilabriss und juristische Streitigkeiten folgten im Juni 1975 Auseinandersetzungen auf dem Rathausplatz, bei denen eine Stadträtin zu Boden geworfen wurde. Zu diesem Zeitpunkt lebten noch über 100 ArbeiterInnen, Arbeitslose, Studierende, SchülerInnen und RentnerInnen in den Reihenhäusern, die für das neue Verkehrskonzept weichen sollten.

Noch im selben Jahr, am 13. August, fand der bis zu diesem Zeitpunkt größte Polizeieinsatz in der Geschichte Freiburgs statt. Innerhalb einer Stunde wurden die Häuser mithilfe von rund 800 zusätzlichen Einsatzkräften aus Baden-Württemberg geräumt. Etwa 200 Personen befanden sich zu diesem Zeitpunkt in den Häusern. »Vor einer Stunde haben

mehrere Hundertschaften Polizei die Häuser der Freiau überfallen, um sie für die Abrißbagger leerzuräumen«, heißt es auf einem Flugblatt, das noch am selben Tag zu einer Demonstration gegen dieses Vorgehen aufrief. Dem Aufruf folgten etwa 250 Menschen in Form eines Demonstrationszuges durch die Freiburger Innenstadt. Danach beruhigte sich die Lage rund um die Freiau etwas, nicht aber die Lage insgesamt.

Tatsächlich gehörten die Hausbesetzungen in der Freiau zu den ersten großen Auseinandersetzungen um günstigen Wohnraum in Deutschland. »Wenn ich damals auf Reisen von anderen aus Deutschland angesprochen wurde, woher ich komme, war ihnen die Freiau oft ein Begriff«, erinnert sich Pál

Mathias. In den 1980ern kam der Häuserkampf um das sogenannte Dreisameck und den Schwarzwaldhof erst so richtig in Schwung. Damals ging es um die Verwirklichung alternativer Kultur- und Lebensformen. Bundesweit machten die HausbesetzerInnen und Protestierenden Schlagzeilen; Freiburg war als Krawall- und Chaotenstadt verschrien. Clubs, wie das Drifters und Crash sind Einrichtungen, die dank dieses Engagements existieren. Und auch in der Freiau verdankt man den Hausbesetzungen in den 1970ern einiges: Die noch übrigen Häuser stehen seit 1986 unter Denkmalschutz, begründet durch die Fertigbauweise, aber auch durch ihre Rolle als anschauliche Quelle für politische Geschichte.

Übrigens waren die steinernen Löwenköpfe, die auf der Schnewlinbrücke die Brückenpfeiler zieren und blinzelnd die Gegend überblicken, trotz ihres hohen Alters nie stumme Zeugen der Auseinandersetzungen in der Freiau. Zwischen 1902 und 1967 begrenzten sie weiter östlich die ehemalige Friedrichsbrücke, mittlerweile Kronenbrücke. die noch von Pferdespännern überquert wurde. Heute trennen sie auf der Schnewlinbrücke jeweils die neueren äußeren Geländer von dem restaurierten schmiedeeisernen Jugendstilgeländer der Friedrichsbrücke. »Die Geländerteile landeten damals beim Schrotthändler. Es ist der Initiative eines Freiburger Bürgers zu verdanken, dass sie heute noch zu bewundern sind«, weiß Pál Mathias zu erzählen. Zu bewundern sind florale Jugendstilverzierungen, geduckt hockende

Drachen und das Stadtwappen in ihren Fängen haltende Adler. »Mit dem Umzug der Drachen übertrug sich der Spitzname als ›Schwiegermutterbrücke‹«. Pál Mathias grinst. Unter dem Verkehrsstrom auf der Brücke fließt die Dreisam dahin und bietet, umwuchert von allerlei Bäumen und Sträuchern, vielen verschiedenen Tierarten ein Zuhause. Ihren Namen verdankt sie vermutlich dem keltischen Wort ›Tragisima‹, ›die Schnellfließende‹.

Wut und Trotz färben Pál Mathias' Schilderungen, wenn er über die weitere Entwicklung in der ehemaligen Arbeitersiedlung spricht. Als die Heinrich-von-Stephan-Straße zum reinen Gewerbegebiet erklärt wurde, mussten dort zum Beispiel 28 riesige Kastanien- und Eichenbäume neuem Bauland weichen – ein ehemals beliebter Landeplatz für Zugvögel. Während mir Pál Mathias davon erzählt, fliegt eine Krähe hoch oben über uns hinweg. Ihr Ruf entlockt ihm ein melancholisches Lächeln. »Wie passend«, erklärt er, »›kár‹ heißt in meiner Muttersprache ›schade‹.« Federführend setzte er sich 2012 gemeinsam mit anderen AnwohnerInnen gegen den Neubau eines benachbarten Bürogebäudes ein.

Unser nachdenkliches Schweigen wird von dem Plätschern des Bachs gefüllt. Der Mühlbach, der an Pál Mathias' Haus vorbeifließt und sich etwa über ein Drittel der Breite Freiburgs erstreckt, hat seinen Ursprung in der Dreisam und wurde im beginnenden 18. Jahrhundert gebaut. Ich erinnere mich an die Begegnung mit Lina Warlo-Saleem. Besonders im Sommer liebt sie es, so hat sie mir erzählt, sich einen Stuhl in den Mühlbach zu stellen und ihre Füße in seinem kühlen Nass zu baden.

Ich verabschiede mich von Pál Mathias und danke ihm, dass er sein Wissen um diesen Teil Freiburgs und seine Erinnerungen mit mir geteilt hat. Den Geschmack einer süßen, aromatischen Feige im Mund, schlendere ich noch einmal durch die Freiau. Seit heute sehe ich sie mit anderen Augen.

ANNE-CHRISTINE BREHM

Münsterbaumeisterin

FREIBURGER MÜNSTER

»Der Blick in die Vergangenheit lohnt sich.«

Die Nachmittagssonne fällt auf roten Sandstein und zeichnet in kunstvollen Schatten die Auslassungen des Turmhelms nach. Tauben gurren, der Wind spielt mit Anne-Christine Brehms Haaren, die mir hoch über der Stadt von den Besonderheiten des Münsterturms erzählt. Beeindruckend, was Menschen bereits so früh erschaffen haben, denke ich. Für das Interview machen wir es uns, nicht weit von dem imposanten Bauwerk entfernt, im Innenhof der Münsterbauhütte gemütlich. Von den Witterungen mehrerer Jahrhunderte gezeichnete Steine liegen hier neben neuen aufgereiht. Das Surren der Meißel und Absauganlagen mischt sich mit Anne-Christine Brehms Stimme.

Ihre Forschungen führten Sie bereits in den 2010ern nach Freiburg, habe ich gelesen.

Ja, ich habe meine Doktorarbeit über Hans Niesenberger von Graz geschrieben. Er war von 1471 bis 1491 in Freiburg Münsterbaumeister und ich bin seinem Lebensweg anhand der Bauten, die er gemacht hat, nachgegangen. Drei Jahre lang habe ich dafür intensiv im Chor des Münsters geforscht. Stundenlang habe ich mich dort aufgehalten, mir jeden Stein angeschaut und überlegt, ob das noch vom Vorgänger oder von ihm ist, wo er angefangen hat, was von ihm stammt.

»Ein Lichtraum«

Münsterbaumeisterin Anne-Christine Brehm *liebt das Freiburger Münster, dessen Erhalt sie sich widmet. Besonders gern hält sie sich im Chor und oben auf dem Turm auf.*

Der Freiburger Münsterchor ist wirklich faszinierend. Das dunkle Langhaus hat mit diesen Buntglasfenstern etwas Mystisches und dahinter ist der Chor, ein Lichtraum, in den die Sonne reinstrahlt. Er ist mein liebstes Bauteil des Münsters, weil ich mich so intensiv damit auseinandergesetzt und dabei so schöne Sachen entdeckt habe. Zum Beispiel, es ist total verrückt, gibt es in einem Skizzenbuch von Leonardo da Vinci eine Seite, wo er ›von dem Deutschen im Dom‹ schrieb. Darunter sind verschiedene Gewölbeskizzen. Und auf einer ist ein langer Raum mit einem langgezogenen Netzgewölbe zu sehen – ganz einfach hinskizziert. Ich dachte, das könnte, wenn man so von Weitem draufschaut, in Freiburg sein. Hans Niesenberger war tatsächlich drei Jahre lang in Mailand Dombaumeister. In der Zeit, als auch

Leonardo da Vinci in Mailand war. Insofern fand ich das total spannend zu sehen, dass es womöglich einen Austausch gab.

Als Münsterbaumeisterin kommen Sie viel mit dem Werkstoff Stein in Berührung. Was fasziniert Sie an diesem Werkstoff?

Seine Haltbarkeit. Man muss sich nur die mittelalterlichen Bauteile anschauen, die immer noch gut dastehen. Und natürlich auch die Möglichkeiten der Verarbeitung. Es ist faszinierend, was für feine Formen daraus gearbeitet werden können und was für komplizierte Sachen möglich sind. Was die Steinmetze aus so einem Stein herausholen können, finde ich immer wieder beeindruckend. Aber man muss zugeben, dass die Gotik ohne Eisen gar nicht möglich ist. Es ist ein Steinbauwerk, aber für die Statik enthält es ganz viel Eisen.

Sie haben Ihre Forschungen der Gotik gewidmet. Was begeistert Sie an dieser Epoche?

Die Gotik fasziniert mich hauptsächlich wegen der Ingenieurskunst. In der Gotik ist das große Thema die Auflösung der Wand. Das heißt, gotische Gebäude sind Skelettbauten – eigentlich etwas ganz Modernes, das wir auch haben. Sie bestehen aus Stützen, aus statischen Systemen, die das Ziel haben, die Wand so weit zu öffnen, dass die Fenster als Bildträger möglich werden. So entsteht ein Lichtraum.

Ich bin fasziniert davon, wie die Menschen damals so hoch und schlank bauen konnten. Dass sie diesen Kräfteverlauf nachvollziehen konnten, obwohl sie in der Zeit noch nicht die Möglichkeiten hatten, alles nachzuweisen, durchzurechnen, zu kalkulieren. Alles beruhte auf Erfahrungswerten. Es muss auch Mut dazugehört haben.

Das Freiburger Münster ist ein schönes Beispiel dafür. Sein Turm war damals mit 116 Metern der höchste Turm, der gebaut wurde. Später ist er übertroffen worden; zehn Jahre später von Salisbury und dann hat es noch ein wenig länger gedauert, bis Wien und Straßburg höher wurden. Aber allein es sich zu trauen, den Turm zu bauen und zu wissen, dass so hoch noch nie vorher gebaut wurde. Und gleichzeitig einen Maßwerkhelm, also eine filigrane Turmspitze zu machen, die stark durchbrochen und wirklich geöff-

net ist. Auch da; das wurde in dieser Form noch nie gebaut. Faszinierend! Der Turmoktogon ist ungewöhnlich und es ist alles sehr lang dimensioniert. Da ist man wirklich an die Grenzen des Machtbaren gegangen.

Moderne Kräne und mittelalterliche Steinmetzkunst – eine spannende Mischung. Wie arbeitet ihr heute?

Die Arbeitsweise hat sich im Vergleich zum Mittelalter nicht stark verändert. Natürlich gibt es hilfreiche neue Technologien, zum Beispiel die 3D-Vermessung. Oder auch die Steinsäge, den Gabelstapler, die Möglichkeit vorzufräsen und Werkzeuge wie die druckluftunterstützten Meißel. Wir verschließen uns nicht vor diesen neuen Entwicklungen. Aber im Prinzip ist die

Arbeitsweise immer noch dieselbe und hat sich bewährt, sowohl bezüglich der Haltbarkeit als auch der Optik.

In der Gotik sind die Bauteile alle individuell. Ich werde oft gefragt, ob man sie nicht auch aus Beton gießen oder 3D-fräsen könnte, ob es das Handwerkliche überhaupt noch braucht. Aber die Art und Weise, wie gearbeitet wird, dass jedes Bauteil ein Einzelstück ist und wie dann eben doch feine Unterschiede und die individuelle Handschrift der einzelnen Steinmetze da sind, macht das Ganze natürlich so interessant, auch für das Auge. Das macht den Reiz von so einem Bauwerk aus. Wenn es jetzt sehr viel günstiger wäre, könnten wir das vielleicht überlegen. Aber das ist nicht so. Eigentlich verlagert man die Arbeit, die sonst am Stein passiert, auf den Computer.

Wir tauschen übrigens keine mittelalterlichen Steine aus. Es sind spätere Steine, Kopien, für die ein wenig haltbares Steinmaterial gewählt wurde. Die mittelalterlichen Steine können wir konservieren und erhalten.

Nicht nur für die Bearbeitung der Steine, auch für Problemlösungen schauen wir gern in die Vergangenheit. Ein Beispiel ist eine Klebetechnik, die wir gerade ausprobieren. Stein ist ein Naturmaterial. Das heißt, es passiert immer mal wieder, dass er Einschlüsse hat. Bis heute setzt man im Falle eines großen Toneinschlusses im Stein eine Vierung ein, das heißt, man ersetzt dieses Stück. Die meisten dieser Vierungen aus dem Mittelalter halten bis heute. Wir experimentieren nach deren Vorbild aktuell mit einem Harzkleber.

Es gibt Herangehensweisen, die aus der Erfahrung gewachsen sind und aus den Möglichkeiten, die man damals hatte. Wissen ist zum Teil verloren gegangen, weil es jetzt Industriebaustoffe gibt, die einfacher sind. Aber an so einem Gebäude merkt man, dass die neuen Entwicklungen nicht immer gut funktionieren – wohingegen die bauzeitlichen Materialien die Jahrhunderte gut überstehen. Für die Auswahl der verschiedenen Baumaterialien, die miteinander reagieren, sind die alten Rezepte daher interessant. Der Blick in die Vergangenheit lohnt sich.

ÜBER
ANNE-CHRISTINE BREHM

Am Fuße des Südschwarzwalds, in Kandern-Feuerbach, wuchs die 1980 geborene Anne-Christine Brehm auf.

Früh nahm ihr Vater sie in Museen und Kirchen mit, was ihre Begeisterung für Architektur und Geschichte weckte. Diese Begeisterung wuchs dann mit dem Lateinunterricht in der Schule. Einige historische Romane über die Römerzeit verschlang Anne-Christine Brehm damals.

Nach Abschluss der Schule zog es sie an die Universität Karlsruhe, seit 2009 Karlsruher Institut für Technologie, kurz KIT, wo sie Architektur studierte. Darauffolgend promovierte sie im Fach Baugeschichte und arbeitete zeitweise parallel für ein Basler und ein Berner Architekturbüro.

2011 promovierte sie mit einer Arbeit über den Freiburger Münsterbaumeister Hans Niesenberger von Graz. Ziel war es, sein architektonisches Werk, auch durch neue Befunde, zu erfassen und bisherige Zuschreibungen kritisch zu prüfen. 1471 war Hans Niesenberger in Freiburg zum Baumeister auf Lebenszeit berufen worden. Dass er an mehreren Großprojekten gleichzeitig arbeitete, hatte Probleme und Fehler zur Folge. Seine architektonischen Spuren, denen Anne-Christine Brehm akribisch folgte, sind in Straßburg, Mailand, Basel, Freiburg, Gebieten des Oberrheins, Oberschwaben und Indizien nach auch in Graz zu finden.

Gleichzeitig forschte sie zu Gotischen Baurissen und führte anschließend, 2014 bis 2017, ein Forschungsprojekt zum Netzwerk gotischer Bauhütten und zur Rolle des Ulmer Münsterbaus darin durch. Mit den Ergebnissen habilitierte sie 2018 am Karlsruher Institut für Technologie, kurz KIT.

Nach Forschung und Lehre rund um das spätmittelalterliche Bauwesen führte ihr Weg sie anschließend ins Berner Oberland – und damit in die Praxis. Im Freilichtmuseum Ballenberg, inmitten idyllischer Alpenlandschaft gelegen, arbeitete sie zunächst in der Baudokumentation, dann als Leiterin

im Bereich Architektur und Hausforschung. Die Arbeit dort beschreibt Anne-Christine Brehm im Vergleich zu der in der Münsterbauhütte als anders und doch ähnlich: »Das war vor allem Holzbau, der dort Probleme machte. Daher sind die Handwerker Zimmerer. Es ging viel um Schäden durch Veränderungen beim Aufbau und die Frage, wie man schadhafte Stellen austauscht. Auch am Münster sind es die späteren Reparaturmaßnahmen, die Probleme machen.« Zeitweise war sie parallel an einem Forschungsprojekt über den Kunst- und Architekturhistoriker Sulpiz Boisserée beteiligt.

Seit 2021 ist Anne-Christine Brehm nun Freiburger Münsterbaumeisterin und damit in die mittelalterlichen Fußstapfen Hans Niesenbergers getreten. Während ihre frühen Vorgänger noch Zirkel und Winkel benutzten, ist der Computer ihr wichtigstes Hilfsmittel. Der Alltag als Münsterbaumeisterin besteht häufig aus Besprechungen. Einmal die Woche schafft sie es aufs Gerüst. Bereichernd für ihre Arbeit ist der Austausch mit anderen BaumeisterInnen, der rege stattfindet. Außerdem beschäftigt sie sich mit den Finanzen.

Von Freiburg aus unternimmt Anne-Christine Brehm gern Ausflüge – raus in den Schwarzwald, in die Schweiz oder ins Elsass. Außerdem liest sie gern. Von Fachbüchern bis zu Romanen ist alles dabei. Nur Mittelalterromane schrecken sie ab. »Da ist man verdorben durch das, was man weiß. Man fängt an zu lesen und denkt, dass es so nicht gewesen sein kann.«

Das Freiburger Münster

Im Kern der Altstadt versetzt Freiburgs Wahrzeichen
mit mittelalterlicher Baukunst ins Staunen.

Die Steinlast hebt sich zierlich leicht empor,
Die ungeheure – spielt und gaukelt rings
In Bogen, Spitzen, Rosen mannigfalt;
Es scheint dem Blick wie das Gebrechlichste,
Das frevelnd Menschengeist gethürmt,
Und steht und schwebt frei in den Lüften hoch
Jahrhundert um Jahrhundert, Blitzen trotzend,
Der Windsbraut trotzend und dem Zahn der Zeit,
Und weist empor, und immerdar empor,
Und ruft den werdenden Geschlechtern zu
Mit ihren hehren Klängen: dort ist Gott!

An den Freiburger Münster, Franz von Woringen 1872

Planung und Bau des Freiburger Münsters waren ein Projekt für Waghalsige, für Visionäre. Ein Projekt, das über drei Jahrhunderte andauerte. Das Freiburger Münster ist, gemessen an heutigen Durchschnittswerten, insgesamt so lang wie fast 73 Menschen und wurde von Menschenhand im Mittelalter erbaut. Als eines der wenigen Kirchenbauwerke wurde es noch im Mittelalter vollendet und gilt als architektonisches Meisterwerk der Gotik. Gewidmet ist es Maria und heißt offiziell Münster Unserer Lieben Frau.

Übrigens ist es dem traditionellen Sprachgebrauch geschuldet, dass von einem Münster die Rede ist. 1827 wurde das Münster in Freiburg vom Erzbischof in Besitz genommen und bekam den Rang einer

Kathedrale, weil es als Bischofssitz fungierte. Üblicherweise bezeichnet man in Deutschland Kathedralen als Dom. Deshalb ist die älteste Pfarrei der Stadt Freiburg, die dem Münster zugeordnet ist, auch eine Dompfarrei.

Dass Jahrhunderte lang gebaut wurde, hat stilistische Spuren hinterlassen. So wurde um 1200 in Anlehnung an das Basler Münster im spätromanischen Stil begonnen. Ein erster Chor, das Querhaus und seine Kuppel entstanden. Ab etwa 1240 führte man den Bau in gotischen Formen weiter. Ein direktes Vorbild für diese hochgotischen Anfänge bot das Straßburger Münster. Das Langhaus und der Hauptturm wurden gebaut. Als letztes Bauteil ist der spätgotische Chor 1513 geweiht worden.

Von ›Menschengeist‹ und -hand, unter ganz anderen technischen Voraussetzungen erbaut und geplant, beeindruckt das Münster bis heute. Ohne statische Berechnungen, dafür mit Erfahrung, internationalem Austausch, Gottvertrauen und Hilfsmitteln wie Lehrgerüsten zur Konstruktion von Bögen und Gewölben erfolgte die Planung. Ohne Stahlgerüst und Aufzug, dafür mit einem hölzernen, von Menschenkraft betriebenen Laufrad wurden schwere Lasten nach oben transportiert. Ohne Druckluft, dafür mit Steinaxt, Knüpfel und Eisen gingen die mittelalterlichen Steinmetze ans Werk.

Das Gebäude wird auf seiner Fassade von etlichen fein gearbeiteten Heiligen, Aposteln und Grafen aus Stein flankiert, von Wasserspeiern in Gestalt von Tieren, Monstern oder Menschen vor Bösem geschützt und von detaillierten Verzierungen aus Blumen und anderem geschmückt. Selbst auf großer Höhe findet man feingliedrige ›Bogen, Spitzen, Rosen‹, die in Staunen versetzen.

Als »schönste(n) Turm auf Erden« pries 1869 der Schweizer Kunsthistoriker Jacob Burckhardt den 116 Meter hohen Westturm. Der quadratische Unterbau des Turms wird weiter oben zu einer achteckigen Fortsetzung, die in den – erstmals in der Gotik vollkommen durchbrochenen – Turmhelm mündet. Diese waghalsige, ›zierlich leichte‹ Konstruktion ist aus bautechnischer Sicht konkurrenzlos. An seiner Spitze weisen eine Kreuzblume, Sonne und Mond ›immerdar empor‹.

Und auch im Inneren des Freiburger Münster gibt es alte kunsthistorische Schätze zu bestaunen. Berühmt sind zum Beispiel die Glasmalereien aus dem 13. bis ins 16. Jahrhundert. Darauf haben sich die Handwerkskünste mit ihren Wappen und Darstellungen ihrer Werkzeuge und Arbeit verewigt. Die Fenster der Bergleute aus dem Schwarzwald zählen zu den frühesten bildlichen Quellen des Bergbaus in Süddeutschland. In bunten Farben erstrahlen diese Fenster hell und heben sich vom dunklen Stein ab.

Besonders bekannt ist auch der zwischen 1512 und 1516 entstandene Hochaltar mit Gemälden des Künstlers Hans Baldung Grien, der ein Freund und Werkstattkollege Albrecht Dürers war. Und auch andere berühmte Namen hält das

Münster bereit. In der Universitätskapelle sind auf dem Oberried-Altar zwei Gemälde von Hans Holbein dem Jüngeren etwa aus den Jahren 1526/27 zu entdecken.

Zur Fastenzeit wird traditionsgetreu vor dem Hochaltar ein zwölf mal zehn Meter umfassendes Tuch herabgelassen. Es ist im deutschen Sprachraum das größte bekannte Fastentuch. Drei Freiburger Maler gestalteten es 1612 mit einer riesigen Kreuzigungsszene in der Mitte und 26 kleinen Feldern mit der Passions- und Ostergeschichte am Rand.

Einer der wenigen fast vollständig an seinem ursprünglichen Ort erhaltenen Schnitzaltäre der Spätgotik ist in der Locherer-Kapelle zu bewundern.

Das aus Silber gearbeitete romanische Böcklin-Kreuz, ein Triumph-

kreuz aus der Zeit um 1200, ist das älteste Kunstwerk im Münster.

Von Anfang an war die Geschichte des Münsters eng mit der Stadt verwoben. Zu Beginn finanzierten den Bau der Zähringer Berthold V., der ihn um 1200 veranlasste, und die Grafen von Urach. Größtenteils wurde der Bau des Münsters aber von der Bevölkerung finanziert. Das eigene Seelenheil und die politische Situation motivierten Freiburgs BürgerInnen zu Stiftungen und Spenden. Die Zünfte bezahlten zum Beispiel die Farbverglasung im Langhaus und stifteten Ausstattungen. Spätestens 1472 wurde zugunsten des Münsterbaus Gespendetes wie kostbare Kleider, Tücher, Schmuck und Rüstungen verkauft. Kaiser Maximilian I. und seine Familie stifteten die sogenannten

Kaiserfenster des Hochchors und der Chorkapellen.

Im religiösen wie im weltlichen Lebensalltag spielte das Münster für die Menschen im Mittelalter eine wichtige Rolle – ob als Ort religiöser Feierlichkeiten, der Verehrung Gottes und Heiliger oder vor seinen Toren als Ort des Handels und mit seinem Glockenschall als Warnsignal vor Feuer und Feind. Im Glockenstuhl tragen übrigens zu zwei Dritteln aus dem 13. Jahrhundert stammende Hölzer in einer freistehenden Konstruktion 18 Glocken und damit etwa 25 Tonnen Gewicht. Mit der Hosanna-Glocke von 1258 ist eine der größten erhaltenen Glocken ihrer Zeit in Freiburg zu finden. Sie wird auch die Stimme der Stadt genannt.

›Blitzen trotzend‹ ist das Münster nicht aus dem Stadtbild Freiburgs wegzudenken. Große Schäden hatten 1561, 1575 und 1892 drei außergewöhnliche urkundlich verzeichnete Blitzeinschläge zur Folge. Die Bomben des Zweiten Weltkriegs verschonten das Freiburger Münster und mit seinen luftdurchlässigen Aussparungen hielt der Westturm selbst den Druckwellen stand. Dass dem so war, wirkte sich stark auf das weitere Stadtbild Freiburgs aus. Nicht autogerecht und modern, sondern nach historischem Vorbild baute man die großflächig zerstörte Innenstadt wieder auf. Für den weiteren Erhalt dieses ›Jahrhundert um Jahrhundert‹ stadtprägenden und bedeutenden Gebäudes sorgt vor allem der 1890 gegründete Münsterbauverein.

Seit dem Mittelalter existiert die Münsterbauhütte. Ursprünglich als Steinmetzbetrieb für den Bau des Münsters ins Leben gerufen und bis heute mit dem Ziel, das imposante Bauwerk etlichen weiteren ›werdenden Geschlechtern‹ zu erhalten. Denn der ›Zahn der Zeit‹ nagt stetig. In der Denkmalpflege wird die Strategie verfolgt, zu bewahren statt zu ersetzen. Die Qualität der mittelalterlichen Steine ist außergewöhnlich gut und haltbar. Im 19. und 20. Jahrhundert wurden andere Sandsteinsorten verwendet, die jedoch nach wenigen Jahrzehnten marode waren. Übrigens ist das Münster mit seiner ›Steinlast‹ aus 47.000 Tonnen Buntsandstein von Steinbrüchen aus der Nähe erbaut. Mit modernen Möglichkeiten und alter Handwerkskunst wird versucht, dieses beeindruckende Bauwerk etlichen weiteren Generationen zu erhalten.

looking back

FRIEDERIKE SCHEUNCHEN

Dirigentin

KUNSTVEREIN FREIBURG

»Das Team vom Kunstverein ist toll – man hat hier viel Freiheit, sich künstlerisch auszutoben.«

Verkehr und Dreisam fließen an mir vorbei, als ich die Halle des Kunstvereins betrete, die mich geradezu in eine andere Welt katapultiert. Diese tut sich, umarmt von der Galerie, weit und hell vor mir auf. Punkte, Dreiecke und Textbausteine verteilen sich über den Boden. Weiße und blaue Linien weisen den Weg durch den Raum. Wie passend, dass die aktuelle Kunstinstallation ›Mimetic Bodies‹ von Lena Grossmann unter anderem auf Bewegung ausgelegt ist. Denn Friederike Scheunchen sprüht vor Energie. Untermalt von ihren gestikulierenden Händen und mit freudig funkelnden Augen erzählt sie mir von ihrer Leidenschaft fürs Dirigieren.

Was verbindet dich mit diesem Ort hier?

Das ist ein ganz toller Raum, der für sich allein schon eine wahnsinnige Wirkung entfaltet. Ich finde ihn inspirierend, auch durch seine Vorgeschichte als Schwimmbad. Durch seine Größe und seine Weite bietet er viele Möglichkeiten, ihn flexibel zu gestalten und zu nutzen. Das Team vom Kunstverein ist toll, man hat hier viel Freiheit, sich künstlerisch auszutoben und spürt auch das Vertrauen, das ist schon etwas Besonderes. Mit Ensemble Scope haben wir schon mehrere Projekte hier gemacht und diesen wandelbaren weißen Raum gerne für unsere experimentellen und interdisziplinären Arbeiten genutzt.

»Freiheit und Möglichkeiten«

Die vielseitige Dirigentin Friederike Scheunchen *schätzt die Freiheiten, die ihr die Räumlichkeiten des Kunstvereins bieten.*

Was schätzt du an zeitgenössischen, experimentellen und interdisziplinären Formaten?

Generell macht mir die interdisziplinäre Zusammenarbeit mit KünstlerInnen anderer Bereiche super viel Spaß. Das liebe ich sowohl bei meiner Arbeit als Dirigentin am Theater Freiburg als auch in der freien Szene. Man schafft als diverses Team so viel mehr und kommt auf ganz andere Ideen. Die verschiedenen Sichtweisen bereichern sich ganz oft gegenseitig. Außerdem hat man als Dirigentin in Konzerten am Ende die alleinige Verantwortung. Bei interdisziplinären Formaten habe ich meinen Bereich, für den ich zuständig bin, also die Musik, und gleichzeitig gibt es für die anderen Bereiche ExpertInnen – im Musiktheater natürlich nicht zuletzt die Regie. Wenn die Kommunikation gut funktioniert, kommt man zu ganz anderen Ergebnissen als allein. Dieser Austausch und das gemeinsame Tun schenken mir das Gefühl von Lebendigkeit.

Bei Projekten mit dem Ensemble Scope fangen wir mit jedem Projekt wieder inhaltlich neu an. Wen laden wir ein, neben meinen beiden creative-heads Lucia Kilger und Clemens K. Thomas, für den Abend zu komponieren? Mit welchen Gewerken, wie zum Beispiel Video, Licht, Bühne und Kostüm, Text, Performance, wollen wir dieses Mal zusammenarbeiten? Wie ist die Bühnensituation? Wo sitzt oder steht das Publikum? Und ganz wichtig: Mit welchem außermusikalischen, immer auch gesellschaftlich-menschlich relevanten Thema wollen wir uns beschäftigen, es als Team gemeinsam von verschiedenen Seiten künstlerisch beleuchten und verarbeiten?

Gleichzeitig arbeite ich auch liebend gern im rein konzertanten Bereich, da gibt es ja ein schier unerschöpfliches Repertoire, für das ein Leben nicht ausreicht, alles zu entdecken und das nicht weniger bereichernd ist – seelisch, musikalisch, künstlerisch.

Wie erarbeitest du dir Klangvorstellungen?

Sowohl bei neuerer als auch bei älterer Musik ist es unterschiedlich leicht oder schwer, sich eine Klangvorstellung zu machen. Es ist wie bei einem Puzzle, dessen Teile sich immer mehr zu einem Ganzen zusammensetzen. Man muss oft erstmal mit der Lupe ran, um dann wieder rauszuzoomen und all die Details in ein großes Ganzes zu bringen. Der erste Blick geht dabei natürlich direkt ins Instrumentarium: Welche Instrumente werden eingesetzt? Gibt es eine Zuspielung? Gibt es Live-Elektronik? Wird etwas verstärkt? Gibt es Zusatzinstrumente – da sind die Möglichkeiten endlos, von Styropor bis hin zu Wäscheständern oder elektrischen Zahnbürsten gibt es alles und noch viel mehr.

Bei einem Orchesterstück schaue ich auch auf die Zusammenklänge und Harmonien zwischen den Instrumenten. Und darauf, welche Möglichkeiten der Ton- oder Geräuschproduktion verwendet werden. Es gibt auch heute noch immer wieder neue Techniken für Instrumente, da muss ich unter Umständen eine ganze Weile die 15-seitige Legende studieren, in der erklärt wird, was dieser oder jener Notenkopf bedeutet. Einige Instrumente habe ich auch daheim, dann kann ich es selbst ausprobieren. Und so arbeitet man sich Stück

für Stück vor und je mehr man ›entschlüsselt‹ hat, desto mehr formt sich ein Bild, ein Klang im Kopf.

Manchmal stellen sich automatisch Bilder ein – zum Beispiel kann ein Stück für mich wie ein sonniger Frühlingsmorgen klingen, wie ein Kohlekraftwerk oder wie eine pulsierende Großstadt mit Motorenlärm, leisen Beats eines Technoclubs in der Ferne, geschäftigem Treiben der Menschen, die durch die Straßen hetzen.Und manchmal ist meine Vorstellung erstmal ganz abstrakt, zum Beispiel eine blubbernde Fläche oder ein spitzes Gebilde, welches sich anfühlt wie ein stacheliger Ball, den man schwer zu greifen bekommt. Es kann auch um das Erfassen von Strukturen, Form- und Klangverläufen gehen. Gerade letzteres ist auch für die Probenarbeit wichtig. Was kann man sinnvoll zusammen proben, weil es rhythmisch-klanglich-dynamisch zusammengehört, aber auch, wo gibt es kontrastierende Abschnitte, die ich klanglich explizieren und herausarbeiten will?

Wenn ich in die erste Probe gehe, habe ich auf diese Art dann bereits einen Fahrplan und eine klangliche Vorstellung im Kopf. Trotzdem, und das ist natürlich auch gerade das Schöne an dieser Arbeit, produzieren den Klang nachher Individuen, weswegen die gleichen Stücke bei unterschiedlichen Menschen und Ensembles unterschiedlich klingen werden. All das trifft sowohl auf experimentelle als auch auf eher klassische Stücke zu und ist einfach eine wunderbare Arbeit.

Wie würdest du deine Arbeitsweise als Dirigentin beschreiben?
Sie basiert auf jeden Fall auf Respekt und darauf, auf Augenhöhe miteinander zu arbeiten. Mir ist der kommunikative Aspekt des Dirigierens total wichtig. Das Ganze so zu bündeln, dass alle ihr Bestes geben. Entscheidend ist, dass alle voll dabei sind und ohne Druck agieren können, weil ich glaube, dass man es hört und sieht, wenn alle Spaß am Musizieren haben. Und auch das ›Eigene›, was ein Ensemble mitbringt zu respektieren, das ist auch wesentlich im Prozess der Erarbeitung und für mich ein wichtiges Credo beim Musizieren: Erstmal annehmen und zuhören, was angeboten wird, um dann daraus zu schöpfen, es wertzuschätzen.

Bist du vor Auftritten nervös?

Vor Konzerten zum Glück eigentlich meist nicht. Bei fremden Orchestern und Ensembles bin ich aber oft vor der ersten Probe aufgeregt. Jede Aufführung, jedes Orchester hat eine eigene Dynamik. Das muss man erstmal kennenlernen und sich reinbegeben. Wenn es aufs Konzert zugeht, freue ich mich meistens einfach sehr, weil dann hoffentlich alles gut vorbereitet und geprobt ist. Aber es gibt immer Stücke, die irgendwie aufregend sind. Mit zu großer Aufregung macht es ja keinen Spaß und dann überträgt sich, glaube ich, auch keine Energie. Das Schönste ist, wenn sich alle sicher fühlen und man im Konzert dann loslassen, mit Freude und Leichtigkeit gemeinsam musizieren kann.

AMPLIFY
EQUATE
ATTRIBUTE

ÜBER
FRIEDERIKE SCHEUNCHEN

Früh interessierte sich Friederike Scheunchen, 1992 geboren, für Theater und Musik. Ihr erstes Kammerkonzert besuchte die Tochter eines Cellisten der Stuttgarter Philharmoniker bereits im Alter von drei Jahren, mit vier war sie im Publikum des Festspielhauses Salzburg als Bruckners Neunte Sinfonie gespielt wurde.

Was mit Cello und Gesang seinen Anfang nahm, wurde beim Dirigieren zur Passion. Während ihres Studiums stellte sie fest, dass sich das Dirigieren »so natürlich, so am meisten nach mir selbst angefühlt hat«. Ihr Musikstudium mit den Schwerpunkten Dirigieren und Cello führte Friederike Scheunchen nach Freiburg und Trossingen. Lehraufträge an den Musikhochschulen in Mainz und Freiburg folgten. »Freiburg wurde in den letzten Jahren meine Wahlheimat mit vielen tollen und lieben Menschen.« An der Stadt schätzt sie unter anderem die schnelle Erreichbarkeit von Natur, der Schweiz und Frankreich.

Sie verantwortete bereits über 200 Uraufführungen, dirigierte bei verschiedensten Festivals, arbeitete mit einer Vielzahl von KünstlerInnen und Orchestern. Auf etlichen berühmten Bühnen trat sie auf, beispielsweise in der Elbphilharmonie in Hamburg, der Harvard University in den USA oder der Laeiszhalle Hamburg, wo sie mit Matthew Herbert ein Bundesligaspiel live vertonte. Außerdem ist sie Mitbegründerin des Ensemble Scope, das sich der interdisziplinären Auseinandersetzung mit gesellschaftlich relevanten Themen widmet. Als ich Friedericke Scheunchen frage, ob es Bühnen gibt, von denen sie noch träumt, antwortet sie: «Karriereschritte lassen sich in meinem Beruf nur schwer ganz konkret planen, aber ich freue mich über jede neue Bühne.«

An der Hochschule für Musik Freiburg arbeitet Friederike Scheunchen als Leiterin des Masterstudiengangs ›Interpretation Neue Musik‹ sowie als Dirigentin des Ensembles für zeitgenössische Musik.

Die Arbeit mit jungen Menschen macht ihr großen Spaß.

In der Spielzeit 2024/25 bereichert Friederike Scheunchen das Theater Freiburg als Dirigentin und musikalische Assistentin des Generalmusikdirektors André de Ridder.

Einige Stipendien förderten bereits die Arbeit der quirligen Dirigentin, unter anderem ist sie Teil der ›KünstlerInnenliste des Forum Dirigieren des Deutschen Musikrats‹ und war Stipendiatin der ›Akademie Musiktheater heute‹. 2024 erhielt sie das Stipendium des Reinhold-Schneider-Preises der Stadt Freiburg – die Jury lobte sie als eine »vielseitig talentierte Grenzgängerin«.

Der Freiburger Kunstverein

Die Geschichte eines der ältesten Kunstvereine Deutschlands geht weit zurück. Bis heute wird hier Kunst gefördert und experimentiert.

Ab 1827 trafen sich Menschen aus Freiburg, um gemeinsam Kunst zu betrachten, sie zu würdigen und zu fördern, Gespräche über sie zu führen und sich dadurch ästhetisch zu bilden. Als ›Gesellschaft der Freiburger Kunstfreunde‹ durch die Initiative des Mal- und Zeichenlehrers Josef Anton Geßler gegründet, benannte sich die Vereinigung innerhalb desselben Jahres in ›Kunstverein Freiburg‹ um, organisierte Ausstellungen und kaufte Kunst an. Durch den Anschluss an den ›Rheinischen Kunstverein‹, dessen Mitglieder Darmstadt, Mainz, Mannheim und Straßburg waren, konnten Wanderausstellungen organisiert werden. Dieser Zusammenschluss löste sich jedoch 1888 auf. Im Jahr 1925 – Freiburg hatte damals 100.000 Einwohner-

Innen – zählte der ›Kunstverein Freiburg‹ knapp tausend Mitglieder. Während in den ersten 20 Jahren nach der Gründung ein Viertel der Mitglieder und der gesamte Vorsitz aus dem Adel stammte, standen ab 1882 bürgerliche Größen dem Verein vor. Übrigens waren im Jahr 1915 nur knapp über 20 Prozent Prozent der Mitglieder weiblich – darunter bürgerliche Witwen, die nach dem Tod ihres Mannes dessen Mitgliedschaft beibehalten hatten.

Bis der Kunstverein ein eigenes Gebäude an der Friedrichstraße finanzieren und 1915, mitten im Ersten Weltkrieg, einweihen konnte, wanderte er umher. Beliebt waren in den Ausstellungen des bis ins 20. Jahrhundert hinein recht konservativ ausgerichteten Kunstvereins Werke aus den Kunstakademien und aus den Sammlungen des badischen Großherzogs. Darunter Künstler wie Hans Thoma und Emil Lugo. Einen regelrechten Skandal hatte die Ausstellung von ›Brücke‹-Malern im Jahr 1907 zur Folge. »Ja, ja, der Brücken gibt es mancherlei, wo aber diese hinführen, ist uns schleierhaft ... Für die farbenfrohe Galerie zeichneten mehrere Herren: Schmidt-Rottluff, Heckel, Nolde, Kirchner, Amiet und Pechstein. Also was dann? Wir dachten an eine Schlacht mit Farbnäpfen und Pinseln«, war in der Badischen Zeitung zu lesen.

Trotz Gleichschaltung der Kunstvereine während der NS-Zeit, konnte der Ausstellungsbetrieb unter der Leitung des parteilosen Karl Hofner ohne gravierende Änderungen weitergeführt werden. Die Ausstellung von Karls Hofers Werken im Jahr 1935 – er war einer der ersten, der seinen Lehrstuhl verloren hatte und über den ein Mal- und Ausstellungsverbot verhängt worden war –, sorgte jedoch für einen Eklat. Ebenso Paula Modersohns Bilder, ausgestellt im Jahr 1937. Sie wurden als ›entartete Kunst‹ aufgenommen. Als 1944 die Bilder von Emil Rudolf Weiß im Kunstverein zu sehen waren, lautete der Vorwurf, dass der ›Typ des rachitischen Kindes‹ kein Vorbild für die Jugend sein könne. Karl Hofner kündigte daraufhin sein Amt auf und die weitere Durchführung von Kunstausstellungen wurde im Zuge der Mobilisierung aller Kräfte untersagt.

Von Bomben getroffen, war der Kuppelbau des Kunstvereins an der Friedrichstraße nach dem 27. November 1944 in großen Teilen nur noch Schutt und Asche. Nach-

dem unter französischer Besatzung alle Vereine aufgelöst werden mussten, erfolgte 1949 die Neugründung. Die Suche nach Anschluss, Nachholbedarf und Neuorientierung prägten die Anfangszeit. In der Talstraße 12 fand der Kunstverein Räumlichkeiten für Ausstellungen, die zuvor vom Naturkundemuseum zu eben diesem Zweck und später von der Gewerbeschule als Möbellager genutzt worden waren. Bis 1954 das Städtische Hochbauamt Maßnahmen am Gebäude durchführte, war man den Witterungen ausgesetzt: der Kälte im Winter und im Sommer der Hitze und dem Teer, der durch die Dachritzen tropfte. Als der Kunstverein seine Räumlichkeiten zugunsten einer Turnhalle aufgeben musste, fand er Unterkunft im Kloster St. Ursula und

zog vom Rand der Stadt in deren Zentrum. Ein neues Konzept wurde entworfen und umgesetzt: Große Skulpturen im öffentlichen Raum sollten die BürgerInnen zur Auseinandersetzung und Stellungnahme herausfordern. Verständnis und weitere Kunstbegeisterung förderte der Kunstverein mit Holzsymposien, bei denen die KünstlerInnen mitten in der Stadt vor aller Augen an ihren Werken arbeiteten. Kooperationen mit dem Wallgraben Theater bereicherten das Programm und auch die Architektur kam immer wieder in den Fokus. In den 1990ern wurden dann verschiedenste Medien einbezogen, der Fokus lag auf der Fotografie. Räumlich gab es erneut einen Wechsel: Vom Kloster St. Ursula zum ehemaligen Schwimmbad Marienbad, wo der

Kunstverein bis heute zu finden ist. Im Blatt zur Wiedereröffnung am 12. September 1997 ist von Geschäftsführer Stephan Berg zu lesen: »Zugegeben, im Nachhinein wird einem doch etwas mulmig zumute, wenn man sich in Erinnerung ruft, auf was sich der Kunstverein letztes Jahr eingelassen hat. Galt es doch nicht weniger zu realisieren, als den groß angelegten Umbau des Marienbads zu einer volltauglichen, universal einsetzbaren Kunsthalle – und das auf der Basis eines für den normalen Betrieb schon knapp bemessenen Jahresbudgets und ohne jedes Kapitalvermögen. Erstaunlicherweise ist das Abenteuer gelungen und Freiburg verfügt jetzt über einen Ausstellungsraum, um den man ihn in mancher größeren Stadt beneiden wird.«

›KV‹ prangt in großen, schnörkellosen Lettern auf der Fassade dieser Institution. Auch im Inneren ist es groß und schnörkellos. Hell und lang öffnet sich der hohe Raum vor mir. Er wurde und wird bis heute als Ort des Experiments, des Diskurses und der Gesellschaftskritik genutzt. Etliche KünstlerInnen, interdisziplinär und international, haben diese Räumlichkeiten für Ausstellungen, Installationen und Performances genutzt: BalletttänzerInnen glitten über ihren Boden, Labyrinthgänge verwischten die Grenzen zwischen Wildnis und Zivilisation, Tibetische Mönche erstellten ein Sandmandala und riefen zur Meditation auf.

Unter der aktuellen Leitung von Heinrich Dietz versteht sich die Institution neuen relevanten, wenig beachteten internationalen Kunstpraktiken verpflichtet und fördert das Unerwartete jenseits vom vermeintlich natürlich Gegebenen ebenso wie einen Kunstbegriff ohne Nützlichkeitsforderungen.

Die Begegnung mit Friederike Scheunchen in der Halle des Kunstvereins ist von Linien und Formen, von Räumlichkeit und Bewegung geprägt. ›Mimetic bodies‹ heißt die Performance und Ausstellung der Künstlerin Lena Grossmann, die hier zu sehen ist. Dabei geht es um die Möglichkeiten, Raum körperlich zu erfahren – in der Bewegung, aber vor allem auch in seiner Beziehung zur Umgebung, zu anderen Körpern. Ein Textzug auf gefliestem Boden fordert mich auf: »Remember the frist time you entered this space. Recall your impression«. Das erste, was mir in den Sinn kommt: Helle, Weite und Experimentierfreudigkeit.

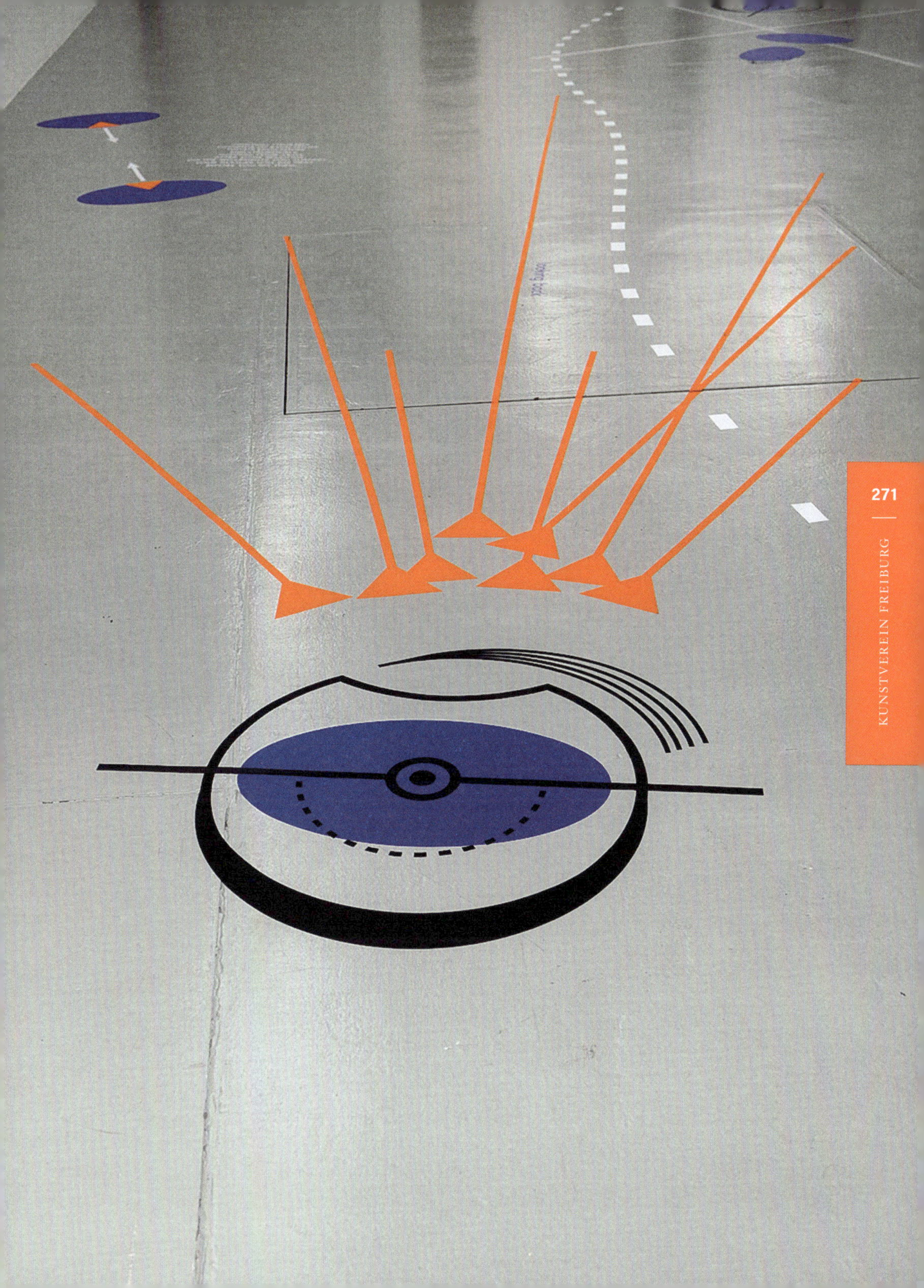

CORINNA VOGT

Regisseurin, Theaterautorin, Gründerin von Zeitschleuse e.V.

KLOSTER RIEDERN AM WALD

»Hier fand ein grandioser Höhepunkt meines Theaterlebens statt.«

›Freude!‹ lautet der Motivationsruf aller Gruppen des von Corinna Vogt gegründeten Theatervereins Zeitschleuse e.V.. Und große Freude ist auch bei ihr zu spüren, als sie Einblicke in ihre Theaterarbeit gibt und uns einen ihrer liebsten Orte zeigt. Der Klostergarten bietet wiederkehrend eine Bühne für das Freilichttheater in Riedern am Wald, wovon das hierfür gebaute Segelschiff zeugt. Ein ruhiger Ort, der jedoch bei Auftritten viel Raum für die Begeisterung und das Publikum bietet.

Ich habe in einem Interview die Formulierung von dir gelesen, dass du dein Herz ans Theater verloren hast. Was liebst du am Theater?

Ich liebe alles am Theater. Es ist diese einzigartige Gemeinschaft, in der man tiefe Bindungen knüpft, durch Dick und Dünn geht. Man lernt einander buchstäblich bis auf die Unterhose kennen – wir sind ein buntgemischter, fröhlicher Haufen, der mir viel bedeutet.

Was mich am Freilichttheater besonders fasziniert, ist das Aufeinandertreffen von Generationen. Hier spielen die Großeltern mit den Kleinen, was einen wunderbaren Austausch von Erfahrung und jugendlichem Elan ermöglicht. Darüber hinaus kommen Menschen aus verschiedenen kulturellen Hintergründen und Berufsfeldern zusammen, was zu einem reichen Miteinander führt. Wir lernen enorm voneinander und ergänzen uns.

»Es war magisch«

Im Klostergarten begann, was heute mehrere Generationen einschließt und Tausende begeistert: Corinna Vogts *von Freude geprägte Theaterarbeit in Riedern am Wald.*

Theater ermöglicht, jedes erdenkliche Thema anzusprechen und zu vermitteln. Ich liebe es, mit selbstgeschriebenen Stücken Botschaften hinauszutragen. Als Schauspielerin und insbesondere als Regisseurin fasziniert mich der Prozess, wie eine Rolle Schritt für Schritt zum Leben erweckt wird. Dabei ist der Weg das Ziel, voller Freude, selbst oder gerade dann, wenn Herausforderungen auftreten. Vom Konzept bis zur Umsetzung mit allen Details – Kostümen, Requisiten, Licht, Ton, Bühnenbild und Maske, allen organisatorischen Aspekten – ist Durchhaltevermögen entscheidend.

Ein besonderer, ja magischer Moment ist es, wenn man spürt, dass alles zusammenpasst, sich alles ineinanderfügt. In solchen Momenten kommen mir vor Freude oft die Tränen. Ich bin dann so gerührt und stolz, nicht nur auf mich selbst, sondern vor allem darauf, dass wir gemeinsam ein Stück Geschichte schreiben, ein Stück Geschichte zum Leben erwecken. Es ist ein ständiges Wachsen und manchmal auch das gemeinsame Überwinden von Hindernissen, was die Begeisterung und den Zusammenhalt noch stärker macht.

Die Aufführungen, das Spielen vor Publikum sind für uns alle dann das Größte. Dabei finden wahre Freudeexplosionen statt.

Der Verein, den du gegründet hast, heißt Zeitschleuse e.V.
Wie bist du auf den Namen gekommen?

2016, als wir zum allerersten Mal hier im Klostergarten waren, haben wir uns gefragt, ob dieser Ort für Aufführungen geeignet wäre. Wir sind dann vom unteren Klostergarten in den oberen spaziert. Es war magisch, als würden wir in eine andere Zeit versetzt werden. In dem Durchgang zwischen den beiden Klostergärten dachte ich: Wow, das ist wie eine Zeitschleuse. So entstand die Idee für den Namen.

Für mich ist der Klostergarten ein einzigartiger Fleck, denn hier fand ein grandioser Höhepunkt meines Theaterlebens statt. Es ist nicht nur unsere Freilichtbühne mit einem besonderen Ambiente, sondern auch ein Ort, an dem mir manchmal alte Stimmen aus längst vergessenen Zeiten zuflüstern. Hier ist es ideal für unsere historischen Freilichttheaterstücke. Es bedarf im Grunde keiner großen Veränderungen, denn hier ist bereits alles von Natur aus alt und strahlt dazu die passende Atmosphäre aus.

Wir haben kreativen Spielraum im Bühnenbild; selbstverständlich integrieren wir zahlreiche Requisiten und Bühnenbildelemente, wie zum Beispiel unser Theaterschiff ›Rouenaise‹ das hier im Klostergarten ankert und fast nicht mehr wegzudenken ist. Es ist auch ein Grund, warum ich den Klostergarten so mag.

Du arbeitest auch viel mit Kindern und Jugendlichen zusammen.
Wieso ist dir das wichtig?

Die Arbeit mit Kindern und Jugendlichen liegt mir besonders am Herzen. Wichtig ist mir vor allem die kreative Entfaltung der Kinder und Jugendlichen, die meiner Meinung nach in den Schulen oft zu kurz kommt. Durch Musik, Tanz und Schauspiel können sie ihre Fantasie und Kreativität ausleben, neue Rollen und Perspektiven erkunden und ihre eigenen Ideen einbringen. Das trägt zur ganzheitlichen Entwicklung bei und ermöglicht es den jungen Menschen, andere besser zu verstehen, sich auf vielfältige Weise auszudrücken und zu entfalten. Sie lernen dabei, selbstbewusst aufzutreten und sich zu trauen, sowohl in der Schule als auch später im Berufsleben.

Ich darf immer wieder erfahren, dass Theater eine wunderbare Gelegenheit ist, Gemeinschaft zu erleben. Hier lernen die Kinder, aufeinander Rücksicht zu nehmen und zu erkennen, wie wichtig es ist, gemeinsam an einem Strang zu ziehen. Sie entwickeln Respekt, Toleranz, Durchhaltevermögen und Disziplin. Das alles geschieht spielerisch, wobei Freude und Spaß immer im Vordergrund stehen. Bei den Aufführungen ist es für mich immer wieder eine besondere Freude, zu sehen, wie der Applaus des Publikums ihr Selbstvertrauen stärkt und sie jedes Mal ein Stück größer werden. Ihre Augen glänzen dann immer so unbeschreiblich – ich liebe es. Und wenn sie dann danke sagen, dass ich sie mit meiner Theaterfreude angesteckt habe, dann geht mein Herz noch weiter auf. Theater ist eine einzigartige Möglichkeit, nicht nur künstlerisch, sondern auch persönlich zu wachsen.

Deine Theaterprojekte schließen oft mehrere Generationen deiner Familie mit ein. Was bedeutet Familie für dich?

Familie ist für mich ganz arg wichtig. Meine Mama wird bald 92 Jahre alt, das ist etwas ganz Besonderes. Sie kann zwar keine großen Theaterstücke mehr schreiben, aber wir haben bis 2022 viel gemeinsam auf den Weg gebracht. Als Mutter und Tochter im Doppelpack Stücke schreiben und inszenieren zu dürfen, war ein wahres Glück. Die gemeinsame Arbeit, wie viele tausend Worte zu einem Rollenbuch geschnürt werden und wie dann die Geschichte immer mehr zu leben beginnt, war und ist ein großes Geschenk. Meine Mama ist ein sehr, sehr besonderer Mensch – ich denke, sie hat eine alte und einzigartige Seele.

Ich bin in einer Großfamilie mit vier Geschwistern aufgewachsen und fand das immer sehr schön. Wir kommen auch heute noch regelmäßig zusammen. Zwei meiner Geschwister sind auch im Theaterverein aktiv und bringen sich vielfältig ein.

Meine beiden erwachsenen Söhne haben ebenfalls Theater gespielt, obwohl sie im Moment beruflich verhindert sind und in Tiengen und der Schweiz leben, sind sie so gut es geht involviert. Sogar meine Enkelkinder haben schon bei unseren Freilichttheaterstücken mitgespielt. Es sind also vier Generationen, die beteiligt sind.

Meine Tochter war von klein auf überall dabei, bei jeder Probe. Jetzt ist sie 15 und spielt in jedem Stück mit, unterstützt mich bei den Proben mit den jüngeren Schauspielern und hat mit ihrer Freundin sogar ein Jugendtheater-

stück initiiert. Sie kamen zu mir und sagten: »Mama, wir wollen auch mal etwas schreiben.« Ich habe sie mit Freude ermutigt und durfte sie dabei eng begleiten und unterstützen. Sowas ist für mich Glück.

Mein Mann steht mir auch zur Seite, obwohl ich abends und an den Wochenenden sehr oft bei Proben, Aufführungen und Sitzungen bin. Er hat auch schon gut und gerne selbst mitgespielt. Da seine große Leidenschaft Fußball ist, hat er davon aber Abstand genommen. Er ist immer da, wenn es um handwerkliche Arbeiten geht. Die ganze Familie packt mit an, und auch viele Leute aus dem Ort und der Umgebung sind aktiv beteiligt. Es ist einfach wunderbar, und dafür bin ich sehr, sehr dankbar.

Körbe u. Gepä

ÜBER
CORINNA VOGT

In Wehr 1968 geboren und mit vier Geschwistern in Todtmoos aufgewachsen, hat Corinna Vogt von Kindesbeinen an eine enge Beziehung zum Südschwarzwald.

Ihre Theaterbegeisterung, die sie heute auslebt, nahm ihren Anfang in St. Blasien. Als Schülerin des Kollegs spielte sie wiederkehrend im Pfingsttheater mit. Ihr Abitur machte sie dann in Freiburg, wo sie verschiedene Regie-, Theater- und Schauspielkurse besuchte.

Auf das Abitur folgte eine Ausbildung zur Arzthelferin. Und auch danach, als sie sich ihren Kindern widmete, besuchte sie weiterhin Kurse, unter anderem in Zürich und Basel.

Theaterbühnen in verschiedenen Südschwarzwälder Orten und Städten begleiteten sie auf ihrem weiteren Lebensweg. Durch den Klausenhof in Großherrischwand, wo sie wiederholt Hauptrollen spielte, fand sie den Weg zum Freilichttheater. Und auch in ihrer Gemeinde, Ühlingen-Birkendorf, war sie aktiv: von Theater-AGs in Schulen und im Kindergarten bis zu Theaterstücken im Sportverein.

Einen wichtigen Punkt markiert das Jubiläumsjahr des 1200-jährigen Bestehens Ühlingens. Ihre Mutter, Erika Buhr, schrieb hierfür das Stück ›Im Wind der Zeit‹. Aufgeführt wurde es im Sommer 2016 unter der Regie von Corinna Vogt. Im Anschluss sehnten sich die Teilnehmenden danach, weiter Theater spielen zu können, das Stück ›Zwischen den Welten‹ wurde geplant, und um der gemeinsamen Theaterleidenschaft eine rechtliche Grundlage zu geben, wurde 2017 der Kultur- und Theaterverein Zeitschleuse e.V. gegründet.

Seither ist viel passiert. Mit Corinna Vogt als erster Vorsitzenden und leidenschaftlichen Theaterfrau wurde ein Vereinsheim gekauft und liebevoll renoviert, die in der Nähe liegende Friedenslichtkapelle wird gepflegt und mit Leben gefüllt, etliche Theaterbegeisterte verschiedener Generationen und Kulturen können seither ihre Leidenschaft ausleben.

Über die Gemeinde hinaus hat der Verein etwa 250 Mitglieder – das jüngste ist zwei, das älteste 92 Jahre alt. Hand in Hand entstehen selbstgeschriebene Stücke, die auf umfangreichen Recherchen basieren, sowie selbstentworfene und - genähte Kostüme und handwerklich aufwändige Bühnenbilder. Etliche Theaterstücke wurden aufgeführt: im Freilichttheater wie auch in den Jugendgruppen der etwa 50 theaterspielenden Kinder und Jugendlichen. Von Krippenspielen über schauspielerisch begleitete Krimidinner ist alles dabei.

Wichtig ist Corinna Vogt dabei auch die alemannische Mundart. Beim Schreiben von Theaterstücken begibt sie sich auf die Suche nach alten Wörtern, die heute nicht mehr oft benutzt werden. Die Mundart sieht sie als Kulturgut, das die Identität und Geschichte der Menschen prägt. Ihre Mutter ist als Mundartdichterin aktiv und ausgezeichnet worden, auch gemeinsam mit ihrer Tochter: mit Ehrennadeln des Landesverbands Amateurtheater Baden-Württemberg e.V.. Weitere Auszeichnungen wie die silberne Ehrennadel des Landes Baden-Württemberg würdigen das große Engagement Corinna Vogts. Außerdem wurde für das Freilichttheaterstück ›Zwischen den Welten‹ 2022 der Landesamateurtheaterpreis Baden-Württemberg, kurz ›Lamathea‹, verliehen.

Mit viel Herzblut und Freude spielt Corinna Vogt bis heute Theater, schreibt neue Stücke, führt Regie und arbeitet mit Kindern und Jugendlichen.

»Gemeinsam ein Stück Geschichte schreiben, ein Stück Geschichte zum Leben erwecken.«

Riederns Klöster

Riedern am Wald, das heute etwa 450 EinwohnerInnen zählt, beherbergte lange nicht nur ein, sondern gleich zwei Klöster.

Idyllisch zwischen den Tälern der Mettma und der Schlücht liegt Riedern am Wald auf 702 Metern Höhe. Erstmalig erwähnt wurde es 1152 in einer Urkunde Kaiser Konrads III. als ›villa Rieden‹. Es wird davon ausgegangen, dass die männliche Klostergemeinschaft von Riedern in Detzeln ihren Anfang nahm – Schätzungen nach frühestens 1070. Genaue Details sind unbekannt, jedoch ist erstaunlich, dass es sich um eine Niederlassung der Augustiner handelte, obwohl in der Gegend fast ausschließlich Benediktinerklöster bestanden. Vermutlich haben sich die Klosteranlagen dort in Detzeln befunden, wo heute der Klosenhof, was so viel wie Klosterhof bedeutet, steht. Hier stieß man auf altes Mauerwerk.

Vieles spricht für eine Übersiedlung des Klosters nach Riedern zu Beginn des 13. Jahrhunderts. Die ehemalige Zelle in Detzeln wurde von den Laienbrüdern weiter bewirtschaftet. Das neue Kloster weihte man der Gottesmutter Maria. Stetig wurde nach der Gründung des Männerklosters Gelände erworben, Grundstücke wurden verliehen und Leibeigene gekauft.

Später entstand ein weiteres Kloster im Ort, das aufgrund seiner Lage als untere Propstei bezeichnet wurde. Urkundliche Erwähnung findet diese Klostergemeinschaft von Frauen in Riedern erstmals 1247. Anders als das Männerkloster nahmen sie erst im Laufe der Zeit die Regeln des Augustinerordens an. Die ›Frauen St. Mariens‹, wie sie sich nannten, finanzierten sich durch mildtätige Stiftungen und den Zugang von Frauen aus dem Adel. Trotzdem waren sie abhängig vom Männerkloster: Ihr ständiger Beichtvater war ein Mönch und auch ihre Gottesdienste mussten von einem der Klostergeistlichen gehalten werden. Ab 1350 durften sie immerhin selbstständig ihren Besitz verwalten. 1378 wurden sie dann auch vom Konstanzer Bischof anerkannt und erhielten einen Ordenshabit, bestehend aus einem weißen Kleid, grauem Überwurf, Chorrock und Schleier, der jedoch selbst zum Schlafen nicht abgelegt werden durfte. Bis ins Grab trugen ihn die Frauen. Ein Bad durfte nur alle vier Wochen genommen werden.

Doch zurück zum heute noch erhaltenen Männerkloster: Im beginnenden 16. Jahrhundert erlebte

es unruhige Zeiten. Die Riedener Bauern zeigten sich dem Kloster gegenüber widerspenstig und wollten keine Abgaben mehr leisten. Das Landgericht Stühlingen sprach dem Propst Recht zu. Und, es liest sich wie ein historischer Krimi, im Frühjahr 1538 ermordete der Mesner seinen Probst. Nach einem verheerenden Brand konnte das Kloster ab 1610 wieder aufgebaut werden. Die Propsteikirche wurde erneuert und eine Wasserleitung, eine neue Küche, ein Backhaus, ein Pferdestall sowie ein warmer Raum für die Dienerschaft wurden gebaut. Außerdem erwarb der damalige Propst 1616 die Leibeigenschaft über alle Untertanen in Riedern.

1638 wurde das Männerkloster Riedern zum Filialkloster von Kreuzlingen. Grund dafür war, dass

die Brüder durch die Verwaltungs- und Seelsorgearbeit zu sehr in Anspruch genommen wurden, um noch das eigentliche Klosterleben führen zu können. Durch die Vereinigung sollte dem Abhilfe geschaffen werden. Dagegen konnten die Augustinerinnen der Einverleibung durch Kreuzlingen bis zur Aufhebung ihres Klosters widerstehen.

Auch vom Dreißigjährigen Krieg blieb das Kloster nicht verschont. 1644 raubten Kriegshorden in Riedern alles aus und richteten große Schäden an. Bis die behoben werden konnten und wieder normale Verhältnisse herrschten, dauerte es längere Zeit.

1740 bewirkte ein Funkenflug aus dem Kamin, dass erneut alle Gebäude des Männerklosters von Flammen zerstört wurden. Daraufhin entstand 1741/42 die sieben Jahre später dem heiligen St. Leodegar geweihte Pfarrkirche und der Konventsbau – eindrucksvolle barocke Gebäude, die heute noch das Ortsbild prägen.

Für 5.500 Gulden verkaufte 1812 das Kloster Kreuzlingen seinen Besitz in Riedern, die oberen Klosterbauten samt allen Einnahmen und Rechten der Propstei, an zwei Basler Bürger. Das Augustinerchorherrenstift wurde aufgelöst. Die beiden neuen Besitzer beabsichtigten, in Riedern eine Brauerei und Brennerei einzurichten, wofür sie ein Braugebäude erstellten. Erfolg dürften sie damit nicht gehabt haben, denn bereits 1825 versuchten sie, ihren gesamten Besitz in Riedern dem badischen Staat zu verkaufen. Der lehnte ab. Zerstückelt wurde er nach und nach an die Menschen in der Umgebung verkauft. Das obere Klostergebäude erwarb 1838 die damalige Gemeinde Riedern, der es als Schule, Rathaus und Pfarrhaus diente. Seit 1968 befindet sich die ehemalige Propstei im Besitz der Katholischen Pfarrei St. Leodegar und wurde in den 1990ern saniert.

Auch das Frauenkloster hatte schwierige Zeiten durchzustehen und sein Ende kam schleichend. Eine Reihe von Katastrophen störten das geregelte Leben der Schwestern: mehrere Brände samt nötigem Wiederaufbau 1489 und 1622, der Bauernkrieg, der Dreißigjährige Krieg mit der Flucht vor den feindlichen Truppen nach Zurzach. 1780 trat Kaiser Josef II. die Regierung an und bald erfolgten erste Einschränkungen seitens der Landesregierung: Unter anderem

wurden Neueintritte in die Ordensgemeinschaft verboten. Nach der Französische Revolution fiel das Kloster samt Besitz an den fürstenbergischen Fürsten. 1802 teilte man den Klosterfrauen per Dekret mit, dass ihr Kloster aufgehoben wurde. Es war den damals 26 Frauen jedoch erlaubt, das Kloster weiterhin zu bewohnen und zu betreiben. Etliche Liegenschaften wurden verpachtet. 1813 mussten die lediglich fünf verbliebenen Frauen, Novizinnen durften ja nicht mehr aufgenommen werden, das Kloster innerhalb von 24 Stunden verlassen. Man benötigte es für ein Feldlazarett, denn die österreichische Armee rückte durch das Hochrheingebiet nach Frankreich. In Riedern allein starben damals geschätzt 700 Menschen wegen einer Typhusepidemie.

Die Gebäude des Frauenklosters wurden dann 1825 ebenfalls zerstückelt verkauft. Die ehemalige Kirche und ein Teil des angebauten Klosters brannten 1848 ab.

Beide einstigen Klöster finden sich in den Straßennamen wieder. Hauptverkehrsweg durch den Ort ist die Augustinerstraße. Im unteren Teil, wo sich ehemals das Frauenkloster befand, heißt die Straße ›Im Kloster‹. Lediglich das ehemalige Verwaltungsgebäude ist noch vorhanden, wurde zu einem landwirtschaftlichen Doppelhaus umgebaut und befindet sich in Privatbesitz. Am ehemaligen Männerkloster führt die Propsteistraße vorbei. An sie angrenzend liegt der untere Klostergarten – seine hohen Mauern geben mir das Gefühl, in einer anderen Zeit gelandet zu sein. Der obere Klostergarten beherbergt das aus Holz konstruierte Schiff des Freilichttheaters und bietet ihm regelmäßig eine Bühne. Im Gebäude selbst kann man auf Anfrage an Führungen teilnehmen und die Vergangenheit im Musum auf sich wirken lassen. In einem Gewölberaum der ehemaligen Propstei finden standesamtlich Trauungen statt. Daneben beherbergt das Klostergebäude eine Bücherei, ein Schulmuseum und das dem in Riedern geborenen Maler und Dichter Heinrich Ernst Kromer gewidmete Museum. Das ehemalige Augustinerkloster ist heute ein Ort der Kultur und der seit 2001 bestehende Arbeitskreis Zukunft des Klosters, wo sich auch Corinna Vogt engagiert, setzt sich dafür ein, dass das auch so bleibt.

MICHAELA KINDLE

Fotokünstlerin

WISDISHOF IN SIMONSWALD

*»Oft sind es nur kleine Details,
die mich inspirieren und
die ich gedanklich schon zu etwas
Neuem zusammenfüge.«*

Wolken ziehen über Tannenspitzen und werfen vereinzelte Schatten auf das Gelände des Wisdishofs. An einer moosbewachsenen Mauer hat es sich ein Farn gemütlich gemacht. Grillen zirpen. Irgendwo müssen sie sitzen, zwischen den langen Grashalmen, die sich sacht in der Brise wiegen. Ein Schmetterling fliegt zur ehemaligen Wohnstube im Leibgedinghaus, das heute als Atelier und als Praxis für den Sympathiedoktor dient. Dunkle Artgenossen zieren als Installation die rustikalen Wände und Nischen von Michaela Kindles Ausstellungsraum. Auf den Leinwänden vermischen sich Welten. Michaela Kindles Blick, verträumt und sehnsüchtig, scheint den Figuren ihrer Fotokollagen in diese Welten zu folgen.

Wie kamst du zum Wisdishof?

Alles fing mit den Hautproblemen meiner Tochter an. Der Kinderarzt hatte uns den Sympathiedoktor in Simonswald empfohlen, da in der Vergangenheit einige seiner Patienten von diesem erfolgreich behandelt worden waren. So kamen wir zum Wisdishof und zu Thomas. Ich war sehr beeindruckt, der Hof hatte etwas Mystisches. Diesem Termin folgten weitere Besuche. 2017 kam ich wieder und Thomas saß mit einem Zeitungsartikel über eine meiner Ausstellungen vor mir. »Ich würde gerne etwas mit Kunst hier auf dem Hof machen«, sagte er. Ich war sofort begeistert, da der Hof und seine Umgebung

Wie im Wunderland

Seine Geschichte, Authentizität und mystische Ausstrahlung haben Fotokünstlerin Michaela Kindle *von Anfang an für den Wisdishof begeistert.*

eine unglaublich inspirierende Wirkung haben und eine tolle Ausstellungsmöglichkeit darstellen. So hat alles angefangen.

Zu Beginn haben wir gemeinsam schwarzwald- und heimatbezogene Projekte ins Leben gerufen, die sich dann weiterentwickelten. Thomas ist sehr begeisterungsfähig und offen für alles. Auf gewisse Weise hat sich das Ganze dann ein Stück weit verselbstständigt. Andere Künstler kamen hinzu, die in den folgenden Jahren beim Kunstweg mitgewirkt haben. Und es findet jedes Jahr am Pfingstwochenende die ›ART Wisdis‹ statt, wo wechselnde Künstler auf dem gesamten Areal des Hofs ihre Kunst ausstellen. Eine ganz besondere Veranstaltung, die sowohl den Künstlern als auch den Besuchern die Möglichkeit gibt, Kunst in einer völlig anderen Umgebung zu betrachten.

Und wie entstand der Kunstweg?

2020 war der Wisdishof ein Ort, an dem man von der Pandemie Abstand nehmen konnte. Es war für mich ein *Alice down the rabbit hole*. Ich war auf Anhieb in die Mystik und den Charme des Hofs verliebt. Thomas hatte die Idee mit dem Kunstweg. Ich hatte zuvor noch nie Installationen gemacht, war aber begeistert von der Idee und Herausforderung. Und weil es für mich hier wirklich wie eine Art Wunderland ist, in dem die Zeit keine Rolle zu spielen scheint, hatte ich diese Inspiration in Form von mehreren Installationen umgesetzt, die wir gemeinsam kreiert haben. Die größte Herausforderung dabei war, dass alle Installationen auch wetterfest sein mussten. Und anders als in einer gängigen Ausstellung gibt es bei einem Kunstweg auch eine gewisse Ablenkung durch die Natur. In der Zeit habe ich in Bezug auf Installationen viel dazugelernt. Die Leute spazierten den Mühlwanderweg entlang und konnten sich währenddessen von der Kunst inspirieren lassen. Eine schöne Auszeit für die pandemiegeplagte Seele. Ich habe dadurch die Corona-Zeit anders erlebt als viele andere – sie war kreativ betrachtet sehr bereichernd.

Bietet sich der wunderlandartige Wisdishof besonders für deine fantasievolle Kunst an?

Ja und nein. Ich muss immer aufpassen, dass die fantastische Landschaft und diese schönen Räume nicht in Konkurrenz zu meiner Kunst treten. Es kann sein, dass ich eine Installation kreiere, die in einem Ausstellungsraum eine unglaubliche Wirkung hat, sobald sie aber draußen in der Natur steht, fühlt es sich manchmal an, als würde sie von genau dieser vereinnahmt werden. Es ist ein Balanceakt, bei dem wir in gewisser Weise in Symbiose mit der Umgebung gehen, aber unter der Voraussetzung, dass die Kunst dennoch nicht ihre Wirkung verliert.

Der Wisdishof bietet Raum für die Kunst und gleichzeitig ist es immer auch eine Herausforderung, mit dem Ganzen zusammenzuwachsen. Hier im Ausstellungsraum dachte ich anfangs, dass meine Bilder keinen angemessenen Platz haben und nicht zur Geltung kommen, weil in diesem Raum so viel passiert und viel Geschichte darin steckt. Aber schlussendlich geht es darum, ein Zusammenspiel zu finden. Wenn ich einen leeren Raum habe, dann kann ich mich voll und ganz auf meine Kunst konzentrieren, da habe ich einen freien Kopf. Hier muss ich mich anderen Herausforderungen und Emotionen stellen, was wiederum oft neue Sichtweisen eröffnet und die Kreativität auf neue Ebenen bringt.

Gleichzeitig ist es für mich ein sehr authentischer Ort mit viel Geschichte, der mir ein warmes, wohliges Gefühl gibt. Kunst hat oft viel mit Image und Prestige zu tun. Das kann manchmal anstrengend sein. Hier ist es authentisch, man hat einen gewissen Abstand zum Alltag und kann seiner Kreativität freien Lauf lassen. Die Aussicht von hier oben hilft, vieles aus einer anderen Perspektive zu betrachten.

Prägt dich deine künstlerische Arbeit in dem, wie du die Welt betrachtest?

Sehr. Gestern zum Beispiel, als wir in Emmendingen waren, um kurz einen Kaffee zu trinken, lag auf einem Fensterbrett draußen ganz friedlich eine tote Ratte. Sie sah aus, als schlummerte sie vor sich hin. Und ich rief zu meiner Tochter: Oh mein Gott, ich habe meine Kamera nicht dabei. Leute standen um uns herum und wunderten sich.

Es ist tatsächlich so, dass ich gewisse Sachen sehe. Oft sind es nur kleine Details, die mich inspirieren und die ich gedanklich schon zu etwas Neuem zusammenfüge. Das liebe ich sehr an meiner Arbeit, aus vielen alltäglichen Bestandteilen etwas völlig Neues zu kreieren. In der Fotografie fange ich Momente ein, da hat mir oft etwas gefehlt. Als ich dann die Welt des Compositings entdeckte, wusste ich, dass ich genau das machen möchte. Neues kreieren, frei von dem zu sein, was tatsächlich existiert. Inspiration dafür finde ich überall.

Und wie würdest du den Schaffensprozess an einem Werk beschreiben?

Aktuell arbeite ich mit Daniel Ricardo González an einer gemeinsamen Serie. Er reist durch die Welt und fotografiert lost places. Seine Fotografien bieten mir eine traumhafte Bühne. Diese Bühne wartet auf Akteure, die eine längst vergessene Geschichte zum Leben erwecken. Für mich ist es unglaublich spannend, in gewissen Details diese Geschichten zu erkennen, mit meiner Kunst zu vervollständigen oder eben anhand der Emotion, die ein Raum für mich ausstrahlt, eine komplett neue Geschichte zu erzählen.

Es passiert eher selten, dass ich die Bilder schon vollständig in meinem Kopf habe, wenn ich anfange. Die Bilder brauchen ihre Zeit, es ist ein Prozess, etwas Wachsendes. Zwischendurch muss ich sie auch einfach mal ruhen lassen. Je länger ich die Bilder ruhen lasse, umso mehr sehe ich darin. Teilweise erscheint es mir, als hätten die Figuren in der Zwischenzeit untereinander eine Beziehung aufgebaut.

Meine Bilder sind ein Teil von mir und gleichzeitig liebe ich es, mit anderen in Austausch zu kommen, die Resonanz zu hören. Zum Glück bin ich Fotografin, denn ich stelle es mir schwer vor, mich von einem Unikat zu trennen, wenn ich Malerin wäre. Das Schönste daran ist, dass ich die Menschen mit meiner Kunst dazu anrege, nach innen zu schauen und zu reflektieren.

ÜBER
MICHAELA KINDLE

Aufgewachsen und zur Schule gegangen ist die 1974 geborene Michaela Kindle in der Weinbaugemeinde Gottenheim am Tuniberg und in Freiburg, bevor sie nach dem Abitur hinaus in die Welt wollte und den Kontinent wechselte.

In den USA arbeitete sie als Au-pair. »Aus dem einen Jahr in Los Angeles wurden elf Jahre. Diese völlig andere Offenheit dort im Vergleich zu diesem relativ spießigen Umfeld hier, so empfand ich es als Jugendliche, hat mich damals unglaublich begeistert«, erzählt sie.

Michaela Kindle begann Hotelmanagement zu studieren mit dem Traum, ein kleines Hotel in der Toskana zu führen. Teil ihres Studiums waren unterschiedlichste Fächer. »Ich habe einen Schwarzweiß-Fotokurs belegt und mich so in die Fotografie verliebt.«

Die Liebe zu ihrem damaligen Mann führte sie für ein Jahr nach London, die Liebe zur Fotografie zum Studium derselben nach ihrer Rückkehr nach Los Angeles. Was in Schwarz-Weiß und in der Dunkelkammer klassisch begann, wurde mit Photoshop eine Spielwiese der Möglichkeiten.

Michaela Kindle hörte auf ihr Bauchgefühl und machte sich 2005, als sie wieder nach Deutschland zurückkehrte, als Fotokünstlerin selbstständig.

»Ich kam zurück und hatte eine völlig andere Sichtweise auf den Schwarzwald.« Als Michaela Kindle den Schwarzwald verließ, empfand sie ihn als langweilig und altmodisch. In den USA wurde er hingegen immer sehr kitschig und bunt dargestellt. Nach ihrer Rückkehr fokussierte sich Michaela Kindle bewusster auf Details wie Trachten und das Handwerk. Ihre Hin- und-Hergerissenheit zwischen den beiden Ländern und Welten verarbeitete sie schließlich in der Bilderserie ›New Moments – Schwarzwald. Anders.‹.

Für den Kunstweg im Simonswald widmet sich Michaela Kindle gemeinsam mit anderen KünstlerInnen seit 2020 jährlich dreidimensionalen und in die Natur integrierten Installationen. Zwischen Pfingsten und Oktober können diese Kunstwerke erlebt werden. Außerdem gestaltet sie die jährlich stattfindende Gemeinschaftsausstellung ›ART Wisdis‹ mit.

Mittlerweile basieren Michaela Kindles zweidimensionale Kunstwerke mehr auf Emotionen. Manchmal beginnt alles mit einer Farbe, manchmal mit dem Bild eines Sturms. ›The Path of a Dreamer‹ und ›Dreams & Expectations‹ heißen neuere Serien bezeichnenderweise.

Ihre aktuellste Serie ›Fragments of a Forgotten Symphony‹ entstand in Zusammenarbeit mit Daniel Ricardo González, der verlassene Orte überall auf der Welt fotografiert. Diese Fotos fügte Michaela Kindle mit anderen zusammen und füllte sie mit ihrer Fantasie. Immer ist die Natur Teil dieser Kollagen, fordert sich ihren Platz zurück, ist oft verspielt, lieblich und zart, manchmal geheimnisvoll.

Ihre surrealen, poetischen und fantasievollen Arbeiten stoßen auf große Begeisterung. Bereits in Spanien, Brüssel, New York und Kanada stellte Michaela Kindle aus und sie erhielt diverse Auszeichnungen, wie beispielsweise Gold bei den New York Photography Awards 2021 oder gemeinsam mit Daniel Ricardo González Gold bei den European Photography Awards 2022.

Bis heute träumt sich Michaela Kindle zurück ans Meer, das in Los Angeles Teil ihres Alltags war. »Ich wäre immer noch offen, wieder einen neuen Ort auszuprobieren.« Wer weiß, wohin es sie geografisch und künstlerisch noch verschlägt.

*»Ich kam zurück
und hatte eine völlig andere Sichtweise
auf den Schwarzwald.«*

Der Simonswälder Wisdishof

Natur, Fantasie und Geselligkeit sind auf dem alten Hof zu finden – ein Wunderland.

Statt einem weißen Hasen folgen wir der Route, die uns die mechanische Stimme des Navigationsgeräts weist. Sie manövriert uns durch den Stadtverkehr Freiburgs, bis die Landschaft sich weitet und ländlicher wird. Eindreiviertel Stunden brauchte um 1830 die täglich fahrende Postkutsche, um von Freiburg nach Waldkirch zu gelangen. Für uns sind es heute nur gute 20 Minuten, ehe wir Waldkirch passiert haben. Bald darauf zweigt das Simonswälder Tal ab. Es erstreckt sich langgezogen über 25 Kilometer – mehr als 910 Meter beträgt der Höhenunterschied innerhalb des Simonswälder Gemeindegebiets. Auf unserer Fahrt zum Wisdishof, Michaela Kindles persönlichem Wunderland, fahren wir durch einige Ortschaften. Nach aktuellem

Wissensstand wurde Simonswald sogar zweimal besiedelt. Zum ersten Mal in der Jungsteinzeit, zum zweiten Mal wurde es im Mittelalter ab dem 10. Jahrhundert als Siedlungsgebiet erschlossen, was die Grundlage des heutigen Orts bildete. Eine erstmalige urkundliche Erwähnung erfolgte 1178 als ›Sigmannswalt‹. Waldige Hügel und Berge erstrecken sich zu beiden Seiten der Straße. Auf saftigen Weiden blicken Kühe blinzelnd dem Auto hinterher. Sie sind wichtige Landschaftspfleger des artenreichen Weidelands, das neben dem Ackerland besonders im 19. Jahrhundert entstand, als die Bevölkerung stark wuchs und der Waldanteil in Simonswald deutlich reduziert wurde. Im 20. Jahrhundert wuchs die Waldfläche verstärkt, weil die Landwirtschaft an Attraktivität verlor. Mittlerweile ist Simonswald mit etwas über 80 Prozent bewaldeter Gemeindefläche eine der waldreichsten Gemeinden Deutschlands.

Als wir die Abzweigung zum Wisdishof nehmen und an Höhe gewinnen, werfen Wolken Schatten auf das Grün und Dunkel der Wälder, die sich über die umgebenden Hügel erstrecken. Schwungvoll geschriebene Lettern mit floralen Verzierungen bestätigen von der Gebäudewand aus die Stimme der Navigation: »Sie haben Ihr Ziel erreicht.« Der Wisdishof steht schon seit 1714 hier. An der Hauptstraße gelegen, war das Hofgebäude des Bauers Mathias Weis bei Plünderungen französischer Soldaten zerstört und hier in abgelegenerer Lage, am Fuße des Simonswälder Hausbergs Hornkopf neu gebaut worden. Der Name geht auf den Erbauer zurück – ›Wis Madis si Hof‹ – kurz: Wisdishof. Seit 1857 befindet sich der Hof in Besitz der Familie Kaltenbach. Thomas Kaltenbach, der heutige Inhaber des Hofs, erhält eine alte Familientradition am Leben. Bis ins 20. Jahrhundert waren SympathiedoktorInnen im ländlichen Raum für Mensch und Tier gefragt. Bereits Andreas Kaltenbach, der von 1877 bis 1962 lebte, kümmerte sich in der von Landwirtschaft geprägten Gegend als Sympathiedoktor um die Gesundheit von Mensch und Vieh. Bis heute behandelt Thomas Kaltenbach auf diese nach Gleichgewicht strebende Weise Tiere. Liebevoll hat er den Wisdishof renoviert und eine Kapelle aus alten Materialien neu errichtet – der Wunsch seiner Großmutter ging damit in Erfüllung. Gemein-

sam mit einem Biologen legte er den Bauerngarten in der Tradition der Bauernheiler an. Gemüse und Kräuter wachsen neben Grabsteinen und Rosen, die in ihrem satten Rosa wie angemalt wirken – so als wären die drei Gärtner aus Lewis Carrolls Erzählung hier zugange gewesen. Ein zauberhafter Garten.

Thomas Kaltenbach hat dafür gesorgt, dass der Wisdishof vielen Menschen zugänglich ist. Er ist ein Ort der Kunst, Geselligkeit, Spiritualität, und er ist ein Ort für alle, die Freude an der Natur haben. Offen und herzlich heißt er alle willkommen.

Michaela Kindles Ausstellungsraum ist in der ehemaligen Wohnstube des Leibgedinghauses. Still gehe ich durch den kleinen Raum mit seinen altersgezeichneten

Wänden, an denen Michaelas Kunst hängt, und lasse die Bilder auf mich wirken. Auf Tapetenresten, an eine rustikale Wand gelehnt, steht ein Mädchen in Tracht. Anstelle eines Kopfes strebt aus dem Halsausschnitt dichter blauer Rauch der Decke entgegen. Aufgenommen wurde die zugrundeliegende Fotografie während der Renovierungsarbeiten auf dem Wisdishof. Eine Auseinandersetzung mit ihrer Heimat, erzählt Michaela Kindle. Für die Reihe ›New Moments – Schwarzwald. Anders.‹ bediente sich Michaela Kindle aus dem Fundus an Trachten, Werkzeugen und historischen Alltagsgegenständen des Wisdishofs.

Aus der Reihe ›Fragments of a Forgotten Symphony‹ hat es mir besonders ein Pinguin mit Schal angetan. Er sieht neben einer blumengeschmückten Frau in Wolkenkleid einer Brise aus zarten Flugsamen entgegen. Eine andere Leinwand zeigt ein verträumtes Setting voller Grün und bunter Farben. Umhüllt von einem Kleid aus Pfauenfedern liegt eine Person inmitten des Grüns eines kleinen Bachs, von einem Lichtstreifen und Blütenblättern umschmeichelt, neben ihr ein niedergestrecktes Vögelchen. ›Dreams & Expectations‹ heißt die Reihe, aus der das Werk stammt. Schlichter gehalten, trotzdem farbenfroh und reich an Natur sind die Bilder aus ›The Path of a Dreamer‹.

Auch Michaela Kindles Beiträge zum diesjährigen Kunstweg regen zum Träumen an. 2024 lautet das Motto ›Vorbild‹. Seit 2020 wird jährlich ein Kunstweg von verschiedenen KünstlerInnen gemeinschaftlich gestaltet. Ab Karfreitag bis Ende Oktober kann er begangen werden. Am Pfingstwochenende findet jährlich in den Hofgebäuden die Kunstausstellung ›ART Wisdis‹ mit über einem Dutzend Kreativen statt. Der Eintritt ist bei beidem frei, Spenden gehen jedes Jahr an ›Tigerherz‹ – ein Angebot für Familien, in denen ein Elternteil an Krebs erkrankt ist.

Besonders lange verweile ich an dem von Michaela Kindle zum Leben erweckten Wunschbaum. Wie kleine Propeller drehen sich die Wunschkärtchen im Wind, pendeln langsam aus, bis die nächste Brise wieder nach ihnen greift.

Wünsche von Groß und Klein versammeln sich auf den Kärtchen. Gesundheit, einen schönen Urlaub, Frieden und Freude wird sich und

anderen gewünscht. ›Das Schwimmbad jeden Tag auf hat!‹, heißt es auf einem Kärtchen – ich kann sie verstehen, die Sehnsucht nach ewigem Sommer. Auch Dankbarkeit hat ihren Platz im Wunschbaum. Mit großen geschwungenen Buchstaben steht auf einem Zettel ›Danke, daß ich leben darf!‹ geschrieben. Es ist schön zu verweilen und diese Zeugnisse auf sich wirken zu lassen. Das sanfte Blätterrauschen bildet die Hintergrundmusik für meine Gedanken. Gedanken daran, was selbstverständlich und was es wert ist, gewünscht zu werden. An die vielen Bejahungen an diesem Baum. Und, inmitten dieser märchenhaften Umgebung, an Alice: »The dream-child moving through a land | Of wonders wild and new, | In friendly chat with bird or beast«.

SONJA KARADZA

Künstlerische Leiterin des Theaters im Marienbad

GARTEN DES TIBET KAILASH HAUSES

»Der Garten strahlt eine unglaubliche Ruhe aus und man selbst kann hier in Ruhe sein.«

Im Schneidersitz meditiert ein steinerner Buddha zwischen den Rosen. Eine Biene, an ihnen Gefallen findend, summt geschäftig vorbei. Über uns wiegen sich bunte Gebetsfahnen im lauen Sommerwind. Kleine Oasen, auf mehrere Ebenen verteilt, laden zum Innehalten ein. Und auch Sonja Karadza hält immer wieder inne, schließt die Augen oder blickt in die Ferne, während sie mit Bedacht und Souveränität auf meine Fragen antwortet.

Welchen Fokus setzt du in der Zusammenarbeit als künstlerische Leiterin des Theaters im Marienbad?

Zeit ist für mich ein wesentlicher Faktor. Ich glaube grundsätzlich, dass wenn man mehr Zeit in die Vorarbeit steckt, die Hauptarbeit dadurch sehr schnell von der Hand geht und man keinerlei Zeit verloren hat.

Wenn ich anfange, über ein Stück nachzudenken, dann interessiert mich natürlich, was meine Mitarbeitenden aller Abteilungen, sei es in der Technik, der Verwaltung, im Schauspiel und in der Leitung gerade interessiert. Diese 15 Personen hier im Haus stehen ja zu einem Teil stellvertretend für die Gesell-

Was langsam wächst

Die Dramaturgin Sonja Karadza
schätzt das Ursprüngliche.
Im Garten des Tibet Kailash Hauses findet sie es.

schaft mit all ihren Fragestellungen. Das heißt, ich kann wunderbar mit der Gruppe zusammen herausfinden, was gerade wichtig zu erzählen wäre.

Das ist der erste Schritt, bevor wir überhaupt ein Stück suchen oder die Frage stellen, zu welchem Thema wir ein Stück entwickeln.

So ein Prozess, der auch Zeit braucht, generiert ganz oft eine Zuspitzung auf ein Thema. Es fängt mit dem gemeinsamen Austausch an, aus dem ein Potpourri an Themen hervorgeht, und dann entwickeln wir gemeinsam, was als nächstes dran ist. Ich beginne daraufhin nach Texten zu suchen und stelle diese zur Disposition. Ich suche drei bis fünf Texte aus, die wir alle gemeinsam lesen und anschließend diskutieren. Auch das ist eine Zeitfrage. Meistens bleibt während dieses Gesprächs der Fokus auf ein, zwei Stücken. Und manchmal ergibt sich daraus auch, wer Regie führen wird. Dann wird diese Person auch schon in den Prozess eingebunden. Und wenn nicht, dann suche ich aufgrund dessen, was wir entschieden haben, die Regiehandschrift, von der wir glauben, dass sie passen könnte. Auch das besprechen wir gemeinsam. Wenn das alles passiert ist, dann ist ein Fundament gelegt.

Der wesentlichere Punkt ist für mich nicht unbedingt immer nur das Mitentscheiden, sondern das Gesehen- und Gehörtwerden.

Und ganz viele Fragen, die oft nach einer schnellen Entscheidung entstehen und dann den Prozess lahmlegen oder auch konterkarieren, können so verhindert werden. Mögliche Reibungspunkte haben wir schon im Vorhinein miteinander ausdiskutiert.

Dann flutschen die Stücke meistens und alle sind in der Verantwortung. Ich liebe es tatsächlich auch, aber das ist eine persönliche Geschichte, alle in der Verantwortung zu sehen. Man kann sich hier sehr schwer verstecken. Es geht ums Zeigen, ums selbst Mitdenken und ums verantwortlich Sein für Entscheidungen.

Es ist nicht so, dass ich das immer gut aushalte. Man hat manchmal Prioritäten und würde sich gern durchsetzen. Das habe ich auch schon gemacht, doch ich bin damit nicht gut gefahren. Ein Kollege von mir attestierte mir, dass ich in meiner Arbeits- und Denkweise eine Anarchistin bin, das hat mir gefallen. Aber ich möchte mir nicht anmaßen, dass es andere genauso machen sollen.

Wie reagiert ihr als kleines Ensemble auf neue Moden und Anforderungen?

Für uns ist es immer wichtig, dass die Dinge Hand und Fuß haben. Dass wir nichts einfach so überstürzt tun. Ein Beispiel wäre das Thema Inklusion. Es gibt viele Stücke bei uns im Haus, die sehr textlastig sind und wir wissen noch nicht genau, wie wir dabei inklusiver arbeiten können. ›Der Koffer‹ ist ein Stück, was mit wenig Sprache und ständiger Wiederholung von Worten auskommt. Deshalb hatten wir die Idee, wir wiederholen das Wort nicht zum dritten Mal, sondern wir unterstützen es durch Deutsche Gebärdensprache. Gerade für die ganz Kleinen ist es schwierig, GebärdendolmetscherInnen am Rand zu folgen, ohne das Bühnengeschehen zu verlieren. Also

haben sich jetzt alle aus dem Ensemble die für dieses Stück notwendigen Sätze in unterstützender Deutscher Gebärdensprache beigebracht. Vor der Premiere des Stücks haben wir einen Experten für Gebärdensprache eingeladen und um seinen Rat gebeten. Verbunden mit der ganz klaren Aufforderung: Wenn er sagt, das ist nichts, haben wir noch eine Woche bis zur Premiere, dann beenden wir diesen Versuch. Wir wollen, dass es wirklich einen Mehrwert hat. Nach der Vorstellung hatte er Tränen in den Augen und uns grünes Licht gegeben. Seither haben wir tatsächlich auch SchülerInnen bei uns in der Vorstellung und beim vertiefenden Teetrinken im Anschluss, die auf die Gebärdensprache angewiesen sind.

Wir achten immer auf Qualität. Das, was wir machen wollen, nehmen wir auch wirklich ernst. Das bedeutet, dass wir eben ExpertInnen brauchen. Vor ungefähr einem Jahr hatten wir die Möglichkeit, ein Projekt mit einer recht hohen Fördersumme zu übernehmen. Aber wir haben uns als Kollektiv entschieden, das nicht zu tun, weil einfach zu wenig Zeit war. Es war ein unglaublich ernstzunehmendes Thema und wir wollten vermeiden, dass wir es nicht in seiner Essenz erzählt bekommen. Wir haben damit zwar auf eine größere Summe verzichtet, aber ich stehe immer noch total hinter der Entscheidung, weil ich mit Kunst etwas anderes will.

Was schätzt du am Garten des Tibet Kailash Hauses?

Seine Ausstrahlung. Ich glaube, die hat etwas damit zu tun, dass er über viele Jahre hinweg kultiviert wurde. Er ist kein Projekt, das schnell fertig geworden ist, sondern das über Jahre gewachsen ist. Ich liebe es, wenn Dinge langsam wachsen. Ich glaube, darum fühle ich mich hier intuitiv so wohl. Der Garten strahlt eine unglaubliche Ruhe aus und man selbst kann hier in Ruhe sein. Natürlich ist es nicht immer ruhig, es gibt nebenan eine Kindertagesstätte. Aber ich liebe auch die Kindergeräusche. Das ist ein bisschen, wie wenn man am Meer liegt, die Augen zumacht und dann quietscht es, weil irgendeine Sandburg gleich vernichtet wird, weil eine Welle kommt.

Und das viele Grün – ich liebe es. Grün ist meine absolute Lieblingsfarbe. Ich liebe Pflanzen, ich liebe Blumen, ich liebe Arrangements. Hier sind wahnsinnig viele schöne Arrangements. Tatsächlich sind Zartrosé und Grün meine Lieblingsfarben und diese Kombi findet sich ja oft in Blumen wieder.

Mich persönlich interessiert alles, was eine Form konzentrierter Zuspitzung beinhaltet. Essenzen. Ob das Gedichte sind, ob das eine Pflanze, ein gutes Gespräch, ob es etwas in der Musik ist. Ich mag Papier, schwere alte Stoffe, alte Filme. Deswegen begleiten mich Heftchen, in die ich Gedanken schreibe. Von allen meinen Reisen bringe ich Neues mit. Ich mag vieles Ursprüngliche. Zum Beispiel Steine. Eigentlich bin ich ja kein Kind mehr (oder doch ...), aber ich sammle sie immer noch am Strand. Steine, Kacheln, Muscheln. Ich glaube, wenn man das mal so hier im Tibet Kailash Haus spirituell sehen wollen würde, dass vielleicht in mir eine sehr alte Seele wohnt ...

Langsamer!
Literaturverlag Droschl

ÜBER
SONJA KARADZA

In Kontakt mit dem Theater kam die 1974 geborene Sonja Karadza erstmals in Stuttgart durch die Schule. »Ich hatte tolle DeutschlehrerInnen, die mit uns super viele Stücke besucht haben. Auch Tanztheater haben wir gesehen, sehr experimentelle Stücke, sehr groteske Sachen. Ich komme aus einem komplett theater- und bücherfernen Haushalt, sodass die Schulveranstaltungen für mich wesentlich waren und mich geprägt haben«, blickt sie zurück.

Damals traute sich Sonja Karadza noch nicht, in die Theater-AG ihrer Schule einzutreten. Mit 16 dann fasste sie sich ein Herz und wurde Mitglied einer freien Theatergruppe. »Ein totales Erweckungserlebnis«, erzählt sie mir. Eine Austauschreise nach Russland, in Venedig für die Gruppe angefertigte Masken und das Üben der Rollen auf dem Markusplatz sind ihr aus dieser Zeit besonders in Erinnerung geblieben. Außerdem eine freie Theaterpädagogin: »Sie war so wahnsinnig mutig, über die Konvention hinaus. Das hat mich auch für mein Leben und mein Frausein extrem geprägt.«

In Tübingen studierte Sonja Karadza dann Jura. Aus Liebe zum Theater trat sie der Theatergruppe des Rhetorikseminars von Walter Jens bei. Nicht ohne Folgen: »Eine Zeit lang hatte ich den Wunsch Schauspielerin zu werden.« Gleichzeitig hatte sie herausgefunden, dass die Juristerei nicht ihrs war. So entschied sie sich für Theaterpädagogik und kam erstmals durch ein Praktikum zum Theater im Marienbad. Während sie dann in Freiburg Sozialpädagogik studierte, assistierte sie über Jahre hinweg dem damaligen Leiter des Theaters, Dieter Kümmel. Statt, wie ursprünglich geplant, ein Aufbaustudium zu machen, nahm sie die von Dieter Kümmel und dem Ensemble angebotene Stelle als Theaterpädagogin an: »Damals war die Aussage, die Stücke sprechen für sich selbst. Das würde ich nach wie vor unterschreiben wollen, mir ging es darum, dass wir um die

Inszenierung herum eigenes Material generieren oder auch nochmal in eine Vertiefung gehen von dem, was wir tun. Es war eine gute Mischung, dass ich assistiert habe und gleichzeitig Theatervermittlerin war, weil ich künstlerisch mitgearbeitet habe und um alle Entscheidungen, um alle inhaltlichen Ideen wusste.«

Ab 2003 arbeitete sie dann hauptsächlich als Dramaturgin, seit 2017 als künstlerische Leiterin des Theaters. Im Jugendstilgebäude des ehemaligen Schwimmbads aus dem Jahr 1902 finden allseits beliebte, hochwertige Inszenierungen für Jung und Alt statt. »Unser Theater ist humorvoll, politisch, poetisch, und manches Mal rätselhaft. Es ist ein Ort des Zweifels, des Tabus, der Fragen, der Utopien und flüchtig wie ein Augenblick. Es verzichtet auf Antworten, mutet zu, fordert heraus, und schafft Perspektiven und Räume für Hoffnung und Veränderbarkeit von Welt«, heißt es auf der Homepage. Sowohl Schul- als auch Abendvorstellungen werden gegeben und vielseitige Kooperationen eingegangen.

Große Dankbarkeit schwingt mit, als Sonja Karadza von ihrem Beruf erzählt: »Wenn ich innehalte, zum Beispiel während einer Probenpause, dann wird mir immer bewusst, wie toll es ist, dass das mein Beruf ist, dass ich mich mit so vielen wertvollen Menschen viele Stunden am Tag über das Leben und die Fragen und Herausforderungen, die es stellt, unterhalten, mit ihnen diskutieren und Projekte ausdenken kann, um diese Welt zu hinterfragen und auf den Kopf zu stellen.«

»Ich liebe es, wenn Dinge langsam wachsen.«

Tibet Kailash Haus

Ein alter Wall, stetig gewachsene Natur und hoher Besuch des Dalai Lama – all das gehört zur Geschichte dieses Hauses.

Ursprünglich gehörte die heutige Wallstraße, an der das Tibet Kailash Haus liegt, zum Überschwemmungsgebiet der Dreisam. Sie verlief vor ihrer Regulierung weiter nördlich. Im Mittelalter wurde die Stadtmauer der Schneckenvorstadt etwa dort gebaut, wo die Straße heute verläuft. Mit der französischen Eroberung Freiburgs 1677 und dem Bau der Vaubanschen Festungsanlage integrierte man die Mauer in die Anlage. Wie ein Stern umspannte der von einem Wassergraben umgebene Festungsring die Stadt, den angrenzenden Schlossberg als nachziehenden Schweif. 1744/45 wurde die Mauer gesprengt und der Wall beim heutigen Tibet Kailash Haus blieb mehr als ein Jahrhundert lang unbebaut. Ab 1866, nachdem er aufgeschüttet und erweitert worden war, wurden entlang der so entstandenen Straße Neubauten errichtet. Seither trägt sie den Namen Wallstraße. Das enorme Gefälle im Garten des Tibet Kailash Hauses lässt sich durch diesen ehemaligen Wall erklären. Im Stadtbild Freiburgs sind Bauzeugnisse aus der Zeit zwischen 1820 und 1880 selten geworden. In der Wallstraße sind sie aber noch zu finden. Darunter die denkmalgeschützte Villa des Tibet Kailash Hauses. Auf ihrer gelben Fassade prankt in Rot ein eckiger endloser Knoten, der für die Unendlichkeit der Zeit steht. Ein rot lackiertes schmiedeeisernes Tor, goldene Lebensräder zwischen seinen Streben, bietet Zugang zu einer versteckten und üppig bewachsenen Oase des Innenhaltens – zum Garten des Tibet Kailash Hauses, in dem man schnell die Zeit vergisst.

Zu verdanken ist diese Oase Wilfried Pfeffer. Er gehörte zu den Mitbegründern der Partei Bündnis 90/Die Grünen. Bei einem Vortrag über die Globalisierung und das Verhältnis zwischen religiösen Menschen und Naturwissenschaften erlebte er den Dalai Lama und war von ihm fasziniert. Seither beschäftigt sich Wilfried Pfeffer intensiv mit ihm, dem Buddhismus und mit Tibet. In den 1970ern reiste er per Anhalter von München dorthin, lebte in den 1980ern sogar mit seiner Familie in Tibet. Besonders beeindruckte ihn der Umgang mit der chinesischen Besetzung. Später brachte er ein Stück Tibet nach Freiburg und baute 1990 zuerst das buddhistische Zentrum an der Stadtstraße mit auf. Im Sommer 2000 gründete er das Tibet Kailash Haus als Ort ganzheitlichen Denkens. »Es soll ein Schulungsort für neues Bewusstsein mit Weisheit für Offenheit und Mitgefühl sein«, erklärte er. Im Hauptgebäude, dem Gesundheitshaus, finden Vorträge und andere Veranstaltungen, Meditationen und Yoga statt. Thematisch widmet sich das Tibet Kailash Haus der traditionellen tibetischen Medizin, dem Buddhismus und der politisch-kulturellen Situation dieses Landes. Jährlich reiste Wilfried Pfeffer über Jahrzehnte hinweg nach Tibet und nach Dharamsala in Indien, wo er regelmäßig mit dem Dalai Lama für persönliche Gespräche zusammentraf. Seit ein paar Jahren nicht mehr – »Zu sehr schmerzt mich die selbstherrliche Dominanz der chinesischen Besatzer in Tibet, die rücksichtslose

Zerstörung der Umwelt und respektlose Verdrängung der tibetischen Kultur durch China.«

Nur rund zehn TibeterInnen leben in Freiburg. Weit mehr sind es, die sich für das interessieren und begeistern, wofür Tibet hier steht. Zwei steinerne Löwen, Wächter Buddhas, flankieren rechts und links einen Treppenaufgang zum Hauptgebäude. Buddhaskulpturen sind überall in dem magischen Garten zu finden. Im Schneiderstitz, Handfläche auf Handfläche, verharren sie zwischen sattem Grün.

In einer Hütte werden Getränke und kleine hausgemachte Speisen zubereitet. Seit 2018 hat das Gartencafé seine Pforten geöffnet. Längst ist es kein Geheimtipp mehr. Ruhe findet man hier trotzdem. Ein öffentlicher Bücherschrank im

Garten kann Pfade fürs Gedankenwandern vorgeben.

Steinerne Pfade, Terrassen auf verschiedenen Höhen, von Natursteinmauern gestützt, und krumme Stufen aus Stein, von forschen Zweigen umkämpft, durchziehen den Garten. Er ist im wahrsten Sinne des Wortes gewachsen. Zwölf Jahre lang legte Wilfried Pfeffer Terrassen und Nischen an, wo er verschiedenste Pflanzen setzte. Die Geduld hat sich gelohnt. Rosen verströmen ihren Duft, Kirschen, Pfirsiche und ein Mimosenbaum locken Insekten und spenden Schatten in kleinen Oasen. Büsche, Farne und Bambus schirmen die Terrassen voneinander ab und bilden gleichzeitig grünblättrige Verbindungen. In der buddhistischen Weltanschauung ist alles, Mensch, Tier, Pflanze, geistig und energetisch miteinander verbunden.

Ein Käfer krabbelt über einen Bodenstein und verschwindet wieder im Grün der Sträucher. Auch über mir nehme ich Bewegung wahr. ›Om mani padme hum‹ steht in Silben verteilt auf gelbem, grünem, rotem, weißem und schwarzem Stoff. Er flattert leicht in der Brise. Nicht weniger als die Welt, ihre Entstehung, ihr Dasein voller Polarität und ihr Verlöschen werden durch dieses Mantra dargestellt. Flankiert wird es von Gebetsfahnen größeren Formats. Der Wind soll die Gebete in den Geist tragen.

In seinem strahlenden Weiß, den bunten Verzierungen und der pyramidenähnlichen Form fällt besonders der Stupa am Fuße des Hauptgebäudes auf. Die Grundsteinlegung fand 2006 am 11. Juni, dem Geburtstag Buddhas, statt. Lama Tendar, ein Stupabauexperte, der knapp dreißig Jahre zuvor als 14-Jähriger aus Tibet geflüchtet war, und engagierte helfende Hände haben ein Jahr lang gemeinsam am Bau des Stupas gearbeitet. Er ist ein Symbol des Friedens, eine sichtbare Aufforderung an den Menschen, sein egozentrisches Verhalten zu überprüfen und ein Wir-Bewusstsein zu entwickeln. Der Weg dorthin wird durch die verschiedenen Stufen symbolisiert. Sein Aufbau entspricht außerdem der meditativen Haltung des Buddha: Sein Sockel symbolisiert den Körper, seine Kuppel die Sprache und Psyche, seine Krone das Bewusstsein. Gefüllt ist das Innere mit Ritualobjekten, Reliquien, Buddhabildnissen, mit Büchern und heiligen Texten. In der Spitze des fünf Meter hohen Stupas ist ein gesegneter Stab aus hiesigem Wacholderholz eingesetzt. Wer im Uhrzeigersinn um ihn herumgeht, soll lernen, heilsame und friedvolle Sichtweisen aufzubauen.

2007 weihte der 14. Dalai Lama Tenzin Gyatso den Friedens-Stupa ein. Filmaufnahmen zeigen eine farbenfroh gekleidete Menge, die den Heiligen jubelnd, klatschend oder mit zum Gebet aneinandergeschmiegten Händen begrüßt. Weitere Programmpunkte waren ein Empfang im Rathaus und ein Vortrag im Rahmen des Kongresses Wissenschaft und Spiritualität in den Messehallen mit 8.500 Gästen. Bei seiner Ansprache im Garten des Tibet Kailash Hauses zeigte sich der Heilige humorvoll: »Wann endet ein tibetischer Segensspruch? Keiner weiß es. Finish now.«

MARIE LEMOR

Poetry-Slammerin

ALTER FRIEDHOF

»Hier ist ein Ort der Ruhe. Diese Gleichzeitigkeit von Tod und Leben ist inspirierend.«

Bemooste Grabsteine ragen aus der Wiese hinauf zum Himmel. Auf einem hat es sich ein steinerner Junge bequem gemacht; er blickt verträumt ins Blau. Efeu rankt an einem alten Stamm entlang. Der nächtliche Regen hat Spuren in die Wege gezeichnet, eine rostige Schubkarre wartet geduldig auf behandschuhte Hände. Kein Kies weit und breit, keine marmorne Schlichtheit, wie ich sie von neueren Friedhöfen kenne. Lebendige Natur und der Tod stehen hier miteinander in Einklang. Auf einer Bank machen Marie Lemor und ich es uns gemütlich. Vogelgezwitscher und leises Blätterrascheln füllen die Stille, die entsteht, wenn Marie Lemor über meine Fragen nachdenkt. Sie geht sorgsam mit Worten um.

Auf Instagram veröffentlichst du ein Format mit dem Titel ›Wort der Woche‹. Hast du Lieblingswörter?

Auf jeden Fall. Ich mag Wörter wie Firlefanz, Mumpitz, Kokolores oder Rabauken. Und auch schöne Wortschöpfungen, wie Traumtanz oder splitterfasernackt oder verschiedene Redewendungen. Ich liebe zum Beispiel ›Himmel hoch jauchzend, zu Tode betrübt‹. Das ist etwas, das mich in meiner Kunst sehr prägt. Manchmal gibt es nur ein Wort, das mir nicht aus dem Kopf geht und dann habe ich das Gefühl, dass ich darauf aufbauend irgendetwas machen muss. Oder das Wort ist ein Sinnbild für etwas und dann

»Ort der Ruhe«

Gleichzeitigkeit ist der Poetry-Slammerin Marie Lemor *wichtig. Diese findet sie auch in der Ruhe des Alten Friedhofs.*

benutze ich das Bild in meinen Texten weiter. Oft gehe ich von einem Thema aus und dann überlege ich, wie ich das sprachlich umsetzen kann.

Entstanden ist mein Instagram-Account im Lockdown, als es keine Kleinkunst mehr gab. So einen Slam-Text zu schreiben, ist Arbeit und dauert unheimlich lange. Ich brauche dann auch etwas Druck und einen Anlass, für den ich ihn schreibe. Damals habe ich mir gedacht, dass Social Media vielleicht auch ein Ort ist, wo die Leute ein bisschen Kunst und Poesie erleben dürfen. Am Anfang habe ich nur Ausschnitte von meinen Texten reingepackt. Dann habe ich gemerkt, dass ich auf diesem Weg trotzdem Kunst für ein Publikum machen kann, sodass jemand davon profitiert. Es war ein Ort, wo das immer noch sein konnte, trotz Pandemie. Das war schön.

Gibt es noch andere, physische Orte, die du während der Pandemie für dich entdeckt hast?

Damals war mein erstes Kind noch sehr klein. Sozialer Kontakt war verboten. Ich wollte aber irgendwie weiter Kunst machen und mit meinem Kind nach draußen. So habe ich die Parks in Freiburg und auch diesen Ort genutzt, um mit dem Kind im Tragetuch oder im Kinderwagen zu spazieren. Beim Spazieren habe ich immer Sprachaufnahmen gemacht oder mich auf eine Bank gesetzt und etwas aufgeschrieben. Die Ideen kommen mir oft beim Laufen, in der Bewegung. Ich muss meine Gedichte und Texte sprechen, denn so weiß ich, ob sie gut klingen. Ich bin so vor mich hin über den Alten Friedhof gelaufen, manchmal Selbstgespräche führend oder mit Musik auf den Ohren, als Inspiration oder zum Abschalten. Ich konnte hier irgendwie beides machen. Hier ist ein Ort der Ruhe. Wenn du ein kleines Kind hast, läuft typischerweise irgendwo eine Marschkapelle genau dann vorbei, wenn es gerade einschläft – auf dem Friedhof passiert das eher selten. Und diese Gleichzeitigkeit von Tod und Leben ist inspirierend. Oft hat es Leute befremdet, dass ich mit meinem Kind auf dem Friedhof spazieren gehe. Aber wieso nicht?

Du hast Psychologie studiert und machst gerade eine Ausbildung zur Verhaltenstherapeutin. Wie kam es zu dieser Wahl?

Ich kann Dinge gut in Worte fassen und mitschwingen, Emotionen aufgreifen. Das habe ich mit der Zeit für mich gemerkt und gedacht, dass das eine gute Basis wäre. Mit der Ausbildung bekomme ich gutes Handwerkszeug. Was mich in meiner Berufswahl bestärkt, sind diese kleinen Momente, in denen ich das Gefühl habe, dass die einen Unterschied machen. Es sind 50 Minuten, in denen ein Mensch Raum bekommt, in dem Wertfreiheit existiert – im Optimalfall – und in dem man sich öffnen kann. Wo eine zwischenmenschliche Sache passiert. Wonach eine Person etwas mitnehmen kann, vielleicht sogar eine kleine Erkenntnis über das Selbst oder über das Leben. Die vielleicht den Ball, der rollt, in eine Richtung mitnimmt. Das sind tatsächlich ganz tolle Momente. In einer Welt, in der alle ganz viel reden und jeder, jede sich selbst gern reden hört und ganz wenig zugehört wird, empfinde ich das als hohes Gut. Einen Menschen zu verstehen und

eine Person darin zu unterstützen, dass sie sich selbst besser versteht und besser mit dem Selbst leben kann, ganz unabhängig von gesund oder krank oder Diagnosen. Die Fragen zu stellen; wer bin ich, warum bin ich so und was mache ich denn jetzt damit? Das ist auch etwas, das mich in meinen Texten immer wieder beschäftigt.

Du machst also beides gern: Zuhören und vor vielen Menschen performen. Ich mag es gern, mit Leuten zu interagieren, aber manchmal auch eine Bühne zu haben. Ich wusste immer, dass die Kunst und die Bühne Platz in meinem Leben brauchen. Das ist mir wichtig. Den Raum nehme ich mir als Mutter und auch als berufstätige Mutter, und das muss funktionieren, denn

das ist mir wichtig. Ich habe lange nach einem Platz gesucht, wo das sein darf. Der zwischenmenschliche Kontakt lebt ja nicht davon, dass eine Person ganz viel redet und andere Personen gar nicht. Gleichzeitig habe ich jetzt einen Job, in dem ich hauptsächlich zuhöre.

Die Gleichzeitigkeit von Dingen finde ich spannend. Das Leben ist so, wie es ist, aber die Kunst und das eigene Selbst können auch die kleinen Räume einnehmen. Wichtig ist, die zu nutzen und sie sich zu schaffen. Sei es, dass man trotzdem noch weiterschreiben kann, auch wenn es keine Veranstaltungen mehr gibt. Dass man Mutter und trotzdem Künstlerin sein kann. Oder auf dem Friedhof mit dem Kind spazieren geht. Wir müssen weg von festen Bildern, von Vorstellungen, wie zum Beispiel eine Mama zu sein hat oder eine Therapeutin oder eine Künstlerin. Ich hoffe immer, dass die Menschen, wenn sie etwas von mir hören oder lesen, auch selbst inspiriert werden. Das sind schöne Momente, wenn jemand nach einer Veranstaltung rückmeldet, dass meine Texte berührt und dazu inspiriert haben, selbst zu schreiben. Inzwischen mache ich auch Workshops. Oft kommt dann aus einem Menschen plötzlich Kunst heraus und man fragt sich, wo das gesteckt hat. Ja, Gleichzeitigkeit. Das ›oder‹ durch ›und‹ ersetzen. Das finde ich einen schönen Gedanken.

Hier, wo zwischen Leben und Tod
Zeit ihre Bedeutung verliert,
ziehe ich meine Kreise,
lege meine Gedanken sanft zur Ruhe.
Nur das Flüstern des Windes als Begleiter.
Schreibe mit jedem Schritt eine Geschichte
davon, wie es ist,
für einen Moment nichts zu suchen
und sich dabei selbst zu finden.

Marie Lemor

ÜBER
MARIE LEMOR

Marie Lemor wurde 1991 im mittelhessischen Alsfeld geboren und wuchs in der Nähe von Marburg auf. Nach ihrem Abitur folgte sie ihrer damaligen Beziehung nach Freiburg, »ohne schon einmal hier gewesen zu sein.« Ihrer Affinität für Literatur folgend, studierte sie Deutsch und Englisch auf Lehramt. Dass sie sich dort nicht sah, wurde Marie Lemor jedoch schnell bewusst.

»Eine Zeit lang wusste ich nicht, was ich mit meinem Leben machen will, aber ich wusste, ich will es in Freiburg machen«, erzählt sie. »Ich habe diese Zeit gebraucht, um mich zu besinnen, wer ich bin und was ich brauche.« Sie arbeitete in der Gastronomie und probierte Verschiedenes aus, darunter Schauspiel. Und dann fand sie ihren Platz und studierte Psychologie. Mittlerweile hat sie ihren Master-Abschluss und ist in Ausbildung zur Verhaltenstherapeutin.

Freiburg ist ihr ›Happy Place‹, wie Marie Lemor es formuliert. »Am Anfang war das Gefühl, hier werden zu können, was ich möchte. Die Leute hier sind offener, glücklicher, vielleicht auch ein Stück weit privilegierter, das muss man ja immer dazusagen, ich komme aus einer ultra privilegierten Bubble. Aber ich habe immer gewusst, das ist ein Ort, wo die Werte, die mir wichtig sind, auch wichtig sind.« Sonne, Weltoffenheit, viel Zwischenmenschliches und Freiheit prägen Marie Lemors Lebensgefühl in der sonnenreichen Stadt im Schwarzwald.

Zwei Kinder bereichern ihr Leben. »Kinder sind so wunderbar sorgenfrei – das ist etwas, was man ihnen eigentlich im Lauf der Zeit nur abgewöhnt. Sie haben so eine schöne, fantastische Sicht auf alles Mögliche.« Vieles hat Marie Lemor von ihnen gelernt, wie sie erzählt. Achtsam durch die Welt zu laufen und sich an ihren kleinen Wundern zu erfreuen, das bereichert sie.

Marie Lemor führt ein Dankbarkeitstagebuch. Für all die kleinen Dinge, die sonst untergehen und die man lernen muss zu sehen. »Ich

glaube, die kleinen Dinge sind gar nicht die kleinen Dinge. Man sollte weg davon, dass es große Momente geben muss, um glücklich zu sein.«

Auch in ihren Slam-Texten findet sich diese Einstellung wieder. Beispielsweise mit ihrem »Erlass zum Wundersehen, das Kommando Staunen«. Ihre Texte sind von dem inspiriert, was sie persönlich und gesellschaftlich bewegt. Sie handeln von Unzufriedenheit, Selbstliebe, vom Staunen und von Verlust.

Ab 2019 bekam ihre Slam-Leidenschaft eine neue Ernsthaftigkeit, die Auftritte nahmen zu. Mittlerweile wird sie überregional gebucht und hat bereits dreimal in Folge die Poetry Slam Stadtmeisterschaften Freiburgs gewonnen. An den Deutschsprachigen Meisterschaften nahm sie 2021 und 2024 teil.

Der Alte Friedhof

Freiburgs Alter Friedhof im Stadtteil Neuburg erzählt die Geschichten schon lange hier ruhender Verstorbener und damit Geschichten über die Stadt.

Eine Allee aus Bäumen tut sich vor mir auf, stellt sich schützend vor die historischen Gräber, die über die Wiese verteilt zugänglich sind. Leben und Tod teilen sich über zweieinhalb Hektar und rund 1.200 Grabmale auf einem der ältesten Friedhöfe Deutschlands. Alles blüht, wächst und gedeiht, gleichzeitig trauern steinerne Figuren, die Hand verzweifelt ans Gesicht geschmiegt, noch heute um die hier Ruhenden.

Fasziniert lese ich ihre Geschichten, die unter anderem die Gästeführerin Ingrid Kühbacher akribisch gesammelt und aufgeschrieben hat. Zum Beispiel von dem Armenarzt Georg Carl Staravasnig, der sich bei einem seiner Patienten ansteckte und dessen leidendes Ende 1792 auf Stein verewigt ist. Ich lese von dem 1857 verstorbenen Dichter und Dramatiker Joseph von Auffenberg, der seinem schwarzen Pudel 1.000 Gulden vermachte.

Anrührend mutet die Geschichte an, die über das wohl bekannteste Grab des Alten Friedhofs, Caroline Christine Walters Grab, erzählt wird. Ein steinernes Abbild liegt mit geschlossenen Augen und angedeutetem Lächeln auf ihrem Grab gebettet, die Schultern von Locken umspielt, in der rechten Hand ein Buch von sich streckend. ›Schlafende Schöne‹ wird sie auch genannt und man erzählt sich, dass ihr Geliebter den Tod der Siebzehnjährigen nicht verwinden konnte und ihr seither Blumen an ihr Grab brachte. Noch heute, über 150 Jahre später, zieren regelmäßig frische Blumen die Ruhestätte – wer sie dorthin legt, ist ein ungelöstes Rätsel.

Bürgerliche und adelige Namen wie Phyrr und Kageneck sind auf Grabsteinen verewigt, deren Familiengeschichte bis ins 13. Jahrhundert zurückverfolgt werden kann. Andere Gräber erinnern an Familien, deren Namen bis heute die Gegend prägen, wenn etwa die Schnewlinbrücke überquert, im Colombipark eine von Freiburgs zahlreichen Sonnenstunden genossen, ein Buch aus dem Herder Verlag gelesen, ein Bier der Brauerei Ganter oder ein Wein des Gutes Freiherr von Gleichenstein genossen wird. Die in Grabsteine eingemeißelten Namen von adligen und bürgerlichen Familien sind außerdem mit wichtigen historischen Figuren und Ereignissen verknüpft: Ein Kageneck empfing Marie Antoinette, Ignaz von Gleichenstein war einer der engsten Freunde Beethovens und im Hause Krebs hielt sich Franz Liszt 1882 acht Tage lang auf. Schlichter Stein erinnert an den 1792 verstorbenen General Boniface Riquetti de Mirabeau, den Bruder des französischen Revolutionärs Honoré de Mirabeau. Die Schwestern des Zweiraderfinders Karl Friedrich Drais von Sauerbronn, Luise und Karoline von Drais, und der Neffe des Industriellen Carl Mez, der als erster in Deutschland eine Betriebskrankenkasse gründete, liegen auf dem Alten Friedhof begraben. Außerdem Bertha Mendelssohn-Bartholdy, die Schwiegertochter des berühmten Komponisten, der das ›Freiburger Allegretto‹ während eines Aufenthalts in der Stadt komponierte. Ein gusseisernes Kreuz ziert den Grabstein von

Johann Karl Knie, einem Vorfahren des Schweizer Nationalzirkus Knie. In einem Familiengrab hat der berühmte Staatswissenschaftler, Historiker und liberale Politiker Karl von Rotteck seine letzte Ruhestätte gefunden. Auf dem Grabstein des Altphilologen und Klassischen Archäologen Joseph Anselm Feuerbach ist die antike Muse Polyhymnia abgebildet.

Der Alte Friedhof ist aber nicht nur mit den Geschichten der Menschen, die auf ihm begraben wurden, verknüpft, sondern auch mit der Geschichte noch älterer Friedhöfe der Stadt, die ihm vorangingen. Freiburgs größte Begräbnisstätte war im Mittelalter der Münsterkirchhof. Mittelalterliche Kirchhöfe standen im Zentrum städtischen Lebens und verbanden so räumlich Leben

und Tod. Außerdem sollten die Gläubigen beim Besuch des Gottesdienstes an die Allgegenwart des Todes erinnert werden. Von Bedeutung war für die mittelalterlichen Menschen weder die individuelle Kennzeichnung noch die Pflege eines Grabs, sondern die Bestattung im geweihten Boden – je näher an einem Heiligen, umso besser. Niedrige einfache Holzkreuze zeigten an, dass an dieser Stelle ein Mensch begraben lag. Anders sah es in der Kirche selbst aus, wo verzierte Grabmäler dem Gedenken an die wohlhabenden Verstorbenen dienen sollten. Je nach gesellschaftlichem Stand, Alter und Todesursache wurde anders mit dem Tod eines Menschen und seinem Leichnam verfahren.

Aufgrund von Seuchengefahr und unter dem Eindruck der dramatischen Pestepidemien regte Kaiser Maximilian I. im Jahr 1510 an, Friedhöfe an den Stadtrand zu verlegen. Wie in vielen anderen Städten wichen in Freiburg die Begräbnisstätten in die Peripherie. Beerdigungen um das Münster und auf den kleineren Klösterfriedhöfen wurden in Freiburg per Erlass ab Juli 1513 verboten. Reiche Familien mit vererbten Begräbnisplätzen im Münster waren davon aber nicht betroffen.

Der damals am Rand Freiburgs entstandene Nikolaifriedhof musste im 17. Jahrhundert der Vauban'schen Festungsanlage weichen. 1683 wurde er weiter nördlich und unter Einbezug eines Teils des ehemaligen Nikolaifriedhofs durch den heutigen Alten Friedhof ersetzt. Eine eigene Kapelle erhielt der Friedhof erst 40 Jahre später: die St.-Michaels-Kapelle. Aus der Entstehungszeit des Friedhofs sind heute allerdings keine Gräber mehr zu finden. Sie wurden 1744 bei der Belagerung der Stadt im Österreichischen Erbfolgekrieg durch Kanonenkugeln zerstört und die Kapelle war beschädigt. Eine Friedhofsmauer ließ man 1788 errichten, wodurch Nischengräber möglich wurden. Freiburgs Bevölkerung wuchs deutlich und Raumprobleme, die trotz Erweiterungen in verschiedene Richtungen und geregelten Fristen der Grabbelegung von acht, zum Teil sogar fünf Jahren, bestanden, führten zur Schließung des Alten Friedhofs. Die letzte Beerdigung dort fand 1872 an Allerheiligen statt.

Heute bildet der Alte Friedhof ab, wie die Menschen damals mit dem Tod umgingen. Er erzählt von der Trauer um den geliebten Menschen – so lautet beispielsweise die Inschrift auf dem Grab des 1795 gestorbenen Familienvaters Joseph Anton Wolfinger: ›Mit dir in dieses Grab sank unsre Welt hinab‹ – und von lebendiger Erinnerung. Die ältesten noch erhaltenen Gräber stammen aus der zweiten Hälfte des 18. Jahrhunderts. Der Friedhof war als Park gestaltet und lud, eingebettet in eine malerische Umgebung, dazu ein, am Grab des Angehörigen zu verweilen und ihm zu gedenken. Einen lebendigen Eindruck davon gibt ein Beitrag des Dichters Johann Georg Jacobi, später selbst auf dem Alten Friedhof beerdigt, aus dem Jahr 1813 in der Zeitschrift ›Iris‹: »Unweit der Stadt und einer mit Pappeln besetzten Landstraße, von Gärten mit fruchttragenden Bäumen umringt, scheint er weniger die Toten aufzunehmen, als die Lebenden einladen zu wollen.« Die unterschiedlichen Grabdenkmäler, die es auf dem immer noch lebendigen Alten Friedhof zu entdecken gibt, entsprechen ganz den jeweiligen Geschmäckern des 18. und 19. Jahrhunderts. Verschiedene Kunstformen existieren hier nebeneinander: zu sehen sind Spuren des Rokokos, der Empfindsamkeit, des Klassizismus, der Romantik und allgegenwärtige christliche Symbolik. Dabei trat das Religiöse zunehmend in den Hintergrund und das Persönliche gewann bei der Gestaltung der Grabdenkmäler an Bedeutung. Beispielsweise sind die beiden Schwestern Maria Anna und Crescentia Wetzel auf ihrem Grabstein in einer Umarmung verewigt; die Berge des Schwarzwalds, die Stadt und das Münster lässt die 1862 im Kindbett verstorbene Pauline Marie Schleip auf ihrem Grabstein zurück und wird von ihrem drei Tage alten Sohn in den Himmel geleitet. Auf dem Grabstein des Münsterbaumeisters Georg Riescher erinnern Steinmetzwerkzeuge und der detailliert ausgearbeitete Münsterturm an seine Profession.

Grabdenkmäler und Kreuze aus Schmiedeeisen, rotem und hellen Sandstein, seltener aus weißem Marmor und Holz, erinnern an die hier Beerdigten – »Aber die alten | Einwärts gewandten | Steinbilder im Herzen der Gräber | Hüten das Rätsel«, lauten Verse von Marie Luise Kaschnitz. Es existieren einige Rätsel rund um die Gräber auf dem Alten Friedhof. Beispielsweise soll Major von Hennenhofer

Kaspar Hauser umgebracht haben. Die Gesellschaft der Freunde und Förderer des Alten Friedhofes in Freiburg im Breisgau e.V. hat es sich zur Aufgabe gemacht, die Rätsel und Zeugnisse vergangener Leben, Tode und Zeiten auf dem Alten Friedhof weiter zu erforschen und zu erhalten. Dass es noch etwas zu erhalten gibt, ist vermutlich dem 1797 beigesetzten Rokoko-Künstler Johann Christian Wentzinger zu verdanken. Er versprach, dem Freiburger Stiftungsfonds sein Vermögen unter der Bedingung zu vererben, dass seine Grabstätte auf dem Alten Friedhof für ewige Zeiten bestehen bleiben müsse – und hat sich so nach dem Tod eine steinerne Ewigkeit inmitten des lebendigen Grüns gesichert.

KIM SCHIMPFLE

Modedesignerin

STERNWALD

»Meine Mode spiegelt die Liebe zu meiner Heimat wider.«

›Heimat‹ ist in weißer Schrift schwarz umrahmt und von knalligem Pink umgeben auf Kim Schimpfles Rücken zu lesen, während sie uns die Ausläufer des Sternwalds zeigt. Es knistert unter den Füßen, erdiger Waldduft umgibt uns – nur ein Sprung trennt uns von der Stadt. Und mit zielstrebigen Schritten läuft sie auf herbstgelbem Laub durch die Wiehre zurück aus dem schönen Sternwald in ihr kleines Schwarzwaldparadies. Die Wände des Ladenateliers erinnern mit ihrem satten Moosgrün an den Wald. Gemütlich ist es hier – findet auch Kim Schimpfles alte Hundedame Pütti, die ihr Schmusetuch hingebungsvoll als Couture trägt. Gespannt sieht sie zu ihrem Frauchen hinauf und lauscht dem Gespräch.

In einem Interview habe ich gelesen, dass deine Mode schon immer weiblich gewesen sei. Was genau ist damit gemeint?

Gemeint ist beides: Mode für Frauen und Mode mit weiblichen Schnitten. Wieso habe ich hauptsächlich Mode für Frauen gemacht? Ich glaube, weil man am Anfang zuerst für sich selbst näht und sich als eigenes Modell nimmt. Ich bin ja als Autodidaktin so reingerutscht. Und Männer sind in der Regel die schlechteren Kunden. Frauen sind oft Impulskäufer. Es macht Spaß, auch weil man dort eine größere Bandbreite hat. Und weiblich in den Schnitten war ich schon immer. Wenn ich jetzt auf meine Anfangsstücke

»Durchatmen, abschalten«

Nur fünf Minuten trennen das Ladenatelier der Modedesignerin Kim Schimpfle *vom Sternwald. Inspiration, Energie und Ruhe schöpft sie aus ihren dortigen Spaziergängen.*

zurückschaue, auf die allererste Show 1996, da hatte ich auch schon weite Röcke und körperbetonte Silhouette. Ich mag das einfach. Zwischendurch habe ich auch mal ganz andere Sachen gemacht, aber das Weibliche war immer schon etwas für mich.

Wie bist du zur Trachtenmode gekommen?

Das war eigentlich Zufall. Ich glaube, die letzte Show, die ich gemacht habe, war vor 14 Jahren, noch mit dem Namen ›Courage‹ – das war mein altes Label. Da hatte ich unbewusst schon viele Ethnoeinflüsse aus verschiedensten Kulturen, habe mit Trachtenelementen und auch schon mit Bommeln gearbeitet.

Schwarzwald

Und dann kam eine Kundin auf mich zu, die Schwarzwald-Lady wurde, das ist vergleichbar mit einer Weinkönigin, und fragte mich, ob ich ihr ein Kostüm dafür machen könnte? So nahm alles seinen Lauf und ich habe plötzlich gemerkt, dass das gar nicht so schlecht ist. Ich bin nach Salzburg gefahren, da gibt es die ›Tracht und Country‹, die Trachtenmesse schlechthin. Ich dachte, dass es nicht schlecht wäre, wenn ich ein bisschen weg vom Nähen kommen würde. Damals habe ich einen Produzenten kennengelernt und dachte daran, in Ungarn zu produzieren.

Ein halbes Jahr später war ich mit meiner eigenen Kollektion auf der Messe. Und da stand ich mit meiner Schwarzwald Couture, niemand kannte mich und kaum jemand hat eingekauft. Das war schon ein bisschen frustrierend. Aber ich habe natürlich ein paar Anfängerfehler gemacht, wie ich heute weiß.

Meine Grundidee war, Tracht meets Casual zu machen. Aber ich habe gemerkt, dass das mit dem Produzieren nicht ich bin. Außerdem verschlingt es Unsummen an Geld. Das wurde mir einfach zu gefährlich und ich kehrte wieder zurück zu klein und fein.

Damals hatte ich schon den Laden und begann mit Digitalprint und selbst entworfenen Stoffen zu experimentieren. Im Zuge dessen habe ich mit dem Fotografen Florian Richter zusammengearbeitet, der wunderschöne Fotos vom Schwarzwald macht. Wir haben eine Ausstellung mit seinen Fotos und den passenden Dirndln daneben veranstaltet. Dadurch hat alles richtig Fahrt aufgenommen und ich wusste, dass ich mit klein und fein auf dem richtigen Weg bin.

Deine Stücke sind häufig nach Orten im Schwarzwald benannt. Wurdest du von dem jeweiligen Ort für das Stück inspiriert?

Wenn du heutzutage bei einer Firma bestellst, ist es immer leichter, wenn die Bluse Lucy oder Linda heißt, um die Kleidungsstücke zuzuordnen. Es ist einfacher, ihnen Namen zu geben. Aber es gibt eine Verbindung zu den Namen, die ich meinen Stücken gebe, weil ich oft schon an diesen Orten war – auf meinen vielen Wanderungen durch den Schwarzwald. Ich fühle mich sehr mit der Region verbunden. Seitdem ich Schwarzwald Couture mache wesentlich mehr als vorher. Ich beschäftige mich intensiv mit meiner Heimat,

besonders, was das Thema Trachten angeht, das interessiert mich sehr. Ich glaube, dass mich das inspiriert, was ich hier sehe. Und meine Mode spiegelt die Liebe zu meiner Heimat wider. Ich sehe mich auch ein bisschen als junge Botschafterin vom Schwarzwald. Inspiriert von klassischen Trachten mache ich daraus etwas Neues – das müssen aber nicht zwangsläufig nur Schwarzwälder Trachten sein. Es ist einfach nur meine Interpretation von meinem Schwarzwald, von meiner Heimat.

An welchen Orten im Schwarzwald bist du besonders gern?

Ich bin überall im Schwarzwald unterwegs. Ich habe eine Wanderfreundin und in der Pandemie haben wir damit angefangen, zu wandern. Man konnte ja nicht viel anderes machen, als rauszugehen, und wir hatten beide Lust dazu. Wir wandern jetzt, glaube ich, seit vier Jahren den Schwarzwald hoch und runter. Sonntag ist unser Wandertag – außer das Wetter ist an dem Tag total schlecht. Jeden Sonntag um 11 Uhr geht es los. Es wird schön eingekehrt und dann laufen wir teilweise bis zu 18 Kilometer. Hinten raus bei Staufen ins Münstertal verläuft eine sehr schöne Strecke, die man eigentlich immer gehen kann. Oben in St. Märgen gibt es auch eine tolle Strecke, bei der man danach gemütlich bei den Landfrauen einkehren kann. Am Schluchsee bin ich auch immer gern – am liebsten, wenn weniger los ist, also nicht im Sommer.

Und wir haben unsere Hausstrecken, wenn es mal nur eine schnelle Runde sein kann, die kennen wir wirklich auswendig. Da geht es vor allem darum, sich einfach zu bewegen – einmal schnell hier um den Block, rauf in den Sternwald.

Wald, das ist einfach auch meine Inspirationsquelle. Wo ich zur Ruhe kommen, wo ich durchatmen, abschalten kann. Wald ist für mich total wichtig, auch diese Nähe zur Natur. Ich bin auf dem Dorf groß geworden, bin ein totales Landei, keine Großstädterin, das steckt irgendwie immer noch in meinen Genen. Und deswegen genieße ich das auch. Ich habe hier mit dem Hund fünf Minuten und bin im Grünen. Das brauche ich einfach auch für meinem Kopf. Es gibt natürlich in Freiburg viele schöne Orte, aber im Wald kann ich am meisten Energie ziehen und zur Ruhe kommen.

»Ich wusste, dass ich mit klein und fein auf dem richtigen Weg bin«

ÜBER
KIM SCHIMPFLE

1975 wurde Kim Schimpfle am Bodensee in eine Künstlerfamilie hineingeboren. Mit sechs Jahren zog sie mit ihrer Mutter nach Freiburg – ihre Heimat, wie sie die Stadt und den Schwarzwald heute nennt. Schon als junges Mädchen interessierte sie sich für Jean Paul Gaultier und Vivienne Westwood – DesignerInnen mit verrückter Handschrift. Von ihren Eltern lernte sie, schöne Dinge zu schätzen und sich mit ihnen zu umgeben.

In Berührung mit der Nähmaschine kam Kim Schimpfle erstmals im Hauswirtschaftsunterricht. Sie ist leidenschaftsgeleitete Autodidaktin und nach zwei ersten Plätzen in Nähwettbewerben von Burda begann sie ihre Selbstständigkeit in der Mode. 1996 gründete sie ihr erstes Label Courage und nahm damit an zahlreichen Modeschauen teil.

Seit 2010 entwirft sie von ihrer Heimat inspirierte Mode unter dem Label Schwarzwald Couture. Vom Stoffdesign über die Entwürfe und das Schneidern macht Kim Schimpfle alles selbst. In dem ganz nach dem Schwarzwaldmotto gestalteten Ladenatelier unterhalb des Wiehrebahnhofs sind ihre Kreationen zu bestaunen und zu kaufen. Menschen aus allerlei Ländern, zum Beispiel aus Singapur oder den USA, besuchen ihr Atelier und tragen Schwarzwald Couture in die ganze Welt hinaus. Eines ihrer Couture Dirndl hat es bereits auf den roten Teppich geschafft: Die Frau eines Oscarnominierten wünschte, für diesen Anlass von ihr eingekleidet zu werden.

Ihre Kundschaft ist sehr vielseitig, auch in Bezug auf das Alter, und Kim Schimpfle ist jede und jeder Einzelne gleich wichtig. Großen Wert legt sie besonders auf die Beratung und dass ihr Atelier, trotz der exklusiven Preise, ein Ort für alle Begeisterten ist.

Kim Schimpfles Mode ist eine alles andere als eingestaubte Hommage an ihre Heimat. Schwarzwaldmotive in schrillen Farben, als witzige kleine Details und eingebunden in moderne Schnitte zieren ihre Couture. Für die Zukunft hat sie sich vorgenommen, wieder mehr auszuprobieren, mit Schnitten zu spielen und sich freier zu bewegen. Auch ist es ihr wichtig, sich mit anderen zu vernetzen und zu versuchen, mit vereinten Kräften den Einzelhandel in Freiburg wieder attraktiver zu machen.

Modesünden gibt es ihrer Meinung nach nicht. Mode hat nicht allen zu gefallen und ist Geschmackssache. Sie wünscht sich jedoch, dass die Materialien und die Arbeit aller Beteiligten daran mehr geschätzt und respektiert werden.

Oft, wenn sie von ihrem Atelier aus durch die Wiehre zum Sternwald spaziert und alle ähnliche Frisuren, Jeans und Turnschuhe tragen, wünscht sich Kim Schimpfle ein bisschen mehr Berlin in Freiburg.

»Ich beschäftige mich intensiv mit meiner Heimat, besonders, was das Thema Trachten angeht, das interessiert mich sehr.«

Im und am Sternwald

Nicht weit von Kim Schimpfles Ladenatelier entfernt liegt der Sternwald – dieses leicht erreichbare Stück Natur wird von vielen gern genutzt.

In alle Richtungen umgeben von Wald und Bergen, ist das in der Ebene liegende Freiburg ein Paradies für NaturliebhaberInnen. Maximal drei Kilometer kann man von einem Ort in der Stadt aus zum nächstgelegenen Wald zurücklegen. Die FreiburgerInnen lieben ihre Wälder. Im Mooswald wurden an Wochenenden täglich bis zu 9.000 WaldbesucherInnen gezählt

Über 50 Quadratkilometer Wald sind im Besitz der Stadt Freiburg, die damit eine der größten kommunalen Waldbesitzerinnen Deutschlands ist. Zum östlich und südlich gelegenen Stadtwald gehören neben dem Sternwald der Rosskopf und Illenberg, der Kappler, sowie der Günterstaler und Schauinsland Wald. Seit Mitte des 16. Jahrhunderts bewirtschaftet eine eigene Forstverwaltung den Freiburger Stadtwald. Mit großen Problemen hatte man im 19. Jahrhundert zu kämpfen, als die starken Eingriffe in den Wald dazu geführt hatten, dass er mehr Park und Weide statt Wald war und die Holzvorräte knapper wurden. Heute ist davon nichts mehr zu sehen.

Die schöne Aussicht zwischen Tannenspitzen hindurch auf die Stadt, Grillstellen und idyllische Waldwege locken auch mich regelmäßig in den Sternwald. Und auch für SportlerInnen ist viel geboten: Der nach seinen vier kanadischen Erbauern benannte Canadian Trail führt wagemutige MountainbikerInnen vom Kybfelsen zur Sternwaldwiese hinab und ein Bewegungspark bietet die Möglichkeit, sich in der Natur auszupowern. Außerdem führen viele schöne Wanderrouten durch den Sternwald. Auf einer dieser Routen mache ich Rast unter einem achteckigen Pavillon, der bereits um die Jahrhundertwende errichtet wurde und dessen Dach wegen Sturm Lothar erneuert werden musste. Auch beim Wasserschlössle verweile ich später ein wenig. Das hat es mit seiner prunkvollen Fassade sogar auf die Amtskette des Oberbürgermeisters geschafft. Hinter seiner Fassade verbirgt sich ein Hochbehälter für die Wasserversorgung. Die hübsche Verkleidung soll die Wertschätzung des Trinkwassers zum Ausdruck bringen. Alle zwei Jahre findet hier das Wasserschlössle Fest statt und jederzeit hat man von dort aus eine wundervolle Aussicht, die ich in vollen Zügen genieße.

Bunt gemischt sind die Bäume im Sternwald: Von Buchen, Fichten, Tannen bis zu Eichen, Kastanien, Douglasien. Seinen poetischen Namen verdankt er dem Gasthaus zum Sternen, das ehemals unterhalb des Waldes, fußläufig nicht weit von Kim Schimpfles Atelier entfernt, lag. Der Sternwald erstreckt sich über die Nordseite des Brombergkopfs, was so viel wie ›Brunnenbergkopf‹ bedeutet. Seit dem frühen Mittelalter wurde Freiburg nämlich mit Wasser aus Quellen, die unterhalb des Berges lagen, versorgt.

Berichten aus dem ausgehenden 18. Jahrhundert zufolge fand man damals etliche Spuren von Bergbau, die sich vom Sternwald bis in die Nähe des Klosters Günterstal erstreckten. Indizien für den ehemaligen Bergbau in diesem Gebiet finden sich heute für den Zeitraum zwischen dem 15. und beginnen-

den 17. Jahrhundert. Eine genauere Datierung bereitet Geschichtswissenschaft und Archäologie Probleme. Bei einem Spaziergang Bergbauspuren zu entdecken, ist eher unwahrscheinlich. Sie sind stark überwuchert, nur schwer zu erkennen und können schnell mit den zahlreichen Bombentrichtern aus dem Zweiten Weltkrieg verwechselt werden. Außer dass der Sternwald eine Quelle für die Erzförderung war, wurde er auch für die Landwirtschaft und zur Holzgewinnung genutzt.

Am Fuße des Sternwalds, nördlich des alten Wiehrebahnhofs, liegt Kim Schimpfles Atelier. Dorthin führt eine Brücke über die Bahngleise, die mit ihren bunten Graffitis einen Kontrast zu dem Grün und Gelb des Laubs bildet

und den ›Stadt-Wald‹ illustriert. In der Hildastraße bei Kim Schimpfle entstehen vor allem Brautmode und Couture-Dirndl. Letztere sind nicht mit Schwarzwälder Trachtenmode gleichzusetzen, sondern Produkt von Kim Schimpfles Blick auf ihre Heimat.

Schwarzwälder Trachtenmode auf einen Nenner zu bringen, fällt schwer. Im 18. Jahrhundert war die deutsche Tracht als Grundmuster verbreitet. Mit der Befreiung von Kleiderordnungen und wachsendem Wohlstand, wuchs die Vielfalt der Trachten. Wie Dialekte unterscheiden sie sich von Tal zu Tal, sind bunt und vielschichtig. Über 100 verschiedene Schwarzwaldtrachten gibt es. Der Wandel von Arbeits- und Lebenswelt seit dem Beginn des Deutschen Kaiserreichs führte schließlich dazu, dass die Trachten immer weniger getragen wurden.

Aufgebaut sind alle Trachten ähnlich. Bei Männern mit Weste, Hemd und Kopfbedeckung. Bei Frauen mit Rock, Schürze, Mieder, Hemd und Kopfbedeckung.

Da wäre zum einen der Schäppel. Er ist ein Kopfschmuck, ähnlich wie eine Krone. Auch der Schäppel sieht in jedem Tal anders aus – zum Beispiel kleiner und feiner im Hotzenwald, mächtig in St. Georgen. Basis ist ein Drahtgestell, das mit Perlen, Bändchen, Stoffblumen, Flitter und Spiegelchen geschmückt wird. An langen Winterabenden arbeiteten die Mädchen an ihrem Schäppel: Faden für Faden, Perle um Perle. Getragen wurde er von den Schwarzwälderinnen zum ersten Mal zur Kommunion und zum letzten Mal zur Hochzeit. Während der Zeremonie nahm die Brautmutter ihrer Tochter den Schäppel vom Kopf und brachte sie wortwörtlich unter die Haube – die Haube der verheirateten Frauen. Sie sind kunstvoll mit Stickereien, Pailletten und geklöppelter Spitze verziert.

Im Alltag trug man oft Strohschuhe. Besonders dann, wenn im Krieg das Schuhleder knapp wurde. Ein etwa acht Meter langer Strohzopf ergibt einen einzelnen Schuh. Aus dem Material wurden außerdem auch Hüte gefertigt. Vorbilder für diese von Frauen wie Männern gleichermaßen getragenen Hüte gelangten vermutlich über Glasträger in die Region. Im Jahr 1785 wurden beispielsweise 30.000 Strohhüte aus Triberg ausgeführt. Die Strohflechterei gilt als eine der ersten global agierenden Wirtschaftszweige des Schwarzwalds und schuf die finanzielle Grundlage für die Uhrenindustrie. In der ›Beschreibung des Großherzugthums Baden‹ von 1836 wird veranschaulicht: »So erblickt man die Schwarzwälderinnen auf den Bergen und in den Thälern, auf Spaziergängen und auf dem Weg nach dem Markt mit beladenem Rücken, das Strohflechtwerk in den schnellen Händen.«

Eine besonders berühmte Kopfbedeckung ist der Schwarzwälder Bollenhut. Auch er ist ein Strohhut, jedoch weiß gekalkt und mit 14 in Kreuzform angeordneten Bollen geschmückt. Rot waren die Bollen von der Konfirmation bis zur Hochzeit, schwarz bei den verheirateten Frauen. Der Bollenhut entwickelte sich im Zusammenhang mit der Strohflechterei und dem

oben geschilderten Aufkommen der Strohhüte. Vorformen dieser Hutform sollen bereits 1770 bis 1820 mit Stroh- und Papierblumen anstelle der ›Rosen‹ aus Wolle entstanden sein. Was Viele nicht wissen: Obwohl der Bollenhut heute ein wichtiges Symbol für den Schwarzwald ist, hat er nur in drei Gemeinden beziehungsweise Ortsteilen im Kinzig- und Gutachtal Tradition. Seit dem beginnenden 20. Jahrhundert war er auf Postkarten vermehrt zu sehen, mit dem Film ›Schwarzwaldmädel‹ wurde er endgültig zum Symbol. Und auch in Kim Schimpfles Atelier finde ich ihn wieder: mal mit bunt gefärbten Bollen, mal als lustiges Detail auf einem Geweih oder auf einem Couture-Dirndl.

NADIA SCHMID

Guggenmusikdirigentin

FASNACHT IN DETZELN

»Die Fasnacht ist mir einfach in die Wiege gelegt.«

In schwarzen Kleidern, auf denen in neongrün der Schriftzug ›Tezzilnheimer Schtudehägler‹ leuchtet und die Blätter in allen Grüntönen zieren, steht Detzelns Guggenmusik vor uns aufgereiht. Und vorne, den Rücken zu uns gewandt, Nadia Schmid, die vor Energie sprüht. Spätestens wenn die Trommeln einsetzen, deren Kraft mir durch den ganzen Körper geht, kann man sich der Musik nicht mehr entziehen. Als Nadia Schmid ihre Arme gerade nach unten fallen lässt, verstummen die Instrumente wieder, nur die Töne klingen nach.

Welche Bedeutung hat die Fasnacht für dich?

Ich bin damit groß geworden. In Lauchringen gibt es zum Beispiel jedes Jahr einen großen Umzug. Da sind wir als Kinder schon mitgelaufen. Meine Mama erzählt immer: Als Baby war ich vorne in einer Trage, direkt vor mir eine Pauke. Und ich habe weitergeschlafen. Das hat mich überhaupt nicht interessiert. Von Kindestagen an war ich mittendrin. Die Fasnacht ist mir einfach in die Wiege gelegt. Man kam gar nicht daran vorbei.

Und jetzt mit der Guggenmusik bin ich weiterhin mittendrin. Seit 2006 bin ich Mitglied der Detzelner Guggenmusik, also schon mein halbes Leben

Von Kindestagen an

Von klein auf begeisterte sich Nadia Schmid *für die Fasnacht. Diese Begeisterung lebt sie heute als Dirigentin von Detzelns Guggenmusik.*

lang. Ich liebe den Zusammenhalt und finde das Musizieren, das gemeinsame Feiern und zusammen Spaß zu haben total schön. In der Gruppe macht Fasnacht noch mal ganz anders Spaß. Ich wüsste nicht, ob ich so viel auf Festen und Umzügen unterwegs wäre, wenn ich nicht Teil der Schtudehägler wäre.

Bei uns ist es relativ entspannt, wenn man es mit einem Musikverein vergleicht. Klar, mittlerweile ist schon auch ein bisschen mehr Druck drin und merkt man von Guggenmusikgruppe zu Guggenmusikgruppe, dass der Anspruch steigt. Aber es ist definitiv zwangloser als in einem Musikverein. Wir haben auch Leute im Verein, die keine Noten lesen können. Denen schreibe ich dann immer die Zahlen oben drüber, die Züge oder die Griffe.

Das würde im Musikverein nicht funktionieren. Und wenn mal ein Ton schief sitzt, dann ist es so, das ist halt Fasnacht, das gehört dazu. Nimmt einem auch keiner krumm, die Leute haben trotzdem Spaß dabei. Wir sind eine gemischte Truppe und haben eine gute Zeit zusammen.

Ich liebe allgemein dieses Ausgelassene, dieses Entspannte an der Fasnacht. Und ich liebe es, in Rollen zu schlüpfen, mich zu verkleiden. Auch das mit dem Schminken und alles. Das mache ich einfach super gern.

Und nach der Fasnacht kann man sich so richtig auf den Frühling freuen. Diese tristen, dunklen Tage – durch die ganzen Kostüme, durch dieses Bunte wird das alles wirklich vertrieben. Ich liebe den Winter, aber zwischen Weihnachten und Fasnacht hat man irgendwann keine Lust mehr auf dieses Wetter, auf diese Dunkelheit. Die Fasnacht ist gerade so dieser Übergang.

Seit 2021 bist du Dirigentin der ›Tezzilnheimer Schtudehägler‹. Wie kam es dazu?

Zur Musik kam ich über den Musikverein in Lauchringen. Da gab es einen Schnuppertag, wo man verschiedene Instrumente ausprobieren konnte. Ich habe mich damals dazu entschieden, Trompete zu lernen.

Später dann, durch den Partner meiner Mama, bin ich in die Guggenmusik gekommen. Er lebt in Detzeln und ich habe eine enge Verbindung zu dem Ort. Neben der Guggenmusik bin ich dort noch bei den Landfrauen und zur Zeit komme ich einmal in der Woche beruflich dorthin, um die Vorschulkinder auf die Grundschule vorzubereiten. Der Partner meiner Mama war übrigens auch Gründungsmitglied unserer Guggenmusik. Dort begann ich mit der Trompete, dann bin ich zur Posaune übergegangen, später war ich am ›Hörnle‹ und jetzt bin ich Dirigentin. Mittlerweile spiele ich meine Instrumente weniger oft. Aber wenn ich mir ein neues Stück überlege, dann probiere ich das auch mal aus.

Mein Vorgänger kam auf mich zu, weil er es beruflich nicht mehr geschafft hat. Ich konnte mir das schon vorstellen, habe mir aber von ihm und seinem Vorgänger Inputs geholt, damit ich wusste, was da eigentlich auf mich zukommen würde. Und dann habe ich zugesagt.

Vieles läuft über Learning by Doing und darüber, mit den anderen in den Austausch zu gehen. Ich frage oft meinen Vorgänger, wenn ich ein Problem

Schtudehägler

Schtudehägler
Detzeln

habe oder nicht weiter weiß. Er hilft mir, wo er kann, das ist super. Mich unterstützt generell der ganze Verein. Man kriegt immer ein Feedback und überall Unterstützung. Da sind wir schon echt schön zusammen.

Gab es in der Vergangenheit besondere Highlights? Wo trittst du mit der Guggenmusik besonders gern auf?

Unsere Auftritte machen immer sehr viel Spaß. Es gibt viele Highlights. Zum Beispiel Nachtumzüge. Wir haben ja an den Instrumenten alle Lichterketten dran. Es sieht schon besonders aus, wenn man so im Dunkeln läuft. Auch mit dieser Farbe, die wir haben, sieht man uns dann sehr gut. Das macht uns Spaß.

Grundsätzlich sind die Platzauftritte aber cooler. Bei Umzügen kann man nur einen kleinen Teil des Repertoires zum Besten geben, bei einem richtigen Platzauftritt ein ganzes Programm darbieten.

Vorgestern zum Beispiel waren wir in Tiengen an der Hoorigen Mess. Das ist immer so das Event, wo wir super gern hingehen, wo wir uns auch gerne zeigen. Da kann man vielleicht auch mal noch ein paar Leute motivieren, bei uns mitzumachen. Die Leute haben die coolsten Kostüme an und lassen sich immer etwas einfallen. Sie gehen so richtig ab und es macht Spaß. Wir spielen dort jedes Jahr.

Und wie geht es weiter, wenn die Fasnacht wieder vorbei ist?

Im Frühling und Sommer sehen wir uns schon auch. Einmal im Monat gibt es eine Probe. Außerdem bekommen wir Anfragen für Sommerauftritte. Wir spielen beispielsweise an Hochzeiten von Mitgliedern. So bleibt man immer noch ein bisschen am Ball.

Ab September bis die neue Fasnachtssaison losgeht, studieren wir dann neue Stücke ein. In der Regel spielen wir vier, fünf alte Stücke und etwa zwei neue Stücke kommen dazu. Es dürfen Vorschläge eingebracht werden. Zum Beispiel das letzte neue Stück, das wir einstudiert haben, habe ich aus den Wünschen rausgesucht. Ich fand, das hat so ein bisschen Pepp, das könnte ganz gut ankommen. In der Zeit haben wir auch Probewochenenden, wo wir zwei Tage am Stück immer wieder üben und proben. Das ist eine intensive Phase kurz vor der Saison und die Vorfreude auf die Fasnacht steigt.

Waldshut-Tiengen Stadt. Wald. Fluss.

ÜBER

NADIA SCHMID

1992 wurde Nadia Schmid in eine große Familie hineingeboren. Ihre Geselligkeit, die sie bis heute auszeichnet und lebt, führt sie unter anderem darauf zurück.

Zur Schule ging sie in den nahe an Detzeln gelegenen Orten Lauchringen, Tiengen und Waldshut. Nach einem freiwilligen sozialen Jahr an einer Grundschule fühlte sie sich in ihrem Wunsch bestärkt, Lehrerin zu werden.

Ihr Studium führte sie nach Karlsruhe. Auch wenn sie die Flexibilität und Mobilität in der Stadt genoss, ist sie rückblickend froh, dass ihr Lebensweg sie wieder aufs Land und zurück in die Region geführt hat. Hier genießt sie die Ruhe und wie kurz die Wege in die Natur sind. Während unseres Gesprächs auf der Himmelsliege, mit Blick auf Detzeln und in die Natur, meint sie lächelnd: »Allein dieser Blick da runter. Das ist für die Seele gut.«
Mehrmals die Woche fährt sie von ihrem Wohnort Lauchringen nach Detzeln. Hier besucht sie ihre Familie, probt mit den Schtudehäglern, arbeitet mit Vorschulkindern und genießt die Natur. Auch zu ihrem stressigen Schulalltag sucht sie gern Ausgleich in der Natur.

Die Arbeit als Grundschullehrerin erfüllt sie mit Freude. An der Begegnung mit Kindern liebt sie den Spaß, den man gemeinsam haben kann: »Es muss nicht immer alles ernst sein, bei und mit den Kindern«, meint Nadia Schmid lächelnd. Besonders schön findet sie die Momente, in denen die Kinder ihrem Niveau entsprechend Erfolgserlebnisse erfahren dürfen. Ihnen individuell Möglichkeiten hierfür zu schaffen, empfindet sie als eine der Herausforderungen ihres Berufs. Nadia Schmid sieht ihre Rolle in der Schule als konsequente Lehrerin, aber auch als Schauspielerin und Entertainerin.

Sich selbst beschreibt sie als extrovertiert und vielseitig. Eigenschaften, die sie in ihrem Beruf, aber auch seit 2021 als Dirigentin der ›Tezzilnheimer Schtudehägler‹ ausleben kann. Trotzdem ist sie weiter-

hin vor jedem Auftritt aufgeregt – vor allem, wenn bekannte Gesichter, zum Beispiel aus der Familie, im bunten fasnächtlichen Publikum zu finden sind.

»Ich finde es immer auch wichtig, dass man sich gegenseitig unterstützt«, meint sie mit Blick auf andere Guggenmusiken. Gern sind die Schtudehägler gemeinsam bei Auftritten anderer Gruppen vorn im Publikum mit dabei, gehen ab und haben Spaß. Und großen Spaß haben die Schtudehägler auch, wenn sie gemeinsam musizieren. Allen voran Nadia Schmid.

Fasnacht in Detzeln

Während der sogenannten fünften Jahreszeit erfüllen die Klänge der Schtudehägler das Dorf am Fuße des Südschwarzwalds.

Dunkle Membran vibriert. Dong, do-dong, do-dong. In neongrünen Lettern ist ›Schtudehägler Guggenmusik‹ auf den einsetzenden Trommeln zu lesen. Der Name der 1985 gegründeten Tezzilnheimer Schtudehägler hat einen historischen Ursprung. Mit ›Schtudehag‹ sind Gebüschstreifen gemeint, die lange Zeit das Landschaftsbild Detzelns prägten. Das grüne Blattwerk findet man verstreut auf den dunklen Kostümen und in den grell geschminkten Gesichtern der MusikerInnen wieder. Und ›Tezzlinheim‹ ist der Name, unter dem in verschiedenen Abwandlungen Detzeln in der frühen Geschichtsschreibung auftaucht. ›Heim des Tazzilo‹ bedeutet er vermutlich. Urkundlich erwähnt wurde die Ortschaft erstmals 844.

Detzeln liegt am Fuße des Südschwarzwalds im Steinatal. An einigen Ecken des Dorfes hat seine Geschichte Spuren hinterlassen. Zum Beispiel mit dem Straßennamen ›Unter den Reben‹. Wo heute Wiese ist, wuchs einmal Wein. Bereits 1304 gab es in Detzeln Weinstöcke, wie aus einem Lehenbrief hervorgeht. Oder auch mit der St. Owald Kapelle. Leicht erhöht steht sie da, geschmückt von einem kleinen Türmchen. Ein zierlicher Renaissancealtar aus dem 16. Jahrhundert kann darin bewundert werden. Neben der mehrfach restaurierten Kapelle steht der sogenannte Klosenhof. Sein Name weist darauf hin, dass es in Detzeln einst, im 12. Jahrhunderts, ein Kloster gab. Und obwohl Detzeln nur etwa 350 EinwohnerInnen zählt, gibt

es dort ein weiteres Gebäude des Glaubens. Der Turm der Maria Königin Kirche ragt am südlichen Dorfrand in die Landschaft. Unter dem Dachvorsprung des Kirchenschiffs ducken sich kleine Fenster. Pläne für eine neue Kirche in Detzeln gab es bereits 1919, doch Inflation, das nationalsozialistische Regime und der Zweite Weltkrieg verzögerten die Umsetzung. 1954 begann der Bau der Kirche, der durch das Engagement der DorfbewohnerInnen ermöglicht wurde: Sie spendeten Gelder und arbeiteten unentgeltlich mit.

Ein besonders auffälliges Gebäude ist die ehemalige Vogtei im ältesten Teil Detzelns. Wie eine Treppe ragt der Staffelgiebel in den bewölkten Februarhimmel. Mittlerweile gibt es im Ort nur noch eine

Haupterwerbslandwirtschaft. Im 11. Jahrhundert lebte hingegen der Großteil der Bevölkerung Detzelns von der Landwirtschaft: sieben Kleinbauern, ein Maierhof und eine Mühle sind verzeichnet.

Idyllisch ist Detzelns kleiner Friedhof gelegen. Von dem Hügel aus wirkt es beinahe so, als hätten die Toten ihre Hinterbliebenen im Blick. Große Tannen trotzen dem Graubraun des Februars. Unterhalb der Steinatalstraße kräuselt sich das Flusswasser. Kahle Bäume und Sträucher stehen der Steina Spalier. Von der Gemeinde Schluchsee aus fließt sie gut 37 wildromantische Kilometer durch dünn besiedeltes Gebiet mit Wald, Auen und felsigen Hängen, bis sie am Rande Lauchringens, einem Nachbarort Detzelns, in die Wutach mündet. In einer Parkbucht stapelt sich das Holz fürs Fasnachtsfeuer. Verabschiedet wird damit die diesjährige Fasnacht, die eine lange Tradition hat.

»Der an sich so ruhige und friedliche Schwarzwälder pflegte bei zwei Anlässen des Teufels zu werden: An der Fastnacht und bei politischen Wahlen«, schrieb der Jurist Max Föhrenbach in seinen 1911 veröffentlichten Erinnerungsblättern. Zum Teil galt und gilt das bis heute auch im wortwörtlichen Sinne. Auf Umzügen grinsen aus Holz geschnitzte Teufelsfratzen in die Menge, Hexen lassen ihre Besen kreisen und Dämonen tanzen die Straßen entlang. Die Masken, die ihnen ihr gruseliges Aussehen verleihen und in aufwändiger Handarbeit gefertigt sind, werden im alemannischen Sprachraum ›Larve‹ genannt. Zum Teil reichen Formen dieser Masken bis ins 17. Jahrhundert zurück. Teufelsgestalten werden übrigens zu den ältesten Figuren der Schwäbisch-Alemannischen Fasnacht gezählt. Doch nicht nur gehörnt und mit verzerrten Gesichtszügen wird der Teufel dargestellt: Sogenannte Glattlarven, helle, freundlich lächelnde Gesichter, haben ihre Tradition als Tarnmaske des Teufels. Maskierung gilt als spezielles Charakteristikum der Fasnacht in Südwestdeutschland. Die Gewänder der Närrinnen und Narren werden ›Häs‹ genannt. Häufig besteht das Häs aus einem Flickwerk aus Stoffstücken – ursprünglich Arme-Leute-Kleidung, heute aufwändig genäht. Verkleidete Menschen bilden rund um die Straßen von Konfetti gesprenkelte Korridore, die dem bunten Treiben eine Bühne bieten. Guggenmusiken und Musikvereine sind Teil des fasnächtlichen Zugs und sorgen mit ihrer Musik für ordentlich Stimmung. Fast jeder Ort hat mittlerweile seinen eigenen Fasnachtsmarsch. Als Antwort auf die militärische Marschmusik in Deutschland soll die Guggenmusik in und um Basel entstanden sein. Angeblich als Parodie – mit schrägen Tönen und aus verbeulten Blechinstrumenten. Längst ist Guggenmusik aber auch fester Bestandteil der Fasnacht in Südwestdeutschland.

Viele Bräuche hat sie, die Fasnacht. In der Region rund um Detzeln zum Beispiel in Form von Straßenfasnacht, Narrengerichten, Dorfumzügen an Rosenmontag, Hemdglunkerumzügen am Schmutzige Dunschtig und großen Narrentreffen mit etlichen ZuschauerInnen. Und auch in Form von Narrenbäumen, Fasnachtsfeuern oder Scheibenschlagen.

Die Fasnacht ist weit verbreitet: über den deutschsprachigen Raum hinaus in vielen europäischen Ländern. Ihre ältesten Wurzeln dürfte sie in ländlichen Ritualen haben, mit denen nach dem Winter der Beginn des neuen Agrarzyklus gefeiert wurde. Die Schellen, die an einigen HästrägerInnen noch heute zu entdecken sind, gehen Vermutungen nach darauf zurück.

Die Benennungen im Südwestdeutschen als ›Fasnacht‹ im Sinne von ›Vorabend des Fastens‹, im Österreichischen und Bayrischen als ›Fasching‹ in Anlehnung an den ›Vastsschank‹, das Ausschenken des Fastengetränks, und im Rheinischen als ›Carneval‹ im Sinne von ›Wegnehmen des Fleisches‹ gehen auf die nahende Fastenzeit zurück. Diese Prägung kam im hohen Mittelalter mit dem christlichen Kalender. Was im Anschluss verboten war, wurde vorher in Massen gegessen und getrunken, auch die Geselligkeit der Fasnacht lässt sich daraus erklären. Je mehr die Fasnacht zum Volksfest wurde, umso kritischer nahm die Kirche sie wahr. Im 15 Jahrhundert wurde das als gotteslästerlich benannte Treiben geradezu verteufelt. Durch die Reformation und Luther, der die Fastenzeit abschaffte, verlor die Fasnacht in evangelischen Gebieten an Bedeutung. Im 17. und 18. Jahrhundert gewann zunehmend Italien an Einfluss, beispielsweise mit Figuren wie dem Harlekin oder auch dem Namen Karneval, wie er im Rheinischen geläufig ist. In

Südwestdeutschland waren es vor allem junge Gesellen, die die Straßenfasnacht lebten. Zu Beginn des 19. Jahrhunderts wurde die dann aber verboten. Im Südwesten feierten insbesondere Menschen höherer Schichten ab der Mitte des 19. Jahrhunderts den modischeren ›Carneval‹, bis man sich um 1900 allmählich auf die früheren Formen mit den alten Masken zurückbesann. Seit 2014 ist die schwäbisch-alemannische Fasnacht immaterielles Kulturerbe Deutschlands. In Detzeln und Umgebung spricht man übrigens von ›Fasnet‹. Sie beginnt in Südwestdeutschland traditionell am 6. Januar und endet am Aschermittwoch, dem Beginn der Fastenzeit. Und danach dauert es ein knappes Jahr, bis es wieder laut durch die Straßen schallt: »Narri, Narro«.

ROSEMARIE BÄCHLE

Gästeführerin

LE PETIT SALON – WINTERHALTER
IN MENZENSCHWAND

»Die Kunst ist, Gäste für den Schwarzwald zu begeistern, Geschichte mit Geschichten zu verbinden.«

Im ›Petit Salon‹ scheint die Zeit stehen geblieben zu sein. Tapeten schimmern grün im Licht, historische Holzstühle bieten Gelegenheiten zum Sitzen. Leuchten mit Gläsern wie Glockenblumen spenden Licht. Prunkvoll wirken die Räume und prunkvoll sind die Malereien der Winterhalterbrüder an ihren Wänden. Rosemarie Bächle läuft durch die Ausstellung, erzählt von den Schwarzwälder Künstlerbrüdern und deutet auf besonders berühmte Gemälde und spannende Details. Später, im Gespräch, als sie mir vom Beginn ihrer Liebe zum Schwarzwald erzählt, schweift ihr Blick in die Ferne – in die Vergangenheit und hoch auf einen Berg, darunter weites Tal.

Wie kamst du in den Schwarzwald?

Mit Anfang 20 habe ich mich schon in den Schwarzwald verliebt, als ich mit meinem damaligen Freund den Westweg von Pforzheim nach Basel gewandert bin. Der Schwarzwald überraschte und faszinierte mich. Besonders früh morgens, wenn beim Aufstieg in den Wald die Sonne durch die Tannen schien. Am liebsten wäre ich an den Strahlen hochgeklettert. Den Schwarzwald zu Fuß zu erleben, war etwas ganz Besonderes. Wir übernachteten auf dem Weg im Kinzigtal in einer alten Jugendherberge, sie trug ein mit Reet gedecktes Dach. Den Blick von der Terrasse dort werde ich nie wieder ver-

»Schätze des Schwarzwalds«

Mit viel Herzblut und Engagement bringt Rosemarie Bächle *Reisegästen den Schwarzwald nahe. Ihre Touren führen sie unter anderem nach Menzenschwand zum Winterhaltermuseum.*

gessen. Sanfte Hügel erstreckten sich vor uns, dahinter die hohen, dunklen Tannen. Der Weitblick war für mich berauschend. So habe ich mich das erste Mal in den Schwarzwald verliebt und viele, viele Jahre später in einen Schwarzwälder.

Seit 33 Jahren bin ich jetzt hier in der Region. Sie ist für mich sehr liebens- und lebenswert. Eine authentische Gegend mit wunderbaren Sehenswürdigkeiten und Traditionen. Nicht zu vergessen das Engagement jedes Einzelnen, der in diesem wunderschönen Landstrich etwas dazu beiträgt, – sei es ein Museum wie das ›Petit Salon‹ ins Leben zu rufen, sei es ein Fest zu organisieren – all das zu erhalten. Ich bin viel im Schwarzwald unterwegs und entdecke immer wieder neue Eindrücke, Kleinode und Eigenarten.

Und gleichzeitig machst du ihn anderen zugänglich. Wie wurdest du Gästeführerin?

Es fing damit an, dass ich Ferienwohnungen vermietet habe, die mit Wertigkeit und einem Wohlfühlklima ausgestattet waren. Der Gast war mir wichtig, er sollte sich rundum wohlfühlen. Im Zuge dessen begann ich, mich mit Tourismus zu beschäftigen. Ich nahm an dem Kurs ›Echte Gastlichkeit‹ der Volkshochschule Titisee-Neustadt teil. Da lernte ich vieles über den Schwarzwald und zudem, wie über kurzweilige Informationen und Geschichten Gäste zu begeistern sind. Mich hat diese Aufgabe sehr erfüllt.

Über meine Schwägerin, die bereits zertifizierte Gästeführerin war, wurde ich animiert, mich zur nächsten Gästeführerausbildung anzumelden. Der Kurs dauerte ein gutes halbes Jahr, abends und am Wochenende mit viel Lernen und Prüfungen. Und mit einer Vielzahl an unterschiedlichen Themen, wie das Brauchtum im Schwarzwald, Schwarzwälder Baustile, Holzwirtschaft, Uhrenherstellung, Glasbläserei, Entstehung des Bollenhuts, Mühlenbetriebe – unerschöpfliche Geschichte und Geschichten. Das Thema für die Abschlussprüfung wurde über Lose verteilt und ich durfte eine Hof- und Getreidemühle im Löffeltal vorstellen. Jahrelang habe ich nur an den laufenden Fortbildungen teilgenommen, die sehr interessant und lehrreich waren. 2021 wurde meiner Schwägerin eine große Reisegruppe mit zwei Bussen angeboten. Sie kam auf mich zu und ich habe mich beherzt dazu entschieden, einen Bus mit Gästen zu übernehmen. Es hat mich sehr erfüllt, sodass ich mich seither aktiv als Reiseleitung zur Verfügung stelle.

Wie sieht deine Arbeit als Gästeführerin mittlerweile aus?

Inzwischen bin ich sehr vielseitig aufgestellt. Räumlich haben sich meine Touren über den Schwarzwald hinaus ausgedehnt. Bis in die Schweiz nach Stein am Rhein, Schaffhausen und an den Rheinfall. Zum Kloster Beuron, an der jungen Donau entlang bis zum Schloss in Sigmaringen. Oft sind es mehrtägig zusammenhängende Reiseleitungen mit den gleichen Gästen und zum Teil einzelne Tagestouren. Auch bei Hochzeitsevents im Schwarzwald wurde ich schon engagiert, unter anderem zu Wanderungen mit viel Kultur. Die Gruppengröße variiert. Manchmal sind es Busse mit 50 Menschen, dann wieder deutlich weniger. Die kleinste Gruppe in diesem Jahr bestand

Dieser Bereich
VIDEO
überwacht!

aus 14 Personen. Anders als man vielleicht denkt, sind große Gruppen zum Teil leichter als besonders kleine, weil es schwierig sein kann, wenn alle das Gefühl haben, viel Raum für sich einnehmen zu können. Die Gäste kommen aus ganz Deutschland. Ich hatte etliche sehr schöne Begegnungen im Rahmen dieser Tätigkeit.

In der Regel sind bei den Reiseangeboten der Schwarzwaldtouren Sankt Blasien, der Dom, der Feldberg und Titisee vorgegeben. Auf solchen Touren plane ich oft auch einen Stopp in Menzenschwand ein, wo die Winterhalterbrüder in einfachen Verhältnissen geboren wurden, es besondere Schwarzwaldhäuser und alte Eindachhöfe gibt.

Ich bleibe neugierig und immer offen für Neues, besuche gern Museen, schaue mir Dokus über Historisches an, besuche besondere Orte und erfahre durch Gespräche mit Einheimischen viel über den Schwarzwald. Die Kunst ist, Gäste für den Schwarzwald zu begeistern, Geschichte mit Geschichten zu verbinden.

Und im Schwarzwald gibt es viel zu entdecken.
Sehr viel. Natur, Tradition und Kunst. Es ist unglaublich, welche Schätze er bereithält. Blickt man allein auf die Kunstwelt, gibt es einige berühmte Beispiele. Die Winterhalterbrüder, Hans Thoma oder die von Wilhelm Hasemann gegründete Malerkolonie in Gutach.

Es begeistert mich sehr, den Menschen unseren schönen Schwarzwald zu zeigen. Wenn ich dann darüber erzählen und die Gäste für seine vielseitigen Schätze begeistern kann, bin ich ganz in meinem Element. In meiner Rolle als Gästeführerin verstehe ich mich als Botschafterin des Schwarzwalds.

ÜBER
ROSEMARIE BÄCHLE

In einem Dorf unweit der Stauferstadt Esslingen wurde Rosemarie Bächle 1950 geboren. »Wir waren nicht vermögend. Mein Vater besaß nur ein Motorrad mit Seitenwagen, kein Auto. Ich ging immer in den Schuppen, wo es stand, setzte mich darauf und träumte mich mit dem Motorrad in die Ferne«, erzählt sie melancholisch. Als Jugendliche wollte sie Kunstlehrerin oder Fotografin werden. Mit 14 machte sie ihren Schulabschluss und nach einem einjährigen Au-pair-Aufenthalt bei einer Familie mit fünf Söhnen im Saarland begann sie eine Lehre als Zahnarztassistentin. »Ich habe die Ausbildung abgeschlossen, hatte aber immer Schwierigkeiten mit den Zahnärzten, die ich als mir gegenüber sehr hochnäsig empfand«, erzählt sie. Damals setzte sich Rosemarie Bächle gegen alle Widerstände dafür ein, dass sie und ihre Kollegin zumindest den tariflich vorgeschriebenen Ausbildungslohn erhielten. Nach ihrer Ausbildung jobbte sie unter anderem bei Faschingsfesten und in Gaststätten. Ende der 1960er engagierte sie sich politisch und nahm an einigen Demonstrationen teil.

Mit einer Anstellung im Kundenservice bei Kodak in Stuttgart gelang es ihr, im Bereich der Fotografie zu arbeiten und an verschiedenen Fotokursen teilzunehmen. »Das war ein hochspannender Job. Es kam regelmäßig vor, dass KundInnen ihre Dias, Bilder und Filme ohne Absender zum Entwickeln schickten. Wir haben dann die Fotos nach Anhaltspunkten wie zum Beispiel Autokennzeichen identifiziert, hatten Kontakt zu Auskunftsstellen und den Einwohnermeldeämtern – gewissermaßen Detektivarbeit.« Die Dankbarkeit der Menschen, die dank dieser Ermittlungen doch zu ihren Fotos kamen, war groß. Auch der Blick in menschliche Abgründe gehörte zum damaligen Arbeitsalltag: »Einmal konnten wir sogar der Kripo dabei behilflich sein, einen Kindesmissbrauchsring, auszuheben.«

Mit 22 heiratete Rosemarie Bächle. Ein Schatten fällt auf

ihr Gesicht, als sie von ihrer Ehe erzählt. Viele gemeinsam unternommene Reisen mit der Bahn oder Autos von FreundInnen, aber auch Angst und Gewalt prägten diese Zeit. Ihr Mann war schizophren und wurde Alkoholiker, oft musste sie sich einschließen oder fliehen, um seiner Gewalt zu entkommen. Mit fremder Hilfe gelang ihr eine endgültige Flucht, die vorerst in ihrem ehemaligen Kinderzimmer endete. Damals arbeitete Rosemarie Bächle für die Stadt Esslingen in der Abteilung für Wohnsitzlose und AsylantragstellerInnen. Nach diesen turbulenten Zeiten lernte sie bei einem Kuraufenthalt 1992 ihren zweiten Mann kennen, für den sie in den Schwarzwald zog. Eine wahrlich filmreife Liebesgeschichte. Rosemaries Augen funkeln, wenn sie diese Geschichte erzählt. »Mit ihm dazu erhielt ich fünf Kinder als großes Geschenk, drei der Kinder konnte ich adoptieren.«

Ihr Leben ist ein bewegtes Leben voller Krisen und Glücksmomente. In die Zukunft blickt sie sehr positiv. Bis heute arbeitet sie ab und zu noch im Betrieb ihres Mannes. Seit 2021 führt sie zudem Reisegäste durch ihren geliebten Schwarzwald – eine Herzensangelegenheit.

»Der Schwarzwald überraschte und faszinierte mich. Besonders früh morgens, wenn beim Aufstieg in den Wald die Sonne durch die Tannen schien.«

Le Petit Salon in Menzenschwand

In ihrem Geburtsort ist den Malerbrüdern Franz Xaver und Hermann Winterhalter ein Museum gewidmet.

Sein Schnurrbart streckt sich über die Lachfältchen – selbstbewusst sieht Franz Xaver Winterhalter den BetrachterInnen seines 1840 entstandenen Selbstbildnisses mit Bruder entgegen. In hellen, glänzenden Ölfarben, nur in Weste und Hemd, scheint er, in seiner Arbeit unterbrochen, von seinem Skizzenbuch aufzusehen, den Stift noch in der Hand. Dahinter, in dunklem Rock, mit brennender Zigarre und beschützender Geste steht leicht vorgebeugt sein Bruder, Hermann Winterhalter, und blickt durch bebrillte Augen ins Skizzenbuch. Er steht im Schatten des Älteren.

Als eines von vielen Gemälden hängt eine Reproduktion des Doppelporträts im Petit Salon, dem Winterhaltermuseum in Menzenschwand. Das im Stil des Spätbiedermeiers gestaltete Museum im alten Rathaus liegt in unmittelbarer Nähe des Geburtshauses der beiden Brüder.

1805 wurde dort Franz Xaver Winterhalter geboren und 1808, als achtes Kind der Familie, sein Bruder Fidel Hermann Winterhalter. Der Region blieben die beiden ein Leben lang verbunden, was sich unter anderem in zahlreichen Briefen, ihren Besuchen, Geldzuwendungen und Finanzierungshilfen äußerte.

Die Brüder wuchsen in einfachen Verhältnissen auf, der Vater war Hofbauer und Harzer. Ihr künstlerisches Talent soll von dem Pfarrer Josef B. Liber erkannt worden sein. Hermann Winterhalter folgte seinem Bruder oft auf seinem Weg zum bekannten Fürstenmaler. Zum Beispiel als Franz Xaver Winterhalter in die Lehre als Kupferstecher und Lithograf nach Freiburg ging, schlug Hermann Winterhalter diesen Weg zwei Jahre später ein. Auch nach München folgte er dem älteren Bruder. Mit der späteren Großherzogin Sophie von Baden, der er Zeichenunterricht gab, gewann Franz Xaver Winterhalter eine Freundin und Gönnerin. Als Künstler wurde er immer bekannter, er unternahm 1832 eine Reise nach Italien, wo er hauptsächlich Genrebilder malte. Nach seiner Rückkehr wurde er 1834 zum Großherzoglich Badischen Hofmaler ernannt. Im gleichen Jahr zog es ihn auch nach Paris.

Mit dem ›Decamerone‹ im Pariser Salon gelang Franz Xaver Winterhalter 1837 der Durchbruch und es folgten zahlreiche Porträtaufträge von französischen Adligen. Das Gemälde entstand in Anlehnung an den gleichnamigen Novellenzyklus Giovanni Boccaccios und zeigt eine Gesellschaft aus zehn farbenfroh gekleideten jungen Männern und Frauen in friedlicher Landschaft.

Nach diesem Erfolg bekam Franz Xaver Winterhalter immer mehr Aufträge und etablierte sich als feste Größe an den europäischen Höfen. Bis nach Sankt Petersburg führten ihn Aufträge. Beispielsweise wurde er 1857 vom französischen Kaiser Napoléon III. zum Offizier der Ehrenlegion ernannt, porträtierte unter anderem König Leopold von Belgien, Queen Victoria und den Prince of Wales. In feinen Nuancen trifft Ölfarbe auf die Leinwand. Kleider fallen wallend, Pinselstrich für Pinselstrich, an adligen Frauen herab. Mit kleinen

Mündern und aus großen Augen blicken sie die BetrachterInnen an. Stets mit stolzem Blick sind die Männer dargestellt. Er war dafür bekannt und beliebt, die Porträtierten in ihren Eigenheiten zu treffen und gleichzeitig schmeichelhafter darzustellen.

Bereits ab 1840 unterhielt Hermann Winterhalter mit seinem langjährigen Freund Albert Graefle die Werkstatt des Bruders in Paris, die es dem Älteren überhaupt ermöglichte, diese Fülle an Aufträgen anzunehmen. Hier wurden die Bilder, zum Beispiel die Hintergrundmalereien und Gewänder, fertiggestellt und kopiert. Neben der Unterstützung des berühmten Bruders fertigte Hermann Winterhalter auch eigene Porträts vorwiegend von Persönlichkeiten aus dem Bürgertum an. Auch er hinterließ ein beachtliches malerisches Werk.

Über 500 Porträts soll Franz Xaver Winterhalter nach eigenen Aufzeichnungen geschaffen haben. Er reiste und arbeitete viel. Die 1852 begonnene Liaison mit Marie von Scheffel wurde bald wieder beendet und die 1859 von ihm in Auftrag gegebene Villa ›Trianon‹ in Baden-Baden verkaufte er ein Jahr später wieder, ohne sie bewohnt zu haben. Der Ort, an dem er lebte, war Paris und seinem Bruder blieb er ein Leben lang eng verbunden. Die beiden unternahmen gemeinsame Reisen und lebten meist an denselben Adressen. In späten Werken kann man zum Teil nicht mehr mit Sicherheit erkennen, welcher der Brüder sie gemalt hat.

Franz Xaver Winterhalters wohl bekanntestes Gemälde, das Porträt von Kaiserin Elisabeth von Österreich-Ungarn, auch als ›Sisi‹ bekannt, entstand 1865. Bis heute prägt das Werk die Vorstellung von der österreichischen Kaiserin im langen, mehrlagigen Tüllkleid und ihrer kunstvoll geflochtenen Frisur mit Diamantsternen.

Nach 1871 bestand Franz Xaver Winterhalters Klientel vor allem aus großbürgerlichen Frauen. 1873 starb er in Frankfurt am Main an Typhus. Einige Jahre später, 1891, fand Hermann Winterhalter in Karlsruhe den Tod. Bis dahin hatte er sich um den Nachlass des berühmten Bruders gekümmert. Auf den Tod Franz Xaver Winterhalters reagierend schrieb Königin Victoria von England 1873 an ihre Tochter Victoria: »Er malte Euch alle von eurer Geburt an. Es gab keinen Porträtmaler auf der Welt, der sich

mit ihm vergleichen ließe. – Es kommt mir vor, wie ein Stück der alten Zeit. – Vergangen!«

In diese Vergangenheit einzutauchen ist vor allem dank des Engagements von Elisabeth Kaiser, der Chefin des Winterhaltermuseums in Menzenschwand, heute möglich. Mit seinem Namen und seiner Gestaltung soll das Museum an Franz Xaver Winterhalters Durchbruch im Salon de Paris erinnern. Ins Leben gerufen wurden der Verein Winterhalter in Menzenschwand e.V. und das Museum selbst im Jahr 2008. Dort sind Aquarelle, Ölgemälde, Zeichnungen, Skizzen, Lithographien, Briefe der Brüder Winterhalter und eine Filmdarstellung über sie zu betrachten und bestaunen. Elisabeth Kaiser spürte mit viel Herzblut einige

Originale auf, die neben Kopien im Museum ausgestellt werden. Ihr Engagement gilt dem Ziel, den Winterhalterbrüdern ein Denkmal zu setzen. Museen in ganz Europa stellen Franz Xaver Winterhalters Werke aus. Die größte private Winterhaltersammlung ist im Buckingham Palace zu finden. In Deutschland ist das Winterhaltermuseum Le Petit Salon in Menzenschwand das Museum mit der umfangreichsten Winterhalter-Gemäldesammlung. Dort hängen die Werke von beiden Brüdern nebeneinander.

OLIWIA HÄLTERLEIN

Autorin, Moderatorin, Dramaturgin, Konzeptionistin von künstlerischen und soziokulturellen Projekten

---

WEINGARTEN

»Blaue, grüne und graue Gebäudeblöcke, deren Fenster die Sonne spiegeln und Vierecke auf gegenüberliegende Häuserwände projizieren.«

Wir fahren von ganz oben nach ganz unten, ich öffne die Haustür und lasse Coffee ohne Leine vorausrennen. Seit er vor zwei Jahren einen Arthroseschub hatte, nehmen wir den Aufzug anstelle der Treppen.

Coffee stoppt beim ersten Grashalm vor unserem Haus und schnüffelt sich daran fest. Ich scherze oft *Hundetwitter* und biege nach links ab. Es wird eine Weile dauern, bis er nachkommt, aber er kennt den Weg zum EKZ – welches mittlerweile *Markt Carré Weingarten* heißt, aber für mich das EKZ bleibt.

In der grünen Gasse, so nenne ich den schmalen Weg zwischen den Blöcken, wölbt sich das macchiaartige Gestrüpp über mir zu einem Bogen. Nachts keckern hier die Igel, das Paarungskarussell startet nach Sonnenuntergang, vormittags höre ich sie nie.

Blaue, grüne und graue Gebäudeblöcke, deren Fenster die Sonne spiegeln und Vierecke auf gegenüberliegende Häuserwände projizieren. Der Schönberg überragt die Hochhäuser, wirkt nur eine Daumenbreite entfernt. Ich gehe an einer offenen Balkontür vorbei, die Daunendecke hängt über der Brüstung, Kinderstimmen und Musik dringen nach draußen. Ich höre eine Sprache, die ich nicht verstehe. Coffee hat mich eingeholt und über uns toben die Krähen. In Sturzflügen landen sie auf den Dächern des Parkhauses und schäckern, noch nicht alle Federn sind schwarz. Einige Tauben gurren über mir, suchen Platz auf dem Fenstersims.

Wohnen Sie auch hier?

von Oliwia Hälterlein

Die Taube war das erste Tier, das ich in Weingarten wahrnahm. Als wir einzogen, saß sie aufgeplustert im Esszimmer auf einem Ei. Wir lasen, wir sollten das Ei kochen oder durch ein Plastikei ersetzen. Wir entschieden uns, das Nest umzusiedeln. Mit einer Konstruktion aus Kehrschaufel und Besen legten wir das Ei vor den Augen der wütenden Mutter aufs Dach. Später hörten wir, dass es höchstwahrscheinlich von der Taube nicht mehr angenommen wurde.

Die ersten Monate war unsere Wohnung umgeben von fliegenden Tieren. Wir wachten jeden Morgen vor Sonnenaufgang vom Geschrei der Schwalbenküken auf. Es gab Nester direkt über unserem Fenster. Einmal flog eine Schwalbe in unserem Schlafzimmer umher. Sie hatte ein blau fluoreszierendes

Federkleid und schmiegte sich in die Zimmerecken. Sie musste über das gekippte Fenster reingekommen sein. Wir öffneten die Balkontür und wedelten mit Handtüchern Richtung Freiheit. Die Krähen legten uns zur Begrüßung Steine in die Blumentöpfe auf dem Balkon. Ich bedankte mich mit Studentenfutter und verstand: wir mussten freundlich, aber bestimmt den Ort als unser Zuhause markieren.

Auf den Bänken im EKZ sitzen Menschen und rauchen oder telefonieren. Ich binde Coffee vor dem Mix Markt bei dem Schild mit den Sonderangeboten fest. Heute möchte ich mir einen *Chłodnik*, eine polnische Kaltschale, kochen. Dafür brauche ich noch Rote Beete, eine Gurke, Knoblauch, Dill und Petersilie. Die Zutaten bekomme ich auch im Aldi, aber im Mix Markt zusätzlich einen Ausflug nach Polen. Laut Google Maps beträgt die kürzeste Entfernung zwischen Freiburg und Polen 973,94 km Luftlinie. Und doch stehe ich wenige Hundert Meter von meiner Wohnung entfernt vor einem Kühlregal mit *Kopytka*, *Knedle* und *Pierogi* und der originalen *Krem Karpatka*. Ich bin wieder bei meiner Babcia in den Sommerferien und schmecke vanillige Buttercreme zwischen gewölbten Brandteigplatten.

Hier gibt es Produkte, die ich in meiner Kindheit gegessen habe, zum Beispiel *Pasztet Firmowy*, ein Aufstrich aus Schweinefett, Hühner- und Schweineleber. Ich habe ihn schon seit Jahren nicht mehr in Polen in den Supermärkten gesehen. Auch nicht in den Kühlschränken meiner Familienangehörigen, die jetzt lieber *internationale* Produkte essen. Meinem Cousin habe ich früher immer *Giotto* und *Celebrations* nach Polen mitgebracht, weil es die nicht in seinem Dorf gab. Wir haben dann getauscht, gegen die polnischen *Prince Polo* Waffeln und *Michałki*, die ich bevorzugte. Salz*stangen* heißen *Paluszki*, weil sie für polnische Augen wie Finger aussehen. Den *Twaróg* im Kühlschrank kann man mit Quark übersetzen, aber seine Konsistenz ist eine Mischung aus Ricotta, Hüttenkäse und Frischkäse. Es gibt kein deutsches Äquivalent, was man stattdessen in die *Pierogi* füllen könnte. Der rote, orange und grüne *Kisiel* zum Anrühren ist eine Mischung aus Götterspeise, Pudding und Tortenguss. Man löffelt ihn heiß oder kalt und Babcia hat immer behauptet, nach dem Sport helfe er gegen Muskelkater.

Der Mix Markt ist ein Laden für osteuropäische Lebensmittel und die Menschen sprechen hier ungeniert ihre Sprachen. Manche davon kann ich vom Klang her zuordnen. Obwohl es polnische Lebensmittel gibt, höre ich sehr selten Polnisch. Aber sind wir nicht auch dafür bekannt, *Chamäleons*[I] zu sein? Wie die Autorin Emilia Smechowski uns sehr treffend in ihrem lesenswerten Buch *Wir Strebermigranten* bezeichnet. Auch ich spreche in der Öffentlichkeit kein Polnisch und man sieht es mir nicht an. An der Kasse weiß keiner, dass ich den Ort dazu nutze, mich in eine Zeit zurückzuversetzen, in der ich jede Ferien bei meiner Babcia verbracht habe. In einem westpolnischen Dorf, das so klein ist, dass es nicht einmal Straßennamen hat. Ich packe die Rote Beete, Gurke und den frischen Knoblauch in meinen Korb und denke, dass sich auch das Essen einer wortwörtlichen Übersetzung entzieht. Essen bedarf einer kulturellen Vermittlung und in meinem Fall auch eines Bauches, der die Migration verdauen kann. In Weingarten leben Menschen aus 115 Nationalitäten, laut Statistik[2] gibt es auch: *ungeklärt* und *staatenlos*. Menschen fragen mich oft, wie es sich so wohnt unter *all den Ausländern*. Was absurd ist, weil auch ich erst seit fünf Jahren einen deutschen Pass – als zusätzliche Staatsangehörigkeit – besitze. Der Unterschied: ich gehöre zu denjenigen, denen man es nicht ansieht oder anhört. Und noch mehr: ich bin eine *Vorzeigeausländerin*. Ich bin eine *weiße* Frau, die keine sichtbaren religiösen Symbole und Kleidungsstücke trägt und sich vorbildlich integriert hat, inklusive einer *Klassenreise*. Ich bin eine *Strebermigrantin*, über Bildung und Arbeit möchte ich dazugehören. Denn ich habe früh gelernt: Menschen werden in *gute* und *schlechte*, *faule* und *fleißige* Migrant*innen eingeteilt. Aber nicht alle werden für das Streben so belohnt wie ich oder haben erst gar nicht das Glück, die körperlichen, psychischen und monetären Voraussetzungen zum Streben. Sehr oft unterliegen schon Kinder struktureller Diskriminierung, selbst wenn sie in Deutschland geboren sind, weil sie als *ausländisch* markiert werden.

Weingarten lässt mich über all das nachdenken. Ich spüre mein ständiges *passing* als Biodeutsche und gleichzeitig fühle ich mich so polnisch wie an keinem anderen Wohnort bisher. Ich mache Coffee vom Schild los, er markiert einen Baumstamm, während ich gegenüber zum Pinar Market gehe. Wie dicke Bouquets liegen Koriander, Dill und Petersilie in meinen Armen. Es fehlen mir 80 Cent und der Kassierer winkt ab. Ich rieche die frittierten Falafel und gehe hungrig Richtung Dorfbach. Menschen spielen Tischtennis, der Bach plätschert und ein rotes Eichhörnchen springt von Ast zu Ast. Wir treffen Luna, Patty und Max. Hunde, deren Namen ich seit Jahren kenne. Die der Besitzer*innen nicht, trotzdem kommen wir ins Gespräch über Hundemüsli und wünschen uns einen schönen Tag. An der Haustür fragt mich mein Nachbar aus dem dritten Stock:

Wohnen Sie auch hier? – Ja, seit 8 Jahren. Und Sie? – Ja, seit 13 Jahren, sagt er.

Wir grinsen beide. Es ist unser Running Gag.

DAS JUNGFERN
HÄUTCHEN GIBT
ES NICHT

ÜBER
OLIWIA HÄLTERLEIN

Aufgewachsen ist die 1986 in Polen geborene Oliwia Hälterlein als Tochter einer alleinerziehenden Mutter im bayerischen Schwaben. »Nachdem ich das Abitur nachgeholt habe, bin ich erst mal raus und weg«, erzählt sie. Raus ging es für sie nach Berlin, dann nach Salzburg und Krakau, wo sie als erste der bäuerlich geprägten Familie studierte.

In ihrem Studium der Slawistik und der Vergleichenden Literatur-, Kultur- und Theater- und Filmwissenschaft lernte Oliwia Hälterlein viel über ihre eigene Identität, über Macht und Feminismus und sie eignete sich eine kulturwissenschaftliche Perspektive auf diese Strukturen an.

Zu der Frage nach weiblichen Vorbildern äußert sich Oliwia Hälterlein nachdenklich: »Es gab so einen Cut, an dem ich verstanden habe, dass die meisten Frauen, die ich toll finde und bei denen ich mir wünschte, wie sie zu sein, einen ganz anderen Hintergrund haben. Trotzdem hat es mir total geholfen zu sehen, was Frauen alles so machen und natürlich gab es auch konkrete Vorbilder, zum Beispiel eine frühere Lehrerin von mir.« Oliwia Hälterlein begegnete verschiedenen Menschen, deren Lebensentwürfe sie spannend fand und die sie prägten. »Ich glaube, dass ich einfach auch viel Glück hatte, an tolle Menschen geraten zu sein.« Eine Dozentin inspirierte, unterstützte und förderte sie, indem sie ihr feministische Literatur zu lesen gab und sie Untertitel für einen polnischen Dokumentarfilm über im Untergrund abtreibende Frauen übersetzen ließ.

Oliwia Hälterlein war und ist in unterschiedlichen Kunst- und Kulturbereichen aktiv. Zum Beispiel arbeitete sie als Theaterkritikerin für DrehPunktKultur, als Regie- und Dramaturgieassistentin am Schauspielhaus Salzburg und am Theater Freiburg sowie im Kollektiv Independent Little Lies Luxemburg.

2020 erschien von ihr im Maro Verlag ›Das breitbeinige Heft. Das

Jungfernhäutchen gibt es nicht‹ – eine wissenschaftsbasierte und persönliche Absage an den zum Teil noch in der Schule reproduzierten Mythos Jungfernhäutchen. Und es ist der Versuch der »Entschamisierung der Vulvasphäre«.

Oliwia Hälterlein organisiert und gibt (queer-)feministische Workshops, Veranstaltungen und Aktionswochen. Sie erzählt mir von ihrer eigenen Scham und der Erkenntnis aus dem Zusammenkommen in den Workshops, dass Scham kein individuelles Gefühl ist, auch wenn sie zumeist so wahrgenommen wird. »Wir bemerken irgendeine Art von Scham oder wir bemerken irgendeine Art von Muster, das einfach immer da ist – in Bezug auf unseren Körper, in Bezug darauf, wie wir miteinander umgehen, wie wir miteinander in Beziehungen gehen.« Austausch, Gespräch und sexuelle Bildung sind ihr wichtig.

Von 2022 bis 2024 widmete sie sich in einer Romanwerkstatt im Rahmen ihres Masterstudiums Literarisches Schreiben am Deutschen Literaturinstitut Leipzig einem neuen Buchprojekt. Oft pendelt Oliwia Hälterlein zwischen Freiburg und Leipzig. Die Mischung aus Großstädtischem, Anonymität und schnell erreichbarem Grünen liebt sie an Weingarten und kommt immer gern hierher zurück.

Im Frühjahr 2026 erscheint ihr erster Roman beim C. H. Beck Verlag. In ihrem Online-Blog ›oliwias notaka‹ teilt sie auf literarische und essayistische Weise ihre Gedanken zum Leben und Schreiben.

Neugierig geht Oliwia Hälterlein durch die Welt: »Oft fehlt Menschen der rote Faden in meinem Lebenslauf. Mittlerweile kann ich meine vielseitigen Interessen, den Wunsch, die Grenzen meines Könnens auszuloten, und meine Neugier auf Neues als Stärke ansehen. Ich habe nicht das Gefühl, dass ich mit irgendetwas irgendwie fertig und jetzt ein Endprodukt bin, sondern ich glaube, dass das mein Leben lang so bleiben wird.«

Weingarten

Das Stadtviertel im Westen Freiburgs wird oft unterschätzt. Doch es hat Vielfalt zu bieten.

Als ich beginne, mich näher mit Weingarten und seiner Geschichte zu beschäftigen, nehme ich zuerst einen Reiseführer über Freiburg zur Hand – und staune. Kein Symbol auf der Stadtkarte weist nach Weingarten, im Register klafft zwischen ›Weinfest‹ und ›Weinlokale‹ eine unsichtbare Lücke. Diese Lücke existiert auch in meiner Erfahrung. Knapp sechs Jahre lebe ich jetzt hier und nie habe ich diesen oft als ›Problemviertel‹ verrufenen Stadtteil, den Dietenbachsee ausgenommen, kennengelernt.

Erst der Termin mit Oliwia Hälterlein lässt mich das im Westen Freiburgs gelegene Viertel anders entdecken. Ihr Hund Coffee führt uns zielsicher zum Einkaufszentrum. Er kennt sein Viertel in und auswendig. Nur hin und wieder muss

Oliwia Hälterlein in die Hände klatschen, um den altersblinden Coffee auf sich aufmerksam zu machen, weil eine kleine Hundedame vorbeiläuft oder ein Geruch ihn auf Abwege lockt.

Ein offiziell eigenständiger Stadtteil ist Weingarten erst seit 1992, vorher war er ein Teil von Haslach in Freiburg. Und auch in seinen baulichen Anfängen ist das Quartier jung. Es war die Wohnungsnot in den 1960er Jahren und die soziale Pflicht der Stadt, die Auslöser für die Planung waren. Etwa 8.000 Familien waren damals in Freiburg ohne angemessene Unterkunft. Der Mangel war groß, die Bauplanung ehrgeizig. 1.000 Wohnungen sollten jährlich in Landwasser und Weingarten gebaut werden – erstmals in der Stadtgeschichte plante man zwei wirkliche Großsiedlungen. In Weingarten sollte ein sogenanntes Schlafviertel entstehen, wo weder Arbeit oder Kultur noch Einkaufen Raum bekämen. Überwiegend handelte es sich dabei um sozialen Wohnungsbau. Die ersten Häuser entstanden 1964/65. Das Konzept des reinen Schlafquartiers musste bald über den Haufen geworfen werden. In der Krozinger Straße wurde 1973, verbunden mit der Idee eines Hofs und der Konzentration von Läden, Praxen und Parken, das große Einkaufszentrum eröffnet. In diesem Hof trinken Oliwia und ich einen Kaffee, schauen den Menschen nach, die Einkaufstaschen in beiden Händen ausbalancieren. Ein Mann kommt auf uns zu und bittet um Münzgeld. Die rauchige Stimme der Cafébesitzerin, die mit einem Gast ein Schwätzchen hält, weht zu mir herüber.

Erste Begegnungsorte in Weingarten boten christliche Einrichtungen. Die Gemeinderäume der St. Andreas-Gemeinde wurden und werden bis heute als Erwachsenenbegegnungsstätte beziehungsweise Mehrgenerationenhaus, die der Dietrich-Bonhoeffer-Gemeinde als Kinder- und Jugendzentrum genutzt. Aus der Notwendigkeit heraus, gemeinsam über Weingartens Zukunft nachzudenken, gründeten die Kirchengemeinden 1972 den Bürgerverein Weingarten. Ehrenamtliche organisierten ›Hocks‹ zum Kennenlernen, gründeten eine schulische Theatergruppe und eine Sportgruppe.

Ein Ball rollt vor meine Füße. Die Tassen leer, sind Oliwia Hälterlein, Coffee und ich entspannt Richtung Dietenbachpark aufge-

brochen. Vorbei an grauem Beton hin zu Blüten, die sich um eine Laube schlingen, einem türkiesfarbenen Brunnengrund und Weinstöcken. Seinen Namen verdankt das Viertel dem Gewannnamen Weingarten. Im Bereich Haslach und Richtung Haid soll es um 1900 Weinbau gegeben haben.

Alte Frauen, die Gesichter von Kopftüchern umrahmt, sitzen plaudernd auf Bänken. Eine Mutter wippt ihr Kind in den Schlaf, die älteren jauchzen dem Ball hinterher, den ich ihnen zurückspiele. Sein Schatten rollt über die Wiese.

Bevor hier der Dietenbachpark entstand, floss der Dietenbach durch ein etwa 30 Hektar umfassendes landwirtschaftlich genutztes Grün. Parallel zum Betzenhausener Seepark, wo die Landesgartenschau

stattfinden sollte, war geplant, den Dietenbachpark 1986 fertigzustellen. Ziel war eine Erholungsfläche im Westen Freiburgs. Etwa drei Hektar umfasst der Badesee heute, dessen Wasser aus dem Schauinslandmassiv stammt. Die großzügigen Grünflächen werden rege für verschiedenste Sportarten, von kleinen und großen Abenteuersuchenden oder zum Entspannen und Grillen genutzt. Auch Coffee fühlt sich hier wohl, begrüßt bekannte Hunde und schnüffelt ausführlich. Der Dorfbach fließt, von Spazierwegen umsäumt, neben uns dahin. Zwischen den Bäumen ragen Hochhäuser in den sonnenhellen Himmel.

Übrigens steht das erste energetisch sanierte Passivhochhaus der Welt hier, genauer in der Bugginger Straße 50. Nur zwei Häuser weiter Deutschlands erstes FSC-zertifizierte Haus. Ab dem ersten Obergeschoss besteht es über acht Etagen hinweg komplett aus Holz.

Doch nicht nur Hochhäuser sind in Weingarten zu finden, sondern vereinzelt auch Wohnwagen. Am Auggener Weg stehen sie und verweisen auf die Geschichte der SintiZze in Freiburg. Sie waren auch nach dem Ende des Nationalsozialismus Ausgrenzungen ausgesetzt. Nach der Befreiung aus Zwangsarbeits- und Konzentrationslagern mussten überlebende SintiZze und Jenischen auf zwei unbefestigten Kiesgruben außerhalb Freiburgs leben. Zwischen offenen Kläranlagen, mehr als zwei Kilometer von der damaligen Stadtgrenze entfernt, sahen sich die Menschen in der sogenannten Opfinger Siedlung dramatischen hygienischen und baulichen Verhältnissen ausgesetzt. Das Nachbarschaftswerk e.V. wurde 1969 gegründet und setzte sich für eine Verbesserung der Lebensumstände ein. Als neues Zuhause sollte der Bereich um den Auggener Weg dienen. Das ›Haus Weingarten‹ beherbergte nach seiner Fertigstellung 1974 einen Kindergarten, eine Schule für besonders förderungsbedürftige Kinder und das Nachbarschaftswerk. In Absprache mit den SintiZze entstand bis 1987 eine Siedlung, die erdnah und mit einem zentralen Platz konzipiert war.

Viel weiter östlich, am Fritz-Schieler-Platz, wo regelmäßig der Wochenmarkt stattfindet, verabschiede ich mich von Oliwia Hälterlein und Coffee. Auf dem Weg zur Tram läuft ein Mann an mir vorbei und spricht in mir unbekannten Worten auf sein Handy ein.

Sprachen aus mehr als 100 Nationen werden in Weingarten gesprochen und Stand 2021 ist es mit 11.100 Menschen Freiburgs bevölkerungsreichster Stadtteil. Obwohl er oft einen schlechten Ruf hat und ohne Zweifel auch strukturelle Probleme herrschen, ist es laut der Polizeilichen Kriminalstatistik des Regierungspräsidiums Freiburg 2022 mit der Menge an Straftaten nur auf Platz acht unter den Stadtteilen.

Nachdenklich betrachte ich zuhause angekommen erneut den Reiseführer. Bauliche Innovation lockt ins Vauban, großstädtisches Flair zeichnet den Stühlinger aus, der See zieht viele nach Betzenhausen. Und Weingarten? Weingarten bietet Vielfalt – aus all dem und darüber hinaus.

EMI MIYOSHI

Tänzerin, Choreografin, künstlerische Leiterin des SHIBUI Kollektivs

THEATER FREIBURG

»So viele Erinnerungen hängen an dem Ort.«

Auf Socken bewegen wir uns durch den Ballettsaal. Der Boden gibt leicht unter unseren Füßen nach, die Stimmen hallen und unsere Körper spiegeln sich, eingerahmt von den schweren dunklen Vorhängen, mehrfach an den Seiten wider. Wir haben großes Glück: Emi Miyoshi zeigt uns Ausschnitte aus ihrer neuesten Choreografie. Sich wiederholende Klavierklänge breiten sich aus und Emi beginnt, sich konzentriert und gleichzeitig lässig durch den Raum zu bewegen, als würde sie sich in Trance tanzen. Während unseres Gesprächs schlängeln sich ihre Hände zu dem Begriff ›roter Faden‹ langsam in meine Richtung. Spricht sie von Ideen, pflückt sie diese, hinaufblickend, mit Zeige-, Mittelfinger und Daumen in ruhigen, fließenden Bewegungen aus der Luft. Während wir so auf der Fensterbank sitzen und sie mir von ihrer Arbeit und von ihrer Liebe zu Freiburg erzählt, liegt die Stadt mit einer dünnen Schneedecke überzogen neben uns ausgebreitet.

Was verbindet dich mit dem Ballettsaal?

Der Ballettsaal war vor über 20 Jahren mein erster Arbeitsplatz als professionelle Tänzerin in Europa. Ich war jung und alles kam mir so groß vor, sehr groß. Vergleichst du den Saal hier mit einem japanischen Tanzstudio, dann ist das hier sehr groß. Die Decken sind hoch, es gibt im Stadttheater die Direktion, Büros, Duschen und Massage, ein Orchester – ich hatte das vorher nie erlebt. Damals hatte ich das Gefühl, dass ich Schritte mache und trotzdem nie wieder auf der anderen Seite ankomme. Daran erinnere ich mich noch gut. Die Größe war in Europa allgemein neu für mich. In Japan

»Alles kam mir so groß vor«

Ihr erster Arbeitsplatz als professionelle Tänzerin in Europa war der Ballettsaal des Stadttheaters. Noch heute, über 20 Jahre später, probt Emi Miyoshi *hier und gibt Workshops, die verbinden sollen.*

sind die Räume klein und sie werden geteilt, es gibt wenig Platz für Individualität. Europa hat mehr Platz.

Als ich dann zurück nach Freiburg kam, um hier zu leben, durfte ich wieder in diesem Saal arbeiten. Jetzt ist er leer, aber für den Workshop kommen so viele Leute, über 30, 40 Leute, das ist eine ganz andere Stimmung. So viele Erinnerungen hängen an dem Ort hier!

Und allgemein auch an Freiburg. Ich bin nicht der Mensch, der gern in riesigen Städten lebt, ich mag es irgendwie etwas kleiner und Freiburg ist so nah an der Natur. Die Leute sind hier, finde ich, relativ offen für neue Sachen. In Freiburg spüre ich Ähnlichkeiten zu meiner Heimat.

In über 20 Jahren passiert viel und ich habe gelesen, dass du mittlerweile etliche Tanzproduktionen auf die Bühne gebracht hast. Wie geht es weiter, nachdem ein Stück, ein Projekt beendet ist?

Das Stück ist dann abgeschlossen, aber natürlich gibt es einen Faden, an dem wir weiterarbeiten wollen – das könnte das Thema sein, es könnte die Musik sein oder könnten Menschen sein. Aber diesen Faden versuche ich nicht zu verlieren, sodass es nicht ein einmaliges Event ist. Man beschäftigt sich immer weiter und anders damit. Ein Beispiel für so einen Faden ist das Thema Verbundenheit, das mich sehr beschäftigt. Für mich geht es um Verbundenheit, in unterschiedlichen Techniken, mit unterschiedlichen Menschen. Zum Beispiel als ich mich mit Sprachen beschäftigt habe. Meine japanische

Sprache beeinflusst, wie ich kommunizierte, wie ich Wörter nutze, wie meine Sprache klingt oder wie ich ein Intervall zwischen den Wörtern setze. Die Bedeutung dieses Intervalls hängt davon ab, ob es kurz oder lang ist. Ich finde es super schön und interessant, das mit anderen Sprachen zu vergleichen und zuzuhören und andere Sprachen kennenlernen. Wir haben mit einem internationalen Cast gearbeitet – die Menschen konnten Chinesisch, Philippinisch, Französisch, Spanisch, Arabisch. Dabei haben wir mit dem Klang gearbeitet, aber auch mit universeller Kommunikation. Dann ist es eine Verbundenheit, es ist Menschsein, mehr Essenz. Ich muss deine Sprache nicht verstehen, aber ich verstehe dich irgendwie.

Ein anderes Stück war mehr organisch, mit der Haut. Mehr mit sensorischen Verbindungen.

Aber mit der Verbundenheit bleibt es immer der gleiche Faden. Das letzte Stück war ›Restep‹, eine Auseinandersetzung mit unterschiedlichen Volkstänzen. Mit der Frage nach der Essenz. Von eigenen zeitgenössischen Tanzschritten bis zu Volkstänzen aus verschiedenen Kulturen und dazu Rhythmus von Trommeln. Da ging es viel um Verbundenheit mit den unterschiedlichen Kulturen, um den gemeinsamen Zugang.

Jahrelang beschäftige ich mich schon mit der Verbundenheit. Nicht nur bei den Tanzproduktionen, sondern auch in der Arbeit mit Laien.

Wie empfindest du die Arbeit mit LaiInnen in deinen Tanzworkshops?
Ich habe vor sechs Jahren angefangen mit diesem offenen Workshop und das ist immer inspirierend, weil Menschen aus unterschiedlichen Generationen teilnehmen und wir in einen Austausch miteinander kommen. Ich erlebe so viele wunderschöne Momente, mit den alten Menschen, mit den Studenten und Kindern und jüngeren Menschen, sie tanzen zusammen, zu einer gemeinsamen Musik. Das finde ich super schön.

Besonders während der Pandemie war es mir sehr wichtig, speziell mit den älteren Menschen, also aus der dritten Generation, zu arbeiten. Die Situation war sehr schwierig, damals konnte man nicht ins Senioren- oder Pflegehaus reingehen. Wir haben dann ein Projekt gemacht mit den lokalen Senioren – auch damals war mein Fokus auf Verbundenheit und darauf, wie man Nähe spüren kann, trotz Pandemie, ohne Anfassen. Wie kann man unsere

Verbindung herstellen oder aufbauen? Wir haben viel mit Stethoskopen gearbeitet, mit dem Herzschlag der Senioren, sozusagen mehr innerliche Bewegung und Klang. Das war eine super, super schöne, intensive Erfahrung.

Zwei Jahre lang hatten wir eine Kooperation: unser Kollektiv mit dem Kunstmuseum und dem Seniorenzentrum, die drei Institutionen zusammen. Jede Woche gab es eine Tanzstunde im Museum. Und im Museum gibt es natürlich Kunstwerke. Die Idee war, die Kunstwerke mit dem eigenen Körper zu interpretieren. Für die Senioren war das erstmal komisch, sie wären sonst nicht in das Museum gekommen und zeitgenössische Kunst hat auf den ersten Blick auch nicht viel mit Alltag zu tun. Wir haben aber auch mit Erinnerung und konkreteren Gegenständen gearbeitet. Zum Beispiel mit alten Geräten, die die Menschen noch aus ihrer landwirtschaftlichen Arbeit kannten. Das ist dann sehr emotional, mit vielen Erinnerungen verbunden. Es ging viel um mentale und körperliche Flexibilität.

Erst wollten sie wissen, was wir da machen. Sie dachten, sie würden Tanzunterricht bekommen, Tanzschritte lernen. Die älteren Menschen dachten sich: Was wollen sie von mir? Uns ging es aber um Improvisation. Wir machen keine Performance, wir wollen nichts. Wir wollen ein bisschen mehr Austausch und freie Form, einander kennenlernen. Also einfach bewegen, wie eine Unterhaltung, aber ohne Wörter. Zum Ende waren sie sehr frei und haben sogar neue Ideen miteingebracht. Die Förderung wurde beendet, aber sie machen selber weiter und das war ein super schönes Ende.

Diese Arbeit mit den Laien gibt mir viel zurück und zeigt mir auch, warum ich diesen Job als professionelle Tänzerin oder Choreografin mache. Und ich selbst stelle mir dann gern die Frage nach dem Ort für Tanz. Was ist daran Zugang zum Alltag, zu anderer Kunst? Es gibt viele Türen zu öffnen, und diese Essenz mit der Verbindung – weil Bewegen ist Verbindung – haben wir immer im Körper.

TANZ
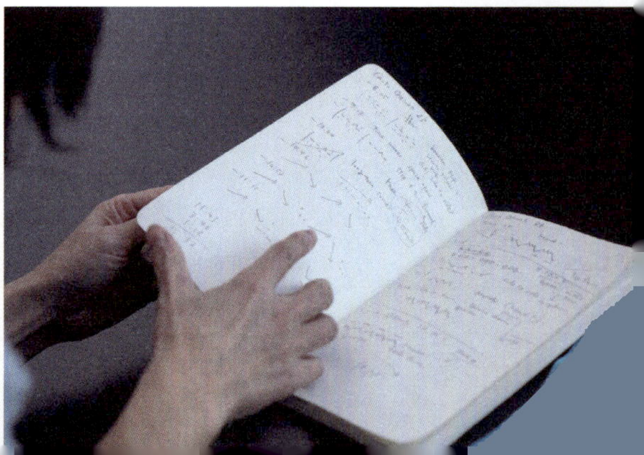

ÜBER
EMI MIYOSHI

Emi Miyoshi wurde 1977 in Japan geboren. Anders als man vielleicht erwarten würde, beschreibt sie ihr jugendliches Ich als schüchtern und nicht präsent. »Ich war kein körperlicher Mensch«, erzählt sie.

Es bedurfte einer unkonventionellen Annäherung an den Tanz, um Emi Miyoshi für ihn zu begeistern. Zu Beginn dachte sie bei Tanz an Ballett, das ihrer Meinung nach viel mit Perfektion zu tun hat. Sie musste erst entdecken, wie vielseitig und unterschiedlich Tanz sein kann.

In einem poetischen Vergleich erklärt sie mir, was sie am Tanzen fasziniert, nämlich die Vielfalt und Neuinterpretation von Schönheit: »An einer Blume finden alle die Blüte schön. Sie macht die Blume aus. Schneidet man aber die Blüte ab, dann bleibt zum Beispiel der Stiel, der in seiner Linie und durch den Leerraum auch sehr ästhetisch sein kann«, so Emi Miyoshi.

Für sie ist Tanz vielseitig und voller Freiheiten. Nicht nur Technik und Bewegung, sondern auch Musik, Kleidung und Installation gehören dazu. Tanz ist offen für alle Arten von Kunst. Lächelnd erklärt sie: »Deshalb tanze ich immer noch.«

Ihren Anfang nahm die Karriere Emi Miyoshis in Ehime, Japan, wo sie Tanz studierte. Ihr erstes Kollektiv ›yummydance‹ gründete sie 1999 mit fünf anderen KünstlerInnen zusammen. Gleichzeitig arbeitete sie an eigenen Choreografien, mit denen sie unter anderem in Europa unterwegs war. Ihr erster Arbeitsort in Europa war der Ballettsaal des Stadttheaters Freiburg, wo sie im Rahmen eines Austauschprogramms als Gasttänzerin arbeitete. Ab 2005 war sie Teil der Tanzkompanie ›Pretty Ugly Tanz Köln‹ am dortigen Schauspiel Köln, geleitet von Amanda Miller.

Seit 2013 lebt und arbeitet sie in Freiburg, wo sie eine Familie gegründet hat und von wo aus sie beruflich weiterhin die Welt bereist. Mehrere Sprachen begleiten Emi Miyoshi durch ihr Leben. Japanisch ist die Sprache ihrer Heimat,

Deutsch die Sprache ihrer Familie und Englisch die Sprache ihrer Arbeit.

Eine wichtige Rolle in ihrer Arbeit als Choreografin spielt das von ihr gegründete SHIBUI Kollektiv. Shibui ist ein japanisches Wort für eine Ästhetik bescheidener, einfacher und seltener Schönheit, die nicht immer gefallen will, nicht kurzlebig ist und der Patina anhaftet. Im Alltag begegnet Emi Miyoshi Shibui immer wieder: in alten Gegenständen, Gebäuden, jungen Menschen mit außergewöhnlich tiefen Gedanken und im Austausch mit älteren Menschen.

Das SHIBUI Kollektiv bewegt sich an der Schnittstelle zwischen Tanz und Installation. Zu sehen war es bereits in deutschen Großstädten, der Schweiz, Taiwan und Japan. Außerdem erhielt es, genau wie Emi Miyoshi selbst, diverse Förderungen und Auszeichnungen. Neben den Bühnenarbeiten finden auch Workshops, beispielsweise mit an Parkinson erkrankten Menschen, statt.

Mit viel Leidenschaft und dem Fokus auf Verbundenheit choreografiert Emi Miyoshi Auftritte und begeistert auch abseits der Bühne in Workshops für ihre offene Vorstellung von Tanz.

»Die Arbeit mit den Laien bringt mir zurück, warum ich diesen Job als professionelle Tänzerin oder Choreografin mache. Und ich selbst stelle mir dann gern die Frage nach dem Ort für Tanz. Was ist daran Zugang zum Alltag, zu anderer Kunst?«

Das Theater Freiburg

»Eine der gewaltigsten Unternehmungen Freiburgs ist mit dem Bau des neuen Stadttheaters zum Abschluss gekommen«, schrieb Wilhelm Schlang 1910 in der Festschrift zur Eröffnung.

Zwischen Universitätsbibliothek, Platz der Alten Synagoge, Innenstadt und Bahnhof liegt das Theater Freiburg. Seine Jugendstilfassade ragt ins Stadtbild. An ihr aufgereiht blicken sechs Allegorien von ihren Säulen auf das Treiben aus flanierenden FußgängerInnen, sausenden FahrradfahrerInnen und sich bimmelnd Platz verschaffenden Straßenbahnen zu ihren Füßen. Sie versinnbildlichen Freude, Schönheit, Musik, Poesie, Tanz und Schmerz – und damit Oper, Komödie, Drama und Ballett. Sechs Freiburger Bildhauer waren an der Bauplastik beteiligt, die von Hermann Feuerhahn entworfen wurde. Unter den sechs Plastiken öffnen sich vor den Veranstaltungen schwere Eisentüren, um das vorfreudige Publikum hineinzulassen.

Vor 1910 öffneten sich noch die Türen der ehemaligen Kirche des Augustinerklosters für Theatervorstellungen – das heutige Augustinermuseum. 1823 wurde das Theater im Kloster mit Wilhelm Zieglers Schauspiel ›Der Lorbeerkranz‹ eröffnet.

Die Geschichte des Theaters in Freiburg geht jedoch noch weiter zurück. Sie reicht hinein ins 17. Jahrhundert, als die Jesuiten ein Theater gründeten, wo die Zöglinge ihres Kollegs spielten, und führt ins Jahr 1770. In diesem Jahr besuchte Frankreichs zukünftige Königin Marie-Antoinette auf ihrer Brautfahrt auch Freiburg und ihr zu Ehren engagierte man eine Schauspieltruppe, die im Theatersaal der Jesuiten auftrat.

Für weitere Auftritte der Schauspieltruppe und dann auch von anderen umherziehenden Gruppen wurde ein Saal im am Münsterplatz gelegenen Kornhaus zur Verfügung gestellt und 1785 zu einem kleinen Theater umgebaut.

Klein ist das heutige Stadttheater in der Bertoldstraße nicht mehr. Geplant wurde der neubarocke Bau von dem Berliner Architekten Heinrich Seeling. Das dafür ausgewählte Gelände war der ehemalige Standort der Bastion Dauphin, die Teil der ab 1677 gebauten Vauban'schen Festungsanlage war. Für den Bau des Stadttheaters musste 1905 die sich auf dem Gelände befindliche Villa Platenius samt Gartenanlage weichen.

Das Gebäude des Stadttheaters war auf Prunk ausgerichtet und stammt aus der Ära des Oberbürgermeisters Otto Winterer, in der sich Freiburg zu einer Großstadt wandelte. Bis in die USA berichteten Zeitungen über Freiburgs neues Bauwerk. Prunkvoll war das Theater auch von innen. Im Zuschauerraum zierten Muster aus Stuck die Wände, Decken und rund gewölbte Balustraden. Auch Eingangshalle und Foyer waren prachtvoll mit verspielten Säulen, Deckenmalerei und Stuck verziert und wiesen offene, geschwungene Formen auf – von Jugendstil durchsetzter Barock. Heute sind davon lediglich die Wandbrunnen übrig. Sie stammen aus der ehemals Großherzoglichen Majolika-Manufaktur Karlsruhe.

Das politisch und gesellschaftlich bewegte 20. Jahrhundert spiegelt sich auch in der Geschichte des Stadttheaters wider. Obwohl bereits fünf Jahre nach Eröffnung, im ersten Jahr des Ersten Welt-

kriegs, die Mehrheit im Bürgerausschuss für die endgültige Schließung stimmte, wurde der Spielbetrieb fortgeführt, aber vor allem auf Gastspiele aus Karlsruhe oder Stuttgart reduziert. 1933 bestimmte die Theaterkommission den Vollbetrieb des Theaters und drei Jahre später wurde mit den Kammerspielen in der Sedanstraße sogar ein neues Schauspielhaus eröffnet. Auch die NS-Zeit hinterließ Spuren in der Theatergeschichte. Der bisherige Intendant Dr. Max Krüger wurde 1933 abgesetzt, der Zuschauerraum 1939 nach der damaligen Kunstauffassung schlichter umgestaltet. Eine erste vorübergehende Schließung aller Theater im nationalsozialistischen Deutschland wurde 1943 wegen der Niederlage bei Stalingrad

verordnet und 1944 musste der Betrieb schließlich komplett eingestellt werden. Bomben trafen die Theatergebäude. Nachdem das Stadttheater 1917 bereits an der Südfassade beschädigt worden war, erlitt es 1944 massivere Schäden und die Kammerspiele waren sogar komplett zerstört. So stellte sich die Frage, ob das Stadttheater nach Bombeneinschlägen, Witterungsschäden und Plünderung überhaupt wiederaufgebaut werden konnte und sollte. Der Spielbetrieb war zwischenzeitlich provisorisch an anderen Orten wieder aufgenommen worden und die noch erhaltene Rohbausubstanz überzeugte schließlich für den Wiederaufbau. Bereits 1949 wurde die Wiedereröffnung des Großen Hauses gefeiert. In einem Artikel der Badischen Zeitung vom 02.01.1950 ist über die Folgen der Wiedereröffnung zu lesen: »Selbst der Gast in Freiburg, der nichts von der Wiedereröffnung des Theaters wüßte, müßte in den Schuhgeschäften spüren, dass etwas Besonderes geschehen ist. Immer wieder würde er hören: ›Bitte ein Paar Abendschuhe‹.« Wie schon 1910 der prunkvolle und kostspielige Neubau war in der Nachkriegszeit dieser Wiederaufbau angesichts der Wohnungs- und Geldnot umstritten. Um den gesamten Wiederaufbau zu finanzieren, spielte der damalige Oberbürgermeister Wolfgang Hoffmann als Pianist selbst bis 1955 gemeinsam mit dem Philharmonischen Orchester regelmäßig Konzerte für Geld und Werbung. Außerdem wurden neue Trakte, zuvor Terrassen, erschlossen, die Ladenlokale, eine Gaststädte und das Kino ›Kurbel‹ beherbergten. Im nördlichen Seitentrakt spielte ab 1958 wieder das Kammertheater. Mit der Neugestaltung des Dachs – in deren Zuge der erhaltene Jugendstil-Schaugiebel von 1910 über der Hauptfront einer Probebühne unter dem Dach weichen musste – fand der Wiederaufbau des Theaters 1962 ein Ende. Doch er hatte seine Schwachstellen und Mängel. Um die beheben zu können, wurde das Theater ab 1996 für eineinhalb Jahre geschlossen. Übergangsweise fand das Theater neue Bühnen: als fester Zeltbau im Eschholzpark, im Bürgerhaus Zähringen und auf dem Alten Friedhof. Heute vereint das Gebäude die Sparten Musiktheater, Schauspiel, Konzert, Tanz, das Junge Theater – und das in Gastspielen, Eigen- und Koproduktionen – sowie rund 370 Beschäftigte unter seinem Dach.

Bei der Begegnung mit Emi Miyoshi darf ich das Theater neu und anders kennenlernen. Wortwörtlich hinter die Kulissen geht es für mich – übrigens werden zweimal im Monat Führungen durch das Theater angeboten. Über den Künstlereingang betrete ich das Gebäude. Ein Labyrinth aus Gängen führt hindurch. Vor den Proberäumen hängen Listen, Zettel und Postkarten. Jenseits der Eleganz des Foyers herrscht hier eine beinahe familiäre Atmosphäre. Und auch durch dieses führt mich Emi Miyoshi. Säulen begrenzen den Raum, ein Kronleuchter strahlt Licht und Eleganz aus. Wo sonst die Stimmen angeregter Gespräche hallen, ist heute Stille. Wir setzen unsere Füße auf marmorne Treppenstufen, in denen eingeschlossen Fossilien die Zeiten überdauern, und kehren dann zurück in den Eingangsbereich. Von den hohen Sprossenfenstern der Eingangstüren aus betrachte ich das Treiben draußen und fühle mich – wie im Theater.

SUSANNE FRITZ

Autorin, Regisseurin, WortMusikerin

LITERATURHAUS FREIBURG

»Freiburg wäre sehr viel ärmer ohne diesen Ort.«

Und jedem Anfang wohnt ein Zauber ...

Wie kommen wir an in einer Stadt? Wie begrüßen uns ihre Menschen, die schon länger hier leben, vielleicht sogar hier geboren und aufgewachsen sind, ihre Freundeskreise und Familien hier haben? Wie ergeht es denen, die von nah und fern, freiwillig, zufällig oder notgedrungen in die Stadt kommen, die hier Wohnung suchen, sozialen Anschluss, Geborgenheit, die hier eine Arbeit aufnehmen, eine Ausbildung, ein Studium beginnen? Freiburg erlebte ich bei meiner Ankunft so einladend wie verschlossen, und die Wohnungssuche stellte sich als wirklich schwierig heraus. Aber es gab und gibt sie auch heute in Freiburg: Offene, wunderbare Orte, die einen einladen und auffangen, und von einem dieser besonderen Orte möchte ich hier erzählen.

Nach experimentellen Jahren in Berlin kam ich Ende der achtziger Jahre nach Freiburg, wo ich zunächst in der Grafikabteilung eines Verlags arbeitete und bald von dort ans Freiburger Theater wechselte. Ich erinnere mich gut daran, mich anfangs ziemlich allein gefühlt zu haben. Die Stadt wirkte, entgegen ihres Images, nicht besonders aufgeschlossen und freundlich auf mich. Im Gegenteil. Neuankömmlinge wurden misstrauisch beäugt. Jede und jeder schien irgendeinem Verein oder einer Gruppe anzugehören. Gruppen aber waren mir suspekt. Auch wenn meine anfängliche Einsamkeit an mir nagte, verspürte ich keine Lust auf Zwänge und Anpassung.

Ein Haus im Haus

von Susanne Fritz

Ein Ort, der mir in seiner Buntheit und Lebendigkeit gefiel, war (und ist bis heute) der Alte Wiehrebahnhof mit dem Kommunalen Kino, Café und der Galerie. Hier traf sich damals auch das *Literatur Forum Südwest*, aus dem viele Jahre später das Literaturhaus hervorgehen sollte. Die regelmäßigen »Offenen Lesungen«, bei denen Schreibende ihre unveröffentlichten Texte vorlesen und zur Diskussion stellen konnten, waren nichts für Menschen mit fragilem Selbstbewusstsein und schwachen Nerven. Kritisch diskutiert wurden die Texte, als ginge es dabei um Leben und Tod, mit literarischer Kompetenz und Einfühlung, oft aber auch verbissen und mit harten Bandagen. In dieser wilden Runde etwas vorzutragen, erforderte Mut, und wenn man mit seinem Text lebend wieder herauskam, war man manchmal klüger oder auch nur ein wenig resistenter gegen die Meinungen und Einwände anderer. Manche hatten nach einem Besuch genug, andere trafen sich hier über Jahre hinweg, um über Literatur zu sprechen und tun das bei den »Literarischen Werkstattgesprächen« bis heute, jetzt an neuem Ort, in neuen Konstellationen, mit Neugier und Offenheit, in respektvollem und konstruktivem Umgangston.

Meine ersten Texte habe ich beim *Literaturforum* im Alten Wiehrebahnhof öffentlich gelesen und später meine Bücher in der Reihe »Andruck« zusammen mit der Stadtbibliothek, dem Kulturamt und weiteren Kooperationspartnern vorstellen dürfen. So begleitet mich das Literaturhaus schon seit fünfunddreißig Jahren – mein ganzes literarisches Leben lang.

W:ort

Wort und Ort verdichtet José Oliver zu *W:ort*. Die Wortschöpfung des Lyrikers trifft Existenzielles. Sprechend richten wir uns in der Welt ein, stellen lebenswichtige Beziehungen her zwischen uns, den Dingen und den Menschen. Nach dem französischen Psychoanalytiker Jacques Lacan »ist es unmöglich, Welt und Wirklichkeit unabhängig von unserer Sprache wahrzunehmen. Was immer wir sehen, hören, riechen oder fühlen, so Lacan, existiere für uns nur, weil wir es sprachlich verarbeiten können«, lese ich in Daniel Schreibers Buch *Zuhause. Die Suche nach dem Ort, an dem wir leben wollen*.

Das Literaturhaus Freiburg ist so ein Ort, an dem wir leben wollen: ein idealer und utopischer Ort für neue, bereichernde Erfahrungen, für Entdeckungen, Begegnungen und Austausch. »Das Literaturhaus Freiburg ist eine Bühne für regionale, überregionale und internationale Literatur. Eine literarische Werkstatt für Kinder, Jugendliche und Erwachsene. Ein Labor für neue Formen der Literaturvermittlung. Ein Ort für Worte, die wandern, und Wege, die sich kreuzen. Herzlich willkommen!«, lesen wir auf der Homepage. Und dieses herzliche Willkommen wird spürbar, wenn das Team des Literaturhauses, Martin Bruch, Katharina Knüppel, Hanna Hovtian und Birgit Güde, die kleinen und großen Gäste wärmstens begrüßt.

Hier im Herzen der Freiburger Altstadt wird die Welt weit, dank der Vielfalt bekannter, noch zu entdeckender und weltberühmter literarischer Stimmen. Nicht zu vergessen die experimentellen künstlerischen Formate, die hier eine Bühne bekommen, eine Spielwiese im schönsten Sinn. Wen haben

wir in der Bertholdstraße 17 oder »außer Haus«, an Orten wie dem Stadttheater, dem alten Rathaussaal, im Schwimmbad oder Stadtpark, alles schon erleben können – und konnten sogar persönlich mit ihnen ins Gespräch kommen: Judith Schalansky, Liao Yiwu, Herta Müller, Karl-Heinz Ott, Annette Pehnt, Lukas Bärfuss, Meron Mendel, László Krasznahorkai, Rachel Cusk, Arnold Stadler, Daniel Kehlmann, Cécile Wajsbrot, Anne Weber und viele mehr.

Und nicht nur Autorinnen und Autoren und ihre Texte erstaunen und berühren, verführen und inspirieren, locken uns hervor und begeistern: Jeder Besuch im Literaturhaus überrascht und erfreut aufs Neue. Denn Saal und Bühne sind überaus wandelbar, dank eines genialen Raum- und mobilen Einrichtungskonzepts, das verschiedenste Situationen erlaubt. Eine klassische

Bestuhlung in gleichmäßigen Reihen mit Blick auf die Bühne für Lesungen und Podiumsgespräche. Die Bar darf nicht fehlen, hält regionale Erfrischungen bereit. Oder es werden mehrere Tische aneinander gereiht, wenn das Literaturhaus zur Suppe an die »Lange Tafel« einlädt. Die Stühle werden zum Kreis gestellt, wenn der Buchclub zum »Literarischen Frühsport« oder Schreibende zum »Literarischen Werkstattgespräch« zusammenkommen. Der Saal wird auch regelmäßig zur Druckwerkstatt. Zum Ausstellungsort. Zur Bühne für szenische Lesungen. Zur Werkstatt für Comics und Poster wie in den Workshops des »Jungen Literaturhauses«. Zur Disco beim Tanz in den Mai. Nicht alles, was hier passiert, kann ich auflisten, darum kurz: Freiburg wäre sehr viel ärmer ohne diesen Ort, der für mich auch ein wenig Heimat ist.

Literatur. Haus.

Die Art und Weise, wie wir sprechen und schreiben, gestaltet die Welt unmittelbar mit und spielt eine große Rolle dabei, ob wir uns wohlfühlen an einem Ort, mit seinen Menschen. Finden wir eine gemeinsame Sprache – auch wenn diese eine Sprache aus verschiedenen Sprachen und Idiomen bestehen kann? Es scheint Magie: Geschichten, die wir uns erzählen, werden imaginäre Orte, die nicht weniger real erscheinen als die greifbaren Orte, an denen wir uns befinden. Besonders Menschen, die als Vertriebene, Geflüchtete, Exilanten ihre vertraute Welt verlassen mussten, wissen um die lebenswichtige Bedeutung von Sprache und persönlicher Erzählung. Die eigene Geschichte wird zum Dach über dem Kopf, im glücklichen Fall teilen wir es mit anderen.

In meinem Buch *Wie kommt der Krieg ins Kind* geht es darum, wie das Erzählen uns gerade auch mit Orten verbindet, an die wir nicht zurückkehren können, so sehr wir uns auch danach sehnen. Darin heißt es: »Das erzählte Haus. Das bewohnte Haus. Das verlassene Haus. Das von fremden Menschen bewohnte Haus. Das vermisste Haus. Das erinnerte Haus. Das Haus im Rücken. Das Haus vor dir. Das Haus um dich herum. Das fehlende Haus um dich herum. Das fehlende Haus in dir. Das beweinte Haus. Das wiedergefundene Haus. Dein Haus. Das Haus anderer. Das Haus deiner Kindheit. Das Haus deiner geliebten Toten und dir unbekannter Toter ... Das Haus kam über die Erzählungen meiner Mutter sehr früh in mein Leben. Mit meinen Ohren habe ich es bewohnt, es um mich und in mir gefühlt wie ihre Stimme, ohne es vor mir zu sehen. Die Erzählerin atmete das Haus vor sich hin, da stand es, leichtfüßig ging sie aus und ein ... Wenn sie davon erzählte, entstand ein Haus im Haus, ein Haus in Worten im Haus, in dem wir lebten und das geräumig genug war, die unsichtbaren Grundrisse des erzählten Hauses in sich aufzunehmen. Vielleicht ging sie auch deshalb so ungern aus: Sie musste immer zwei Häuser verlassen, durch zwei Türen gehen. Und die Angst war groß, beide zu verlieren, das Haus im Schwarzwald und das erzählte Haus ihrer Kindheit.« Auch das Literaturhaus Freiburg ist ein Haus im Haus, ein Haus aus Sprache, Stimmen, Erzählung, Dialog und zugleich ein verlässliches Gebäude, in das wir eintreten können und die Jahreszeiten, Regen, Schnee, Sonne, Nebel, hinter uns lassen.

ÜBER
SUSANNE FRITZ

Den Schwarzwald kennt Susanne Fritz schon seit frühester Kindheit: 1964 wurde sie in Furtwangen geboren und wuchs dort auf. Ihre Eltern, Heimatvertriebene, stammten aus dem polnischen Schwersenz/Swarsędz und kamen Anfang der Fünfzigerjahre nach Süddeutschland. Susanne Fritz' weiterer Lebensweg führte sie nach dem Abitur nach Berlin und schließlich nach Freiburg, wo sie heute mit ihrem Mann im Kappler Tal lebt.

In ihrem kreativen Schaffen ist Susanne Fritz vielseitig aufgestellt; an den Stadttheatern Freiburg und Basel arbeitete sie als Regieassistentin und dann als Regisseurin und Autorin an verschiedenen Bühnen im In- und Ausland. Sie schreibt Prosa, Essays und dramatische Texte, steht auch selbst auf der Bühne, liest, performt, spielt Klavier. Für ihr Schaffen erhielt sie diverse Auszeichnungen und Stipendien. Zuletzt war sie Stipendiatin der Stiftung Bartels Fondation in Basel, des Ateliers Mondial in Paris und mit dem Albrecht-Lempp-Stipendium in Krakau. Susanne Fritz ist Mitglied in den gemeinnützigen Vereinen Literaturhaus Freiburg, Jazzkongress, Junghof Kappel, Deutsches Tagebucharchiv Emmendingen, im Förderverein Dokumentationszentrum Nationalsozialismus Freiburg und im deutschen PEN.

Ohne Notizbuch, erzählt Susanne Fritz, fühle sie sich nackt. Darin notiert sie Organisatorisches, ›To-dos‹, sammelt aber auch spontane Gedanken, Einfälle und Zitate aus Büchern, Zeitungen, Filmen oder was sie unterwegs so hört. Das Notizbuch ist eine wichtige Brücke zu ihrem Gedächtnis, und immer wieder finden sich darin auch literarische Impulse.

Manchmal empfindet die Wortkünstlerin ihre deutsche Sprache als Begrenzung und schätzt hingegen das Universelle der Musik, in der eine gemeinsame Sprache möglich ist. Das Klavier ist ihr persönliches musikalisches Ausdrucksmedium und zugleich Mittel zur Erholung. In ihrer Arbeit verbindet sie immer wieder beide

Medien: Als ›WortMusik‹ betitelt sie Projekte, in denen sie gemeinsam mit unterschiedlichen KünstlerInnen auf vielfältige Weise Musik und Sprache kombiniert. In der Vergangenheit arbeitete sie zum Beispiel mit der Schauspielerin Renate Obermaier, dem Saxophonisten Matthias Anton, der Pianistin und Shō-Spielerin Junko Yamamoto und dem renommierten Freiburger ›ensemble recherche‹ zusammen. Die Arbeit im Team empfindet Susanne Fritz immer wieder als große Bereicherung und als wichtige Abwechslung zur Einsamkeit am Schreibtisch.

Auch beim Schreiben selbst prägt Susanne Fritz die Liebe zur Musik. Das Ohr schreibt mit, erzählt die Autorin. Im Schreibprozess nimmt sie ihre Texte gern auf und hört sie sich anschließend an, um ein besseres Gefühl für ihre Worte, deren Klang und Rhythmus, zu bekommen.

Als eine Art Lebensthema beschäftigt sich Susanne Fritz mit den Gräueln der Geschichte des 20. Jahrhunderts, mit Traumata und Identität. Auf die Spurensuche nach der Geschichte ihrer Mutter – und damit auch nach sich selbst – begibt sie sich in ›Wie kommt der Krieg ins Kind‹, womit sie 2018 für den Deutschen Buchpreis nominiert war. Zuletzt erschien ihr Roman ›Heinrich‹ über eine Spiegelfigur ihres Vaters, dessen Lebenslauf exemplarisch für seine Generation und die deutsche Nachkriegsgeschichte stehen kann.

Selbst im spontanen, mündlich geführten Gespräch spielt Susanne Fritz mit den Worten, geht immer wieder auf Tuchfühlung mit ihnen. Mit ihrer Kunst, erzählt sie, möchte sie nicht erziehen. Kunst ist ihrer Meinung nach frei. Sie möchte sich nicht äußeren Vorschriften unterwerfen. Verantwortung sieht Susanne Fritz bei sich persönlich im Umgang mit den Lebenswelten anderer, die sie in ihren Büchern verarbeitet.

Außerdem erzählt sie mir von ihrer Liebe zum Wasser: »Ich mag das Fließende, das Spiegelnde, das Glitzernde, das Bewegte. Wasser ist für mich wie ein Löschblatt für meine Gedanken. Ich tauche darin ein und nach kürzester Zeit bin ich wieder bei mir.« Nach unserem Treffen nutzt sie die letzten Sonnenstrahlen des Tages und lässt sich im Titisee treiben.

Freiburgs Alte Universität

Das Gebäude, in dem sich heute das Literaturhaus befindet, bot im Lauf der Jahrhunderte schon vielen Menschen Unterkunft und ein Zuhause.

Gelesene, inszenierte, bedachte, spontan entschlüpfte Worte, Wortspiele, Wortexperimente und Wortkunststücke, Worte der Wertschätzung, Worte des Danks und Applaus sind seit 2017 im Literaturhaus zu hören und treffen auf geschichtsträchtige Mauern. Denn dabei es handelt sich um den ehemaligen Theatersaal der Alten Universität, wo immer noch neben dem Betrieb des Literaturhauses geprobt und gespielt wird. Und auch die Büroräume des »Hauses im Haus«, wie Susanne Fritz es nennt, befinden sich im Gebäudekomplex.

Seine Mauern bestanden aus Bruchsteinen und großen Ziegeln. Noch heute sind im Keller des Komplexes Mauerreste einzelner Häuser aus dem 12. Jahrhundert vorhanden.

Mit der Gründung der Universität Freiburg 1457, eine der ältesten Hochschulen Deutschlands, galt es, Räume bereitzustellen. Von der Stadt erhielt die philosophische Fakultät den Dekaneihof und das danebenstehende Haus Zum Pfauen in der heutigen Bertholdstraße. Miteinander verbunden wurden sie zur sogenannten Pfauenburse, Freiburgs ältester Burse, die über die Jahre um weitere Häuser erweitert wurde. Mit einer Trennung der Ausrichtungen innerhalb der Fakultät ging eine räumliche Trennung und Erweiterung einher: Die philosophische Fakultät erwarb das Haus Zum Goldenen Adler in der Nachbarschaft, daraufhin Adlerburse genannt. Damals musste man als Student entweder bei Professoren oder in der Burse wohnen. Letztere dienten sowohl als Wohnungen für die Studenten und Magister als auch als Veranstaltungsorte für die Vorlesungen und Übungen der Fakultät. Außerdem beheimateten sie im Lauf der Zeit eine Bibliothek, eine Küche, heizbare Aufenthaltsräume, einen Karzer und einen großzügigen Hof mit Garten nach hinten hinaus.

In der zweiten Hälfte des 16. Jahrhunderts hatte der Zahn der Zeit an den Mauern genagt, die Gebäude waren baufällig geworden und eine Kammer der Pfauenburse stürzte ein. Sie wurde abgerissen und 1566 der Neubau begonnen. Ähnlich erging es der Adlerburse, ausgegangen wird von einem Beginn der Bauarbeiten im Jahr 1577.

Politische und gesellschaftliche Umbrüche machten vor den Mauern der heutigen Alten Universität nicht halt. Während der Reformation war Freiburg katholisch geblieben, einige Professoren gingen jedoch an evangelische Universitäten. Mit Hilfe der Jesuiten versuchten die Habsburger, Freiburg als katholische Hochburg Vorderösterreichs zu erhalten. 1620 unterschrieb Erzherzog Leopold die Urkunde zur Errichtung eines Jesuitenkollegs. Die Frage der Unterbringung spielte bei den vorausgehenden Verhandlungen und Vorbereitungen eine wichtige Rolle. Den Jesuiten wurde von der Universität ein Teil der theologischen Fakultät und die gesamte philosophische Fakultät überlassen. Damit einher ging die Nutznießung der Burse. Außerdem bekamen die Jesuiten von Erzherzog Leopold das angrenzende Karthäuserhaus geschenkt, wo sie die vorhandene Kapelle vergrößerten.

1679 war Freiburg seit einem Jahr in französischer Hand, die weltlichen Universitätsprofessoren flohen aus der Stadt, die Jesuiten blieben, hatten genügend Geld und freie Hand. 1682 stellten sie ein Baugesuch für eine Kirche. So entstand in diesem Viertel ein für die Jesuiten errichteter Gebäudekomplex, dessen Struktur bis heute erkennbar ist.

1697 kamen die Professoren der Universität Freiburg aus Konstanz in die mittlerweile wieder österreichisch gewordene Stadt zurück. Die Jesuiten wollten bevorzugt behandelt werden, weil sie in Freiburg geblieben waren. Nach zweijährigen Verhandlungen, während derer die Jesuiten von der Universität in einem Brief an die Ordensleitung in Rom als »rang- und streitsüchtige

Ordensväter« bezeichnet wurden, kam ein Vertrag zustande, durch den sich beide Parteien friedlich miteinander arrangierten.

Immer wieder wurden an den Gebäuden Änderungen vorgenommen, bis der Jesuitenorden 1773 dem Geist der Aufklärung zum Opfer fiel und durch Papst Klemens XIV. aufgehoben wurde. Der Lehrbetrieb an der Fakultät und am Gymnasium durfte aber vorerst fortgesetzt werden. Die Gebäude mitsamt der Kirche gingen in den Besitz des Hauses Österreich über. 1774 wurden sie versteigert und gingen an die Stadt, womit sich die Universität aber nicht zufriedengeben wollte. Schließlich wurden sie der Universität gegen den von der Stadt gebotenen Preis überlassen.

Lange beherbergte die Alte Universität Institute, Hörsäle, den Senat und die Aula. Im ausgehenden 19. Jahrhundert explodierte die Zahl der Studenten und – seit 1900 – Studentinnen. Das ab 1906 gebaute und fünf Jahre später eingeweihte Kollegiengebäude I bot Platz für die inzwischen 3.000 Studierenden. Seitdem ist das Gebäude an der Bertoldstraße die ›Alte Universität‹.

Im Zweiten Weltkrieg bot ihr Keller Luftschutzräume, das Gebäudeinnere brannte 1944 bis auf die Außenmauern aus. Ein Stahlskelettbau stützt das historische Gebäude, das 1950 bis 1957 wiederaufgebaut wurde. Noch heute findet in den Mauern der Alten Universität neben den Veranstaltungen des Literaturhauses akademischer Lehrbetrieb in den Bereichen Wirtschaft, Ökologie und Liberal Arts and Sciences statt – das University College zur Förderung und Verwaltung internationaler und interdisziplinärer Lehrtätigkeit ist hier beheimatet. Außerdem kann viermal die Woche das Uniseum besichtigt werden, in dem die wechselvolle und lange Geschichte der Universität vielseitig aufbereitet ist. In der Universitätskirche, Freiburgs größtem und frühesten barocken Gebäude, finden regelmäßig Gottesdienste statt.

Bausteine für Renovierungsarbeiten sind im Innenhof der Alten Universität aufgetürmt, als wir uns mit Susanne Fritz dort treffen. Zu erstellende, wiederhergestellte und im Keller erhaltene mittelalterliche Mauern treffen hier aufeinander. Was könnte also passender in diesen Mauern sein, als eine Institution der Geschichten, des Experimentierens und des Austauschs, wie es das Literaturhaus ist?

Frauen in Freiburg und im Südschwarzwald – ein Blick in die Vergangenheit

Zitat Seiten 16/17: Theodor W. Adorno: ›Maria Proelss‹, FAZ (28.09.1962)
Zitate Seite 16: Ricarda Huch: ›Im alten Reich. Lebensbilder deutscher Städte‹, Kiepenheuer & Witsch, Berlin, 1967
Zitate Seiten 18/19: Adolf Schmid: ›Marina Zwetajewa. Auf den Spuren einer einzigartigen Dichterin und einer Symbolfigur ihrer Zeit‹, Rombach, Freiburg, 1992
Zitat Seite 19: Marie Luise Kaschnitz: ›Tagebuch 1945‹, in: Gesammelte Werke 7, Insel-Verlag, Frankfurt a. M., 1989
Zitat Seite 20: Lotte Paepcke: ›Ein kleiner Händler, der mein Vater war‹, Herder, Freiburg/Basel/Wien, 2002

❶

Lorettodamenbad
Lorettostraße 51a,
79100 Freiburg im Breisgau
www.badeninfreiburg.de

Iris Wolff
www.iris-wolff.de
@autorin_iris_wolff

Zitat Seite 41: Silvia Cavallucci: ›Sommer, Sonne, Damenbad. Eine Reise durch Deutschlands einziges Freibad nur für Frauen‹, Lavori-Verlag, Freiburg, 2010
Zitat Seiten 43/44: Eine für Viele: ›Uebertriebene Prüderie in den städt. Bädern‹, Freiburger Zeitung Nr. 189

❷

Krai-Woog-Gumpen
79733 Görwihl

Paulina Vogt
www.paulinavogt.com
@paulinavogt

Zitate Seite 61: Erwin und Maria Litzelmann: ›Die Moorgebiete auf der vormals vereist gewesenen Plateaulandschaft des Hotzenwaldes‹, in: Mitteilungen der Naturforschenden Gesellschaft Schaffhausen 28, 1967

❸

Oberlinden
Augustinermuseum
Augustinerplatz
79098 Freiburg im Breisgau
@augustinermuseumfreiburg

Susanne Bader
Buchhandlung zum Wetzstein
Salzstrasse 31
79098 Freiburg
www.zum-wetzstein.de
@buchhandlungzumwetzstein

Zitat Seite 76: Ingrid Kühbacher: ›Sie lebten in Freiburg. Erinnerungen beim Gang über den Alten Friedhof‹, Schillinger Verlag, Freiburg, 2006
Zitat Seite 77: Johann Georg Jacobi: ›Meine Wohnung‹, in: Iris, Orell, Füßli und Comagnie, Zürich, 1809
Zitat Seite 81: Martin Walser: ›Darum gibt es Bücher‹. Spiegel (07.06.2019)

❹

Platz der Alten Synagoge
Bertoldstraße 30
79098 Freiburg im Breisgau

Julia Wolrab
Dokumentationszentrum Nationalsozialismus
Rotteckring 14
www.nsdoku.freiburg.de
@nsdoku.freiburg

Zitat Seite 96: Martha und Else Liefmann: ›Helle Lichter auf dunklem Grund‹, Christliches Verlagshaus Bern, 1966

❺

Stühlinger Kirchplatz
Stühlingerstraße 74
79106 Freiburg im Breisgau

Stefanie Schimmer
Äl Jawala
www.jawala.de
@al_jawala

Zitate Seite 114: Lokalverein Freiburg-Stühlinger (Hg.): ›Der Stühlinger. Festschrit zur 850-Jahrfeier der Stadt

Freiburg im Breisgau‹,
Freiburg, 1970

❻

Belchen
Restaurant Belchenhaus
Belchen 1
79677 Schönenberg

Susanne Vorndran
www.biosphaerengebiet-schwarzwald.de
@schwarzwald_ranger
@biosphaerengebiet_schwarzwald

Zitate Seite 131: Thomas Schmidt: ›Johann Peter Hebel und der Belchen‹, Spuren 90, 2011

❼

Freilichtmuseum Klausenhof
Lindenweg 1
79737 Herrischried
www.freilichtmuseum-klausenhof.de
@freilichtmuseumklausenhof

❽

Stadtbibliothek Freiburg
Münsterplatz 17
www.stadtbibliothek.freiburg.de
@stadtbibliothek_freiburg

Neriman Bayram
Kommunales Kino Freiburg
Urachstraße 40
www.koki-freiburg.de
@koki_freiburg

Zitat Seite 161: Jorge Luis Borges: ›Die letzte Reise des Odysseus‹, Hanser, München, 1987
Zitate Seiten 163/164: Carola Schelle-Wolff: ›Stadtbibliothek im Wandel‹, Jubiläumsausstellung 2001

❾

Zähringer Wald
Ruine Zähringer Burg
Schloßhaldenweg
79194 Gundelfingen

Christel und Elisabeth Jockers
Art Media Verlag
Auerstraße 2
79108 Freiburg
www.kulturjoker.de
@kulturjoker

Zitat Seite 183: Bürgerverein Zähringen (Hg.): ›1000 Jahre Zähringen. Mosaiksteine aus Vergangenheit und Gegenwart‹, Lavori Verlag, Freiburg, 2008

❿

Klosterweiher
79875 Dachsberg

Klosterweiherhof
Am Klosterweiher 3
www.klosterweiherhof.com
@klosterweiherhof_dachsberg

Veronika Roth
www.hagnroth.de
@hagnroth_design

Zitat Seite 199: Annette von Droste-Hülshoff: ›Der Weiher‹, in: Gedichte, J. G. Cotta'scher Verlag, Stuttgart/Tübingen, 1844

⓫

Raumgestalt
Dorfstraße 17
79872 Bernau im Schwarzwald
www.raumgestalt.net
@raumgestalt

Zitat Seite 210: Ludwig Schmieder: ›Das Bernauer Schwarzwaldhaus‹, in: Mein Heimatland 22, 1935 (urspr. veröff. 1924)

⓬

Atelier in der Freiau
Galerie in der Freiau
Freiaustraße 62
79100 Freiburg
www.palmathias.de

Lina Warlo-Saleem
www.linasaleemjewels.com
www.linasaleem.com
@linasaleem_jewels

Zitat Seiten 230/231: Jochen Rees: ›»Kommt alle in die Freiau!« Auseinandersetzungen um eine Freiburger Arbeitersiedlung‹, in: Archivnachrichten 66, Landesarchiv Baden-Württemberg, 2023

13

Freiburger Münster
Münsterplatz 1
www.freiburgermuenster.info

Anne-Christine Brehm
Münsterbauhütte
Schoferstraße 4
www.muensterbauverein-freiburg.de
@freiburgermuensterbau-verein

Zuletzt von Anne-Christine Brehm erschienen (zsm. mit Stefan Bürger und Johannes Sander): ›Bauhütten-Forschungen. Der Simrock-Boisserée-Nachlass. Zur Geschichte der altdeutschen Steinmetzen und Bauleute. Quellen und Forschungen zu den Handwerksverbänden in Spätmittelalter und Früher Neuzeit‹, S. Hirzel Verlag, Stuttgart, 2024
Zitat Seite 245: Franz von Woringen: ›An den Freiburger Münster‹, in: Gedichte, Verlag Müller, Bremen, 1872
Zitat Seite 247: Ursula Saß: ›»Der schönste Turm der Christenheit« / »Der schönste Turm auf Erden«: Jacob Burckhard und das Freiburger Münster‹, Münsterblatt 14, Freiburg, 2007

14

Kunstverein Freiburg
Dreisamstraße 21
www.kunstvereinfreiburg.de
@kunstvereinfreiburg

Friederike Scheunchen
www.friederike-scheunchen.de
@friederike_scheunchen

Zitat Seite 267: Dirk Görtler (Red.): ›181 Jahre Kunstverein Freiburg‹, Kunstverein, Freiburg, 2008
Zitat Seite 269: Kunstverein im Marienbad Freiburg (Hg.): ›Zur Eröffnung am 12. September 1997‹, Freiburg, 1997

15

Kloster Riedern am Wald
Probsteistrasse 12
79777 Ühlingen-Birkendorf
www.kloster-riedern.de

Corinna Vogt
Kultur- und Theaterverein Zeitschleuse
www.zeitschleuse.com
@theaterverein_zeitschleuse

16

Wisdishof im Simonswald
Hornweg 4
79263 Simonswald
www.wisdishof.de
@wisdishof

Michaela Kindle
www.michaelakindle.com
www.kindle-photography.de
@michaelakindle

Zitat Seite 305: Lewis Carroll: ›Alice's Adventures in Wonderland‹, Reclam, Stuttgart, 2017

17

Garten des Tibet Kailash-Hauses
Tibet Kailash Haus
Wallstraße 8
79098 Freiburg im Breisgau
www.tibet-kailash-haus.de

Tibet Kailash Gartencafé
@tibethaus.cafe

Sonja Karadza
Theater im Marienbad
Marienstraße 4
79098 Freiburg
www.marienbad.org
@theater_im_marienbad

Zitat Seite 322: uni.tv freiburg: ›Dalai Lama in Freiburg‹ (24.10.2007)

18

Alter Friedhof Freiburg
Stadtstraße, www.alter-friedhof-freiburg.de

Marie Lemor
@plauderpoesie

Zitate Seite 340: Johann Georg Jacobi: ›Hier, unter den Schlafenden Gottes, ruht mein Sohn, mein einziger‹, in: Iris, Orell, Füßli und Comagnie, Zürich, 1813
Marie Luise Kaschnitz: ›Streckt noch ein Knabe‹, in: Gesammelte Werke 5, Insel Verlag, Frankfurt a. M., 1985

19

Sternwald

Kim Schimpfle
Schwarzwald Couture
Hildastraße 62
79102 Freiburg
www.schwarzwaldcouture.de
@kim_schwarzwald_couture

Zitat Seite 358: Nikolaus Reiter (Hg.): ›Uriger Schwarzald. Altes Handwerk, Bräuche, Trachten‹, Rombach Verlag, Freiburg, 1987

20

Detzeln
79761 Waldshut-Tiengen

Nadia Schmid
Tezzilnheimer Schtudehägler
www.schtudehaegler.de
@schtudehaegler

Zitat Seite 375: Max Föhrenbach: ›Aus vergangener Zeit‹, Carl Winter's Universitätsbuchhandlung, Heidelberg, 1911

21

Le Petit Salon
Winterhalter Museum
Hinterdorfstraße 15
79837 Menzenschwand
www.winterhalter-menzenschwand.de

Rosemarie Bächle
rosemarie.baechle@artax.com

Zitat Seiten 393/394: Hubert Mayer: ›Die Künstlerfamilie Winterhalter‹, Braun-Verlag, Karlsruhe, 1998

22

Freiburg Weingarten

Oliwia Hälterlein
www.oliwiah.de
@oliwia_strange

Zuletzt erschienen von Oliwia Hälterlein (zsm. mit Aisha Franz): ›Ein breitbeiniges Heft: Das Jungfernhäutchen gibt es nicht‹, Maro Verlag, Augsburg, 2020

Fußnoten:
1 In Freiburg leben 998 Pol*innen laut Statistik 2023. www.fritz.freiburg.de
2 Die statistischen Zahlen belegen, dass Weingarten stark von Armut betroffen ist: »Armut betrifft natürlich nicht allein Arbeitslose. In Weingarten leben viele Menschen mit geringen Erwerbseinkommen oder niedrigen Renten.« www.forum-weingarten.de/wp-content/uploads/2019/12/Soziale-Situation-in-Weingarten.pdf

23

Theater Freiburg
Bertoldstraße 46
www.theater.freiburg.de
@theater_freiburg

Emi Miyoshi
www.shibuicollective.com
@miyoshi.emi

Zitat Seite 423: Rudolf Thoma: ›Das Neue Stadttheater zu Freiburg im Breisgau, Festschrift zur Eröffnung am Samstag, den 8. Oktober 1910‹, Poppen und Sohn, Freiburg, 1910
Zitat Seite 426: Sabine Frigge (Hg.): ›Komischerweise spielen im Woyzeck immer Erbsen mit. Theatergeschichten und Theatergeschichte‹, Rombach Verlag, Freiburg/Berlin/Wien, 2010

24

Literaturhaus Freiburg
Bertoldstraße 17
www.literaturhaus-freiburg.de
@literaturhaus_freiburg

Susanne Fritz
www.susannefritz.de

Zuletzt von Susanne Fritz erschienen: ›Heinrich‹, Wallstein Verlag, Göttingen, 2023

Zitat Seiten 441/442: Hans-Otto Mühleisen: ›Die Freiburger Universitätskirche: Stadtgeschichtliche Erinnerungen und künstlerische Anmutung‹, Freiburger Sommervorträge, Sommersemester 2021

DANK

Unser ganz großer Dank gilt den 25 Frauen, die uns ihre Zeit, ihre Perspektiven, ihre Erzählungen und ihr Vertrauen geschenkt haben. Sie machen das Buch zu dem, was es ist.

Auch den Institutionen und Menschen, die ihre Pforten für uns geöffnet, uns gastfreundlich und offen empfangen haben, möchten wir danken. Dem Theater Freiburg, dem Literaturhaus, dem Kunstverein, dem Münster und Münsterbauverein, der Stadtbibliothek, dem Lorettodamenbad, dem Kloster in Riedern am Wald und der Gemeinde Herrischried, Menschen wie Pál Mathias, Wilfried Pfeffer vom Tibet Kailash Haus, Thomas Kaltenbach vom Wisdishof, Elisabeth Kaiser, Vorsitzende des Vereins Le Petit Salon-Winterhalter in Menzenschwand e.V., und den Mitgliedern der Tezzilnheimer Schtudehägler. Gisela Maier danken wir für ihre geschichtskundige Unterstützung.

Dank gilt auch den Bibliotheken Freiburgs, die mit ihrem großen Bestand, mit herzlichem Empfang und Unterstützung die Recherchen ermöglicht haben. Die Universitätsbibliothek Freiburg, das Alemannische Institut, die Bibliothek des Augustinermuseums, jene für Landesgeschichte und die des Erzbischöflichen Ordinariats waren wichtige Anlaufstellen.

Herzlich danken wir Pauline Schimmelpenninck, die dem Buch mit viel Engagement zu seiner Gestalt verholfen hat.

Zitat Umschlagrückseite: Marina Zwetajewa
Marina Zwetajewa: ›Ich schicke meine Schatten voraus‹, S. 196,
Suhrkamp Verlag Berlin, 2018

Abbildung Seite 10: Eva Eisenlohr, ›Für meine Mutter‹, 1919

Seiten 404 bis 420: Kunstinstallation MIMETIC BODIES von Lena Grossmann
mit freundlicher Genehmigung der VG Bild Kunst, Bonn 2025

Gestaltung nach Basislayout von Christina Krutz, Biebesheim am Rhein
Satz: Schimmelpenninck.Gestaltung, www.schimmelpenninck.de, @schimmelpenninck.gestaltung
Druck und Bindung: Memminger MedienCentrum, www.mm-mediencentrum.de
Bildbearbeitung: Eberl & Koesel Studio, www.eberlkoesel-studio.de

ISBN 978 3-9820126-8-1

Panima Verlag | Christiane Möschle
Leopoldstraße 2, 76133 Karlsruhe
www.panima-verlag.de, @panima_verlag